王尔敏 著

演史开新别录

中华书局

图书在版编目（CIP）数据

演史开新别录/王尔敏著. —北京:中华书局,2015.7
ISBN 978-7-101-10312-0

Ⅰ.演… Ⅱ.王… Ⅲ.史学-研究-中国 Ⅳ.K092

中国版本图书馆 CIP 数据核字（2014）第 160285 号

书　　名	演史开新别录
著　　者	王尔敏
责任编辑	欧阳红
出版发行	中华书局
	（北京市丰台区太平桥西里 38 号　100073）
	http://www.zhbc.com.cn
	E-mail:zhbc@ zhbc.com.cn
印　　刷	北京天来印务有限公司
版　　次	2015 年 7 月北京第 1 版
	2015 年 7 月北京第 1 次印刷
规　　格	开本/920×1250 毫米　1/32
	印张 8¾　插页 3　字数 220 千字
印　　数	1-2000 册
国际书号	ISBN 978-7-101-10312-0
定　　价	38.00 元

谨纪念

业师郭廷以先生教诲之恩

目　录

自 序

本书内容属于史学学问之类。余论史学已有三书问世,一为《二十世纪非主流史学与史家》,乃为史学史之类。二为《史学方法》,乃是方法学之类。三为《新史学圈外史学》,乃是史学通论之类。而本书是第四种,则亦同为史学通论之类。

梁启超自1902年倡说"新史学",其陈义浮泛,纯傅会于进化论,决不周备。其后论史固自辟路径,实乃为其开明专制思想主为史上有据,乃著书论六大政治家。实政治学说之陪衬,不当视为史学正宗。虽然如此,梁启超自是"新史学"开新方向之先知前徽,不可不仰重也。

后世学界未尝循行梁氏道路,特别是于"新史学"别辟新路,鄙人前书曾详举证,如30年代沈兼士之论"新史学",自指在语言学及史料学。未尝一字提及梁启超。论定国学中之史学一道。50年代又有周予同论新史学,乃是认为公羊学下之史学,亦不一提梁启超之倡说,而置梁氏出于康有为一系之公羊学家。看其启念渊源,无非是继承并宏扬经学,名为"新史学"实止"旧经学",周氏一生讲授经学,有书问世。

读其书方能见出周氏亦自创"新史学"。

等而下之，20 世纪 80 年代，香港、台湾同时冒出"新史学"之一派，香港一派承认梁启超为先驱，但却于后人随意加上标签，称为某派，例如殷海光先生逝世多年，被其引重为一代史学家，为"史建派"一员。殷氏生平自命为哲学家，未料身后变为史学家，且与那位作者同列为"史建派"大家。看来高明之士身后并不寂寞。

台湾一些不学无术之辈亦在新造"新史学"一派，完全不提梁启超，直是篡夺，招牌照挂，一味蛮干，"新史学"一义，怎可不疏远避之。此鄙人前书之所以作也。

本书之作，乃继《新史学圈外史学》之绪，多有开新力创之作，见之于此书上半部；亦展示依循先师及史界先贤之名著卓识有所申叙暴表，见之本书下半部。盖鄙人一生历史著作已有二十四五种问世，而学问师承有自，得业师郭廷以先生之教诲，又参酌同代名家吕思勉、钱穆、沙学浚、赵铁寒、刘殿爵、周策纵、雷海宗等文史名家之学术精诣，步趋而效行之。则可自信学有师承，而获今时之成果。此时可言我有自己之史学。

此际弥望史界当今者取来顾颉刚所著《当代中国史学》从头至尾熟阅其所陈叙，于一代史学全般门类，关顾周备，包罗至广，叙议平实公正，条理分明。惟未尝提示"新史学"一语。看来学界高人若欲设法来完成，则势须先打倒顾先生方有下手之机。奉劝他们能够慎思明辨，尽可一试身手。

鄙人虚心自勉，从事研治史学六十余年，只是抱负自信，未尝自炫自诩。盖见各文史大师前辈，包括业师郭廷以、沙学浚两位谆谆教诲，抚循子弟。若李田意、刘广京、刘殿爵三位大师，我乃以师长之礼奉侍，长久相从，他二人多年垂教，多方护持提携，勉励有加，使鄙人获益匪浅。又有郑德坤、陈源、周策纵、赵铁寒四位教授，吾以长辈而尊崇之,而各人无不宽宏厚待,爱人以德。想想上一代学者之学问德量远在吾辈之上。吾之处身行事,每愧浅薄狭隘,怯懦畏葸,焉敢望前贤项背。惟劝后之来者务要以我为戒,而能增长如上一代前贤之道德文章。千万莫把学界沦为势力竞逐之场。

2014 年 3 月 10 日写于多伦多柳谷草堂

常识与学问之间

引　言

　　常识本之知识，都是平日易闻易晓之知识。知识本之学问，都是学问造生之可靠结论。学问本之于深入研究。说来常识很平常，人们每日惯用。知识并不稀有，人们俱备。其所以生生不息，原当是累积无数学问家之研究成果，经历代代传承，人人使用，乃成为普通常识，习惯自然，脱口即出，未尝思考如何造出，又焉能想到有何价值。

　　其实严肃看待，常识时时有，知识日日增，本源来自学问之开辟。所谓治学者原是负有创生与保存知识之责，学者之天职是须将新知识推向世人变为常识，并更须储藏知识维系常识之正确。向世人提供知识解答常识亦同是学者所担负之使命，看来真可说是特别重要。

　　世上知识浩瀚无穷，常识亦如恒河沙数。人生日用，随心所思，随口言宣，引据常识，实自难于累计。岂会联想相关学问？然在学者而言，则不能规避随时遭遇他人求教，则不能不提示正确解释。此类全不经意之问题，亦会随时发生，学者则于应对之间，不可妄解曲解，须恃学问博储约取、解答问难。故可说是一种本分责任。一般普通常识，看来人人俱懂，原不须请教解释。其实若干常识看来简明易晓，但若加讲解疏通，即不免自然连及学问。可举最浅显之例。如上面偶然提到一个"特别重要"之语词，它并非成语，只是一个常用语词。"重要"是形容词，加一个"特别"是副词，向来不会有学者教师提出解释，其实连带学问就颇有考究。

先解释"特别"一词：

莫以为"特别"是很浅显常见，但要引举《礼记》才能解答明白。参看其书中"郊特牲"一篇，是介绍古代各样礼仪之作，其文最先介绍郊祀礼。此是自上古以至清末一直行用之重大祀典之一。必须天子亲自主祭。祭祀之时必须戴冕旒之冠，穿日月山河锦绣衮袍。先要有数月预备。主要是迎祭日照最长之礼，一定在夏至以前举行，应在农历五月之内。要在都城南郊举行。打扫一处平地，不设坛壝，就地安放陶匏之类粗器作礼器用以祭天地，并同时祭先祖。不过天子没有资格任意选择祭日，必须穿戴整齐到露天水泽边占卜，由占卜选定祭日。郊祀用特牲（即单独一个，不同于太牢），此牲用牛作献祭。但是不可用老牛、牝牛（古代牲祭不用牝）或阉牛。则要选择青壮犊牛。此牛被称做"帝牛"。虽然天子位尊，亦无资格自选帝牛，乃须郑重占卜，在大群犊牛中选出一只帝牛，故此牛可谓是上帝之选牛。天子祭先祖则可自选"祖牛"，可见有轻重之别。帝牛选定，又要使之别群饲养，另外单独养于牛栏，要饲养三个月以上，方可献祭。如此既是特牲，又须别群，并又选作帝牛，岂有不特别之理？遂至为后世引为"特别"一个语词。所谓"百夫之特"，即是说一百人中最强壮勇敢之人是也。

再看"重要"，亦可与《礼记》有所关联。

读《礼记》之"间传"一篇，其中俱在讨论丧服之服制。世人共知之斩衰、齐衰、大功、小功、缌麻，人们称之为五服。丧服乃指披麻带孝。五服各有区别。斩衰妻服最粗之麻,其他服渐次加细,规定尚多琐屑。举斩衰而言,男子为父母头戴麻冠,身着重孝(最粗麻服,不加缝纫),妇女为父母身着重孝,腰系麻带。安葬父母之后,即渐次改较细麻布,逐步而穿暗色布服。服满一年,叫做小祥,此际男子可除孝冠,而戴有绛色之布冠。妇女则不须腰系孝带。《礼记》中自问自答说道,何以在释服之时,男子先除去孝冠?妇女先除去孝带?自答是因为男子重首,妇女重要(古字同腰)。此即重要一词最初之出现。此一解说乃是根据周策纵先生在书中所提。周氏博通古籍,学识渊博,其引《礼记》或有所本。经查王梦鸥先生《礼记今注今译》,所载是"妇女重带",核对《十三经注疏》此句亦是"妇女重带"。虽然如此,本人宁其相信周先生之说。盖信男女所重,俱指身体部位。比较合理,到此我人可以见到"重要"一词亦自可考究到本原来路。

以上所举,纯就普通常识随意举譬。若须追查,可各自看书。自不值看成是学识心得。不过既要向人谈一谈常识与学问,仍当下一点功夫,严肃举实,为世人展述若干例证。甚愿在此向方家请教:

一、四 维

在人们日常用语中,四维一词习常熟见,所谓四维八德,已是学者教育家口头不断言宣,成为公民教养、政术准绳,以致立国基础之所倚恃。四维已是众所周知之常识,国人尚多知其源出管仲所言,出于《管子》牧民篇。有谓:

> 国有四维,一维绝则倾,二维绝则危,三维绝则覆,四维绝则灭。倾可正也,危可安也,覆可起也,灭不可复错也。何谓四维?一曰礼,二曰义,三曰廉,四曰耻。礼不逾节,义不自进,廉不蔽恶,耻不从枉。故不逾节则上位安,不自进则民无巧诈,不蔽恶则

行自全,不从枉则邪事不生。①

世人自相信,四维即是礼义廉耻。岂有所怀疑。但若稍加推敲,管仲是在讲国之四维。可是再加深思,此"四维"本身是何所指?实有必要作进一步追究。遂自然由常识引上学问考究。

在此肯定说"四维"是管仲借用之词,另有本原词义。

为此追考本义,驱动我人自然需要探讨中国本来创生之天体学说。有三派天体学说自古代流传下来,即是盖天说、浑天说与宣夜说。其中盖天说创生最早,而流布亦最久远。在此谈四维,即自然涉及盖天说之内容。须知盖天说乃是古人所造之天文学说,古人看天视为一个圆盖,主张天圆,看地视为一块大土板,却相信是方形,故而主张天圆地方,又见地之外,中国东方面向浩渺海洋,像是地板浮在水上。天何以不塌下来,相信有天柱撑着,地板何以不沉下水,相信地板四角有四根绳子系着,上面挂在天盖上。此四根绳子,命之为地维,只有四根,即叫做四维。是以四维本义,原指是地维。地维一词,可见之于《淮南子》所载神话:

> 《淮南子》天文训
>
> 昔者,共工与颛顼争为帝,怒而触不周之山。天柱折,地维绝。天倾西北,故日、月、星、辰移焉,地不满东南,故水潦尘埃归焉。②

在此一段神话传说中,天柱、地维之说俱已呈现。可为四维本原,见到证据。暂叙说至此,下面尚有机会提到四维,在此只先定下四维一词原有之本义。

---

① 赵守正撰,《管子注译》上册,南宁,广西人民出版社,1982年印,页1,牧民。
② 陈广忠译注,《淮南子译注》,长春,吉林文史出版社,1990年印,页102。

二、道士的八卦仙衣

我国一种自创宗教,是为道教,创生甚晚,完全是承佛教输入中国而应生于世,一切宗教义理仪节,经典道术,神祇称号,无不彼此对应,却名谓服饰各有分别,不相混淆。在此不须涉谈宗教,只不过随便举示世人最习见道士在祭祀作法典礼中所穿着之八卦仙衣,自是世人共知之穿着。其庄肃法衣,全显在背后。八卦只绣四卦,左上肩为巽卦,右上肩为坤卦,左下角为艮卦,右下角为乾卦。背部中央绣出北斗七星图。宽袍博带,十分庄严肃穆,世人共见不须描述。

四十年前,我在夏威夷,罗锦棠教授曾告诉我,有美国洋人教授向他讲,要知道中国之道教与道家之不同,就像狗与热狗之区别。洋人虽表达幽默,其实无知。我也只能在此表示:道教继承道家,关系密切。不但如此,抑且道教自始至终充分继承中国文化,不仅是思想信仰,而且知识、学问、科学、技术、医药、生化无不继承古代而有所传授继承。在此看到八卦仙衣,说来平常,其实代表天地合一象征,可以向上追溯到汉代。

道士仙衣背后所绣之图,☴(巽)、☷(坤)、☶(艮)、☰(乾),是地上东南、西南、东北、西北四角,此四角即是古人所定四维之所在,亦即是地维。用此象征大地。背后中间绣出北斗七星,乃是象征上天。二者合见于一袍,乃是相仿汉代人习用之"太一九宫占栻盘"。大陆考古器物复原专家王振铎,在其所著之《科技考古论丛》中引举日本占领朝鲜期间,东京帝国大学发掘东汉明帝时乐浪郡五官掾王旴葬墓,出土文物有九宫占栻盘一个,王振铎描摹图,兹附列于下,以供比观:

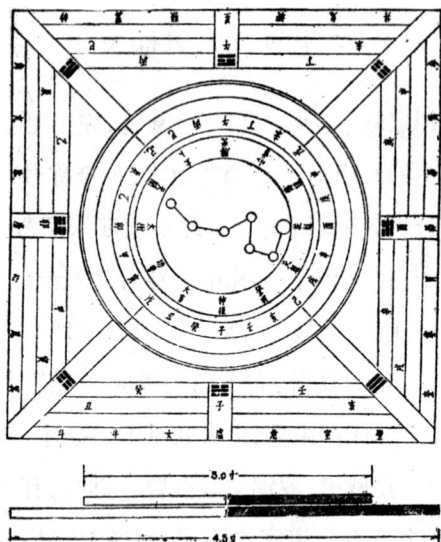

汉式占天地盘复原图①

参看上举附图,王振铎先生加以详备解说,于此栻盘之形制、部位、八干十二支,又加上四维之☰、☷、☲、☵位置,北斗七星位置颜色,十分清楚。引据如下:

> 乐浪王盱墓所出式占天地盘,原器残破失形,见原书图版一一二,田泽氏就原器复原制图。盘制由天地两盘合成。原器以木为质,外以黑、朱、黄三色漆绘成。天盘径三寸(13.5 厘米),厚约五公厘,盘面朱圈计六,自内心计:第一圈,绘北斗星宿,第二圈书十二月之神,与《唐六典》合,第三圈空白,第四圈书八干十二支,四维配己己戊戊,其二十四位排列,以子午酉卯四正向分之,第五、六圈对己己戊戊为四黑线,每圈各四条。斗星为朱色,每星以黑圈括之,字为黑漆书。盘圆心有小孔,为立钉于地盘心,用为枢

---

① 王振铎著,《科技考古论丛》,北京,文物出版社,1989 年印,页 108。

纽者。斗星之衡星位天盘中心之枢纽处,故斗杓之形,与汉人通常所绘者稍异。

　　地盘长宽四寸五分(20.5 厘米),厚约五公厘,列方格四重。方盘四维对角格内书四卦,东南维为巽卦,东北维为艮卦,西北维为乾卦,西南维为坤卦,四向格内首书四卦,午向为离卦,子向为坎卦,卯向为震卦,酉向为兑卦。次列四星座,子为虚座,午为星座,卯为房座,酉为昴座。四重方格,自外重第一格记之,方圈格罗列二十八宿。①

如上所见,可证道教自与中国文化密切相关。道教创生前包括道家各派道术,以至先秦西汉流布道引、吐纳、服饵、辟谷、压胜、驱魔、炼丹、画符、房中、神仙俱为后世道教一概吸纳,构成中国文化潜流宝藏。原来四维也成为一项特色。

　　实际汉代人广用栻盘占吉凶。其式决不止见于东汉。王振铎书中另举数种出土汉墓栻盘,同墓中器物有王莽居摄年号,已至西汉末年。大陆 1977 年发掘安徽阜阳地方西汉汝阴侯夏侯灶之墓,墓中出土器物有六壬栻盘、太一九宫占盘,亦有天盘地盘合一之二十八宿图盘。夏侯灶乃开国功臣夏侯婴之子,《史记》载有其名。考古家推断其卒于汉文帝十五年(公元前 165 年),而此一圆盘当年代更早。上盘中心绘有北斗七星,而以其第五星玉衡打洞穿通,可连接下盘。上盘圆周刻有 365 个刻度,下盘则刻有二十八宿名目。亦当为古人所使用之占盘。从两汉出土栻盘、占盘来看莫不以北斗七星用作管毂枢纽。正见中国古人早已藉北斗作为天上永恒定准之指针②。北斗七星形状,

---

① 王振铎著,《科技考古论丛》,页 107。
② 刘金沂撰,《从圆到浑——汉初二十八宿圆盘的启示》,收载《中国天文学史文集》第三集,北京,科学出版社,1984 年印,页 205—213。

可略绘之如下：

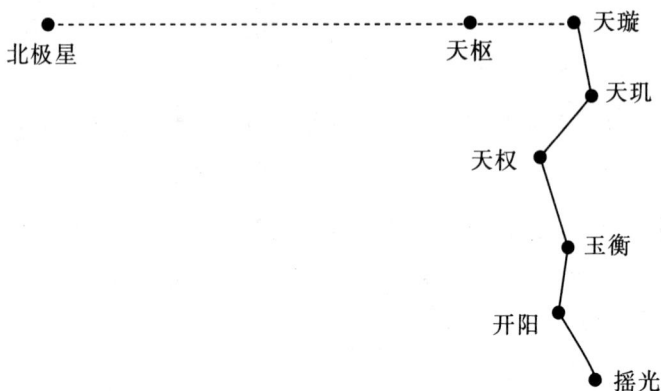

北斗七星被看作分两部分,前面四星命之为斗魁,其星自左上下依次为天枢、天璇、天玑、天权;后面三星命之为斗杓,其星名自左依次为玉衡、开阳、摇光。不过在天文学家言,七星之后尾尚有接续二星,依次名为招摇、天锋,于《史记》天官书有记载。但汉初人在公元前 2 世纪前均将摇光当作招摇星。

四维与北斗七星在文献上同时出现亦可举示证据,可见《淮南子》天文训:

> 帝张四维,运之以斗,月徙一辰,复反其所。正月指寅,十二月指丑,一岁而匝,终而复始。①

此段载述易晓,出现一个帝字,是上帝,上帝能把地维伸张起来,又能运转北斗七星,要它照着十二辰顺序(即子、丑、寅、卯、辰、巳、午、未、申、酉、戌、亥)一年运转周天一遭,真可谓是神通广大。此在古人完全相信,当真看待。今天的道士岂可不会把天盘地盘一起披在身上,亦将可知神通不小。

———————————

① 陈广忠译注,《淮南子译注》,页 137。

中国古人特别是两汉史家司马迁、班固,又曾视北斗星像一部车子,斗魁四星像车座,斗杓三星像车辕。故《史记》天官书记载有云:

> 斗为帝车,运于中央,临制四乡。分阴阳,建四时,均五行,移节度,定诸纪,皆系于斗。①

班固《汉书》天文志,亦有斗为帝车之说,不具引举。太史公文中所谓:"建四时,均五行,移节度,定诸纪"之语,正可说明古人对于北斗七星之利用。其利用之早,上可推至夏代。至少自西周已见有斗指之记载,是以斗柄所指,建月纪,定时序。兹举《逸周书》之周月解为证:

> 《逸周书》,周月解:惟一月既南至,昏,昴毕见,日短极,基践长。微阳动于黄泉,阴惨于万物。
>
> 是月斗柄建子,始昏北指。阳气亏,草木萌荡。②

上举文字,注意一点是周历和夏历不同,周历在此是指岁首正月,却是在夏历十一月。但凡古书中之所谓建,俱是指向之意,引文中"是月斗柄建子"明确可知是周朝历法。斗柄即是斗杓,正是以斗杓头端之招摇星(即向来之摇光星)直指正北。看来自西周已是斗杓指向以定日纪。此即古人北斗七星来建四时、定诸纪之实录。其重要性可知。

管子引喻四维,可信地维观念不晚于春秋战国时期。并非抽象语词,见及八卦方位之乾、坤、艮、巽方位,乃指西北、西南、东北、东南四个方向,以为四维之定点。后来至西汉公元前2世纪,在《淮南子》书又出现四维各具之定名。世人少有知者,愿举示其说以明之。

四仲、四钩、二绳

---

① 司马迁著,《史记》卷二十七,台北,明伦出版社,翻印大陆版标点本,页1291,天官书。
② 黄怀信、张懋镕、田旭东撰,《逸周书汇校集注》,上海,上海古籍出版社,1995年印,页613—614,周月解。

《淮南子》天文训：

"子午、卯酉为二绳；丑寅、辰巳、未申、戌亥为四钩。东北为报德之维也。西南为背羊之维。东南为常羊之维。西北为蹄通之维。"此处子、午、卯、酉即是古人所称之四仲。

四仲所质为：二至二分，即冬至、夏至、春分、秋分。

四维所质为：立春、立夏、立秋、立冬。即上引文中之四钩。①

讨论至此，方足可以说明道士八卦仙衣，看似普通平常，其中实则含有中国古老文化渊源，自不免在此略加扼要申解。

三、东西南北

像东西南北之类语词，自应是日常习见，人人熟知之普通常识，似乎不值得拿出来讨论。其实此词虽极浅显，而在中国自古以来，仅此四字，却在排列上有不同变化。追考起来，竟是各有生成背景，并亦本之于郑重需要，当再加以分别解析。

甲、东南西北

从古代文献所见，东南西北四字排序是最古老，亦持续长久，从《尚书》尧典所见，即是循东南西北四个不同方向，依序记述大事。惟后世学者论证，相信《尧典》非尧时所记，定为后世史官追述。金景芳定为春秋之初，屈万里定为春秋之末。恐是偏于保守估计，难作定准。然仍可在文献上证明东南西北之字序，在中国古代出现最早。放正史籍，由甲骨文字记载，可上推至殷商时代。在此可据胡厚宣论著，查到东南西北之甲骨卜辞。

甲骨文字名家胡厚宣引《殷契粹编》己巳、王卜、贞（今）岁商受

---

① 陈广忠译注，《淮南子译注》，页118。

（年）。

曰：吉，东土受年，南土受年，西土受年，北土受年。

又引《殷墟书契前编》癸卯卜："今日雨。其自东来雨，其自南来雨，其自西来雨，其自北来雨。"①
此项文献，远比西周尚早，应持为可靠证据。

推考古人循东南西北字序而记四方方向，自必与日出东方一路运行以入西方，由实际观察而存于记忆有关。并秉此四方向字序，而安排各样行事活动。

乙、西东南北

古代西东南北词序，向来少见，流传不广，而自西周中之《诗·大雅》，以至战国初之《孟子》，俱尚能见之。其诗原出《诗经》大雅文王之什：文王有声章，"镐京辟廱，自西自东，自南自北，无思不服。皇王蒸哉！"②

时至战国前期，又有孟子引证言宣，见《孟子·公孙丑》章："《诗》云：自西自东，自南自北，无思不服。"③

由于宗周建于镐京，在文王之世，已有西伯之称，自周人诵诗，言文王仁政，当必始于西方，逐渐而广被于四方。因而乃形成西东南北之字序。此亦古今中外通例。

---

① 胡厚宣著，《论五方观念及中国称谓之起源》，收载胡氏自著《甲骨学商史论丛初集》，齐鲁大学国学研究所专刊。
② 程俊英、蒋见元著，《诗经注析》下册，北京，中华书局，1991年印，页797，文王有声章。
③ 杨伯峻译注，《孟子译注》，香港，中华书局，1984年印，页74。

丙、东北西南

东北西南方向字序,亦为中国古老用法,并亦是中国特有之编组排序,是用于辨识天上二十八宿星象各恒星位置。古人为了掌握太阳运行路线叫做日躔,就要在赤道附近拿一些恒星作为看太阳行止停宿,故自先古时代逐渐定出此类恒星二十八星宿。在文献上《尚书·尧典》已记载有鸟星(即七星)、火星(即房星,并非行星之火星)、虚星、昴星等四个星座,应该为中国上古最早引重之恒星。若果是在尧之时代,应当在公元前 2200 年。《尧典》自是古代史官追记,近世学者不认为有如此之早。但当代学者陈邦怀就商代铜器上金文找出二十八宿中有十二个星名,即:角、亢、房、心、尾、婺女、奎、胃、昴、觜巂、东井、轸,共十二宿。可以判定殷商所定当不止此数。其为时当在公元前 12 世纪以前①。

文献上的证据,在古书《周礼》中,有两次写到二十八星。但经今人洪诚、朱谦之、金景芳等人考证,推断为西周晚期之作。算来当在公元前 8 世纪以前。但最可靠地下实物,就是 1978 年湖北随县所发掘曾侯乙墓中一个漆箱盖上所题之二十八宿全部名称,学者考证断定曾侯乙埋葬年份是公元前 433 年,而漆箱造作年代更在其前。至于二十八宿全名之确定,更当上推至公元前 5 世纪以前②。决非短期造生,更不会短时而能达至于漆箱涂饰之日常生活点缀。故可信西周《周礼》之所记。

我人在此保守推算,中国之二十八宿星距之产生自早在上古,其二十八宿序列排定,最晚亦当在公元前 5 世纪以前。古人二十八宿排

---

① 陈邦怀著,《一得集》,济南,齐鲁书社,1989 年印,页 54—62,商代金文中所见的星宿。

② 李勇撰,《再论曾侯乙墓出土的二十八宿青龙白虎图象》,收载《中国天文学史文集》第六集,北京,科学出版社,1994 年印,页 282—292。

定列序如下：

> 一、角、亢、氐、房、心、尾、箕。为东方七宿。

> 二、斗、牵牛、婺女、虚、危、营室、东壁。为北方七宿。

> 三、奎、娄、胃、昴、毕、觜觿、参。为西方七宿。

> 四、东井、舆鬼、柳、七星、张、翼、轸。为南方七宿。

如此排次，即是东北西南字序。后世科学家很易发现，此一排法，乃是违背春、夏、秋、冬之时序。但古人在实际需要而言，原来只为要看一年之间太阳一路所屡至之各个恒星，即是所止之处，以恒星表示，实正是依此前后次序。其一路止于何星，在《吕氏春秋》十二纪，每月俱先记载。当在公元前 3 世纪，已是成为定型。自可见东、北、西、南四方向字序，早进行于战国末以至西汉时代。

丁、子午卯酉（北南东西）

抗战以前，尚有人知道子午卯酉不是讲时间而是讲方向，此亦一种普通常识，自清末以来，北方京韵大鼓书，曾一会点唱一个段子叫"子午卯酉"，可知此乃普通常识。到抗战以后不但无人能唱，而且已不知子午卯酉是何所指。原来本意指北南东西，亦即游走天下，五方哈希之意。

验看罗经所谓二十四方向。子在正北，午在正南，南北画一直线，称之为子午线，已是千余年地学名词。卯在正东，酉在正西，二者连成一线，是卯酉线，虽是明确东西线，实未形成地理学上常用名词，远不及子午线保持地学名词流传之远。不过子午卯酉之合称，并非来自罗盘，因为北宋以后方始有水罗盘，明代方有旱罗盘，而子午卯酉合并联称则早出现于公元前 2 世纪之《淮南子》，上面举"子午卯酉为二绳"，即出于《淮南子》。在此之前天上已分二十四方向，二十四方向各有值名。十二支之子、丑、寅、卯、辰、巳、午、未、申、酉、戌、亥,八干之甲、乙、丙、丁、庚、辛、壬、癸,再加前述之四个地维,即是四维,共构成周天二十四方向。当早于创生罗盘有一千年。

上文早已提示,在古代天文历法领域,子午卯酉实最重要,子向即是冬至,午向即是夏至,卯向即是春分,酉向即是秋分,俱对太阳运行而言。古人将此四向称为四仲。在历法上,子是仲冬(夏历十一月),午是仲夏(夏历五月),卯是仲春(夏历二月),酉是仲秋(夏历八月)。古人观天象,有把握测定四仲。而测定四仲之四个月之后,而四孟、四季各月即可据以推算出来。此即子午卯酉之所以具有关键地位之故。至于到北宋创生罗盘(称为罗经)之后,天上二十四向,即亦同时代表地面之二十四方向。下面附举罗盘二十四向图,以供参考。

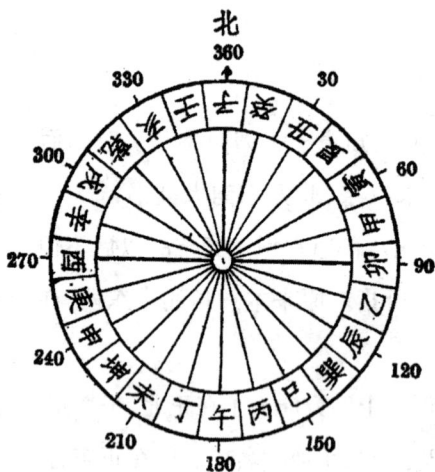

罗盘图

戊、东西南北

中国远古至少早在殷商之世,已熟知东南西北四方分野自无疑义。而上古人士正确辨识方位,实依据一定科学方法。早在发现磁石指南之前,已经可以简易而迅速测定东西与南北方向。即是使用圭臬测景之法。

《墨经》上曰:"日中,正南也。"同书又云:"直,参也。"此两条《墨经》文字,下无解说,简略实甚。民国学者张其锽注云:"此当言立表测日正晷之理,惜说已佚。"然可知其以景定正南方向之意。又有范耕研解说其词旨云:"此言测量立表窥影之术,故先举日中正南之方向以为准,次举立表参直以为法。"其所解说更为明白。

古代表与臬意义相同,本是直立之木标。当日中正午之时,测其射照之景,定正南方向。而《墨经》上所谓"直,参也",即是测景值之方法。其法可对照《周礼·考工记》即能明白。

《周礼·考工记》云:"水地以县。置槷以县,(杜子春云:槷,当为弋,读为杙。)眡(古视字)以景。为规识日出之景,与日入之景。昼参诸日中之景,夜考之极星,以正朝夕。"

同书注家郑玄解说云:"槷,古文臬假借字。于所平之地中央,树八尺之臬,以县正之。视之以其景,将以正四方也。"今人方孝博依其制制图以标示之,先定东西,后定南北,十分正确。如下图所见:

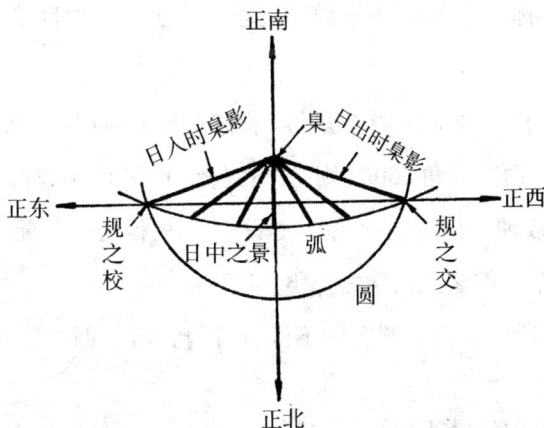

综考上述中国古代所沿习之四方方向之字序,粗定可见者五种不同编排,俱有古老背景。惟一般常识,至今惟有东西南北为最多见,其最早渊源,至少亦须从《考工记》算起,其成书亦可上推至公元前 8 世纪。正见出一种普通常识之形成,有其古老背景。现可引举当代科技考古专家王振铎之见解,以藉为本节结论。

> 我国古代四向(东西南北)之发生,可能其起源非同时。太阳于人之关系深矣,东西二向可能发生为早。汉许慎解"东"、"西"即云:日在木中为东,鸟栖巢曰西。南、北之观念,或由寒暑冬夏阴阳向背而发。此四向之辏成,为观念之归纳也。四向观念因东周以来八卦之说,增多四维,演为八方。秦汉以八干十二支附益之,定向为二十四。①

凡此所论,实即常识中东西南北四方之生成来源也。

四、中国的圆周

大凡无论中外,一般中学程度俱读过欧几里得的《几何学》,自然熟知圆的圆周角以及圆中垂直相交之线即成直角,此是普通常识。何以要在此特标示中国的圆周,难道还会有中国外国之区别乎?答曰是有不同。

虽然希腊人(Euclid 欧几里得)著作世界上应用最广的《几何学》(Geometry),但圆周角 360 度则是早在公元前 1000 年为古巴比伦人所发明,此种数理要以古巴比伦为最早,欧几里得乃是公元前 3 世纪之人,却是体系化编著几何学之先驱。

我在此所云中西之圆有所不同,可以巧辨说,西方之圆乃是一个

---

① 王振铎著,《科技考古论业》,页 104。

纯数理概念,理解并不复杂。要讲中国的圆,则不免要大费辨解。甚愿在此试加谈说:要分三个视域来看:

第一、神话造生之圆

中国人自古相信,天是一个圆盖,地是一大方块,所谓相信天圆地方。古代有一个造生天地的传说,相传伏羲和女娲结为夫妻,他二人一人执规,一人执矩(即圆规与矩尺),分别画开天地。伏羲女娲故事,秦汉时代最为盛行。故事文字早已流逝湮灭,只是在汉代石刻以至绢画却有保存。现举示闻一多所收之两图,可作比观:

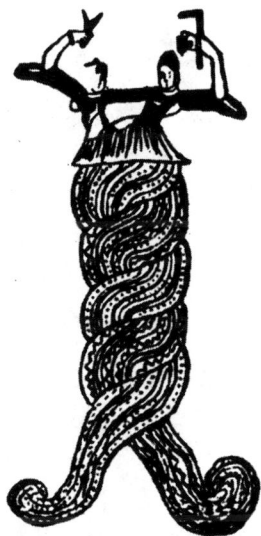

上,隋高昌故址阿斯塔那(Astana)墓室彩色绢画(仿史坦因〔Aurel stein〕《亚洲腹地考古记》〔Innermost Asia〕图 C ix)

上,重庆沙坪坝石棺筋额画像(仿常任侠《沙坪坝出土之石棺画像研究》插图。《时事新报》(渝版)"学灯"第四十一期)

上列左图即伏羲女娲合像,人身蛇体,伏羲执规,女娲执矩。代表造生天地,伏羲画圆天,女娲画方地。出于闻一多所著《神话与诗》。

上，东汉武梁祠石室画像之二（仿《东洋文化史
大系：古代支那及印度》第 137 页插图）

上图所见亦为伏羲女娲蛇身合体，但伏羲执矩女娲执规，亦表现造生
天地，画圆画方。此图见闻一多著《神话与诗》。原为取自汉武梁祠石
刻。在此只举两个，为供读者参考。实则有关伏羲女娲造生天地神话，
在西汉东汉传布石刻像甚多。现今青年艺术史家陈履生先生于 1986 年
4 月完成其专著《神画主神研究》并加出版，经其搜集西汉东汉两代伏
羲、女娲石刻像列表举证，此类石刻有五十二石之多。其中多二人蛇身
交尾，或伏羲执规，或女娲执规，或伏羲执矩，或女娲执矩，并不一定。亦
有伏羲蛇身单人出现，亦有女娲蛇身单人出现。手中必有规有矩。陈履
生不但列表，而于书后附印大批图版，俾供学者参证①。

圆天方地既是由伏羲女娲所画出，是以中国之圆生来也是自此而
由他二人所画。

第二，几何原理之圆

其实中国古人也并非重视神而不看重科学，对圆亦创生几何定
理，并且其创生要早于欧几里得两个世纪。墨子是公元前 5 世纪人，
他所著之《墨经》中，有不少数学物理理论。现代大陆学者方孝博著有

---

① 陈履生著，《神书主神研究》，北京，紫禁城出版社，1986 年印（见此书后记）。

《墨经中的数学和物理学》一书,其书中肯定《墨经》四篇,分《经上》、《经下》、《经说上》、《经说下》,他相信其中之经是墨子自著或自述,而经说则是出于其后学之批注。《墨经》中第五十九条是圆之定理,其说曰:"圜,一中同长也。"①古字之圆是圜字,所谓一中同长之定义,是一个中心点到其一周边之距边,是同一个长度。定理简而明确。此条并另有"说"指出圆之作图法。其说曰:"圜,规写交也。"②古时之写字,多用于绘画图像,如写生、写真俱是。此处之言,乃谓圆之作图法,是用规画图像,使其两端相交,即合成一个圆形。故可知中国古人早有几何定理和作图之法以造生圆形。

第三,古人亲眼目验由北斗七星之斗杓画成周天之圆

中国古人利用北斗七星斗杓造画周天之圆,表现出特殊智慧,与世界他国不同。中国古人很早即看准北斗七星绕北极星旋转,一年走完一圈。此外尚有其他种种利用北斗七星作为各样天文历法上一个恒久可靠之工具。由于年年观测,年年有效,古人即假定斗杓左旋,一日为一度,一年走完一圈,经 365 又 1/4 而运行一周天。换成圆周角,则此圆天为 365 又 1/4 度。如此一来,可知中国之圆周角,即与他国不同。此项依据,可以据公元前 2 世纪之《淮南子》而知。兹引举如次:

> 太微者,主朱雀。紫官执斗而左旋,日行一度,以周于天。日冬至峻狼之山。日移一度,凡行百八十二度八分度之五,而夏至牛首之山。反复三百六十五度四分度之一而成一岁。③

此处利用北斗斗杓指向,统计一年移动 365 又 1/4 日,按每日行一度,

---

① 吴毓江著,《墨子校注》,重庆,西南师范大学出版社,1992 年印,页 415。
② 吴毓江著,《墨子校注》,页 415。
③ 陈广忠译注,《淮南子译注》,页 116,天文训。

即是 365 又 1/4 度。如此一来，中国之圆周角自比他国为小，在希腊之圆周角既是 360 度，划分之直角一定是 90 度，而在中国则是 91 又 5/16 度。此一计算，亦出现于《淮南子》。

> 两维之间，九十一度十六分度之五，而斗日行一度。十五日为一节，此生二十四时之变（指十五日值为一个节气，一年二十四节气）。①

如此一观，则中国直角，比西方直角稍小一点。此处言两维之间，即是地维夹角之直角。四维位置上面已加展述，竟可相信古人之四维在认知上早成习惯。

总之，谈中国思考创生之圆，有像西方之几何定理，亦有神话传说，特别是利用北斗星之周天运行，而实测一直存在永可目验之圆，是以肯定此是中国之圆。

五、总统先生钧鉴

"总统先生钧鉴"一句普通话，任人俱知道是何含意与用途。莫以为我在此故弄玄虚，另有何样奥义。只是仍须绕大弯子从远古新石器时代开头起。先说我国先民学会用火，我国考古学家研考发现，从五十万年前之"北京猿人"及七十万年前之"蓝田猿人"以及一百七十万年前之"元谋猿人"等等，一致俱已学会用火。推断是采集天然之火。显著之可靠证据，是二万年前之"山顶洞人"在洞中堆存有数公尺深之木炭灰，证明会长期储存火种②。其实先民储火之实，文献亦能看到一些痕迹。原来旧有《周书·月令》一篇中有更火之四时记载，东汉郑

---

① 陈广忠译注，《淮南子译注》，页 121。
② 李经纬、李志东著，《中国古代医学史略》，石家庄，河北科学技术出版社，1990 年印，页 17。

司农、马融引《周书·月令》，今不见于《逸周书》，但学者附抄于其各篇之后，其六曰：

> 更火：春取榆柳之火；夏取枣杏之火，季夏取桑柘之火；秋取柞楢之火；冬取槐檀之火。①

据此资料，应知古代改火之习，自是早经长期维持，亦即是储存火种之古老传统。

古人发明用火，改生食为熟食，自可减少疾病改善健康，主要使头型改变，而犬齿退化，臼齿增生，由茹毛饮血，前齿撕裂兽皮，饮其血并吞其肉，一如野兽，无何分别。惟自经熟食，可以需要臼齿咀嚼，由此犬齿退化，牙床扩大臼齿增多，而使下颚与脸部成直角，口腔发音清楚，脑顶亦随之前隆，脑容量为之加大，智慧提高，自完全脱离猿人体态，成为真人。

我国近数十年考古成就，使国人将历史真实向上推进到新石器时代，自在于石器之增广各类工具，可以自狩猎穴处生活，改进至定居农作生活，兹是由两万年前进入新石器时代，其各样工具器物之改善，实需长久累积。进入农耕时代，需漫长适应时期，天象需要累积长久观测，作物亦须长期由成败中获致正确知识。形成聚居，自是一大改进。考古家自此即可确定，说出时代特色，是即发明陶器才是聚居生活，从事农耕之文化表征，因而造生出彩陶文化与黑陶文化两个鲜明文化标识。

古人发明用火，长久经历，渐次获得其更广用途，一则造陶器，乃是熟食最大保障，有益于增进健康，减少疾病。能知造陶，保障农产、食物之储藏，古人穴居，多是近河水之高阜浅丘，挖穴而居，为保其防

---

① 黄怀信、张懋镕、田旭东撰，《逸周书汇校集注》，页1230。

塌防湿,洞穴需用泥涂四壁及地板,则用架木燃火,先铸成陶穴,以使人居,并藏谷类。《诗经·大雅》有句云:"绵绵瓜瓞,民之初生,自土沮漆。古公亶父,陶复陶穴,未有家室。"此诗言周氏先祖时期,陶复是指藏谷物之横穴。陶穴是指人居之洞穴。其今人论中国上古居穴即是地穴,上架梁椽,而成居室。其穴壁防塌必先烧硬陶,故谓之陶穴。

在新石器时代,古人最能倚恃之生活工具即是造陶,是以考古家凡发现聚居之处,俱能看到三项不同而相近区里,一是人民居所,二是烧陶窑址,三是坟墓园地带,乃构成完整之先民聚落。于此足见古人造陶之迫切需要。是以考古家分别新石器时代,定为仰韶文化,以彩陶为代表,龙山文化以黑陶为代表,此外南方尚有河姆渡文化与良渚文化,亦并出现各类陶器。其实一般制陶成熟时期,各地俱达于七千年前,直可并称为陶器时代。

中国文献古籍,最能取信于后世者有二帝三王之说,此二帝乃指尧、舜两人。孔子、孟子均崇重尧舜,在文献所载传说与地下考古器物可以联系一起者即是陶器,文献记载甚巧合,尧与舜俱是一代陶匠。

有关古代之二帝尧舜,已有诸多称誉,要以《论语》、《孟子》为最推重。尧之为君,相传初封于陶后改于唐,然陶在山东、唐在山西,古时在东属东夷,在西属夏土。尧与舜应是各领一方之共主,由彩陶文化与黑陶文化之重大不同,正如今人傅斯年所定夷夏东西说而能判别古之文化分野。黄帝、尧舜非上下相传,而当为不同时期之天下共主。

今人以尧字古字为#,系陶工托土坯之状,可推知亦善作陶者。舜则史书明有记载,如太史公书五帝本纪所载:

> 舜耕历山,历山之人为让畔;渔雷泽,雷泽上人皆让居;陶河滨,河滨器皆不苦窳。[1]

---

[1] 司马迁著,《史记》第一册,页33—34,五帝本纪。

于此可知舜在东方,而烧陶于河滨即是在黄河岸制陶,可信其既是农夫,又是渔郎,亦是陶匠。《史记·五帝本纪》,原据古文《尚书》而辑钞,盖有所本也。古籍尚有其他旁证,可见《考工记》云:

> 有虞氏上陶,夏后氏上匠,殷人上梓,周人上舆。①

在《考工记》上所言,是虞舜重陶工,夏后氏重造屋工,殷人重木工,周人重车工。故而舜之制陶,古有共识。

今之考古各家,介绍先古窠土地,石器时陶房,以致所有完整彩陶墨陶鼎盘盆鬲盂瓮诸器皿,亦随之详考造陶烧窑技术。特别说明制陶坯之法,有手制、有模制,有后起广用之轮盘拉坯法。大概模制极少,因脱模之时易于毁坏新坯,手制者亦不多,测知新石器时代,早已发明轮盘制陶②。其中问题是,所有考古家谈及制陶方法,决不提文献上古已有之词汇。今人只言轮盘旋转拉坯之法,其实古籍早有记载。其轮盘古称之为钧,旋转轮盘,称之为运钧。见之于《管子》及《吕氏春秋》。自公元前3世纪之《吕氏春秋》以及公元前2世纪之《淮南子》,标示天上划分九域,是为九野,而中心之天称作"钧天",兹举《淮南子》所称九野:

> 一、中央曰钧天。
> 二、东方曰苍天。
> 三、东北曰变天。
> 四、北方曰玄天。
> 五、西北方曰幽天。
> 六、西方曰颢天。

① 闻人军译注,《考工记译注》,上海古籍出版社,1993年印,页118。
② 吴声功著,《科学技术的起源》,上海社会科学院出版社,1988年印,页65—82。

七、西南方曰朱天。

八、南方曰炎天。

九、东南方曰阳天。①

按之司马迁《史记》书"赵世家"及"扁鹊仓公列传",陈述晋顷公时赵鞅(即赵简子)为大夫,专国政。有疾而不知人事者五日,召扁鹊诊视,扁鹊断为血脉治使昏迷而实未死。后二日,赵鞅醒起。向诸大夫言曰:"我之帝所甚乐,与百神游于钧天。"此之钧天,一书两见可信太史公必有所本。或即先秦流传故说。

后人将舜之上陶,以致古人钧天之说,乃以中央天上与地上中央主政,依制陶拉坯之钧,而称之为秉钧,以引申制陶工匠之掌钧。古书《管子》即将尧之治天下,情同陶匠拉坯制陶。兹引据其说如次:

> 昔者,尧之治天下也,犹埴之在埏也。唯陶之所以为。犹金之在炉,恣冶之所以铸。②

文中所谓之埴,乃指黏土。所谓之埏,即是拉坯。文中所谓之陶,即是陶匠。所谓之冶,即指五金匠。由此借喻,则表现管治天下之君主,如同掌钧拉坯制陶之人。后世借指国家主政掌权之人,即叫做秉钧。在此说到:总统先生钧鉴,其旨亦同。虽是俗用常识,本源则费疏解。

六、结　论

说起普通常识,似乎无关宏旨,鄙人多事,推重追考本源,本人以为多余,如不严肃举示一些例子,供人思考,自亦难说服天下。然本文开宗明义,把一切责任推到学者头上,要学者有责任向世人推出正确

---

① 　陈广忠译注,《淮南子译注》,页107,天文训。

② 　赵守正撰,《管子注译》下册,南宁,广西人民出版社,1987年印,页54。

常识,也有责任向世人解释常识之造生本源。主要以为特别看重学者,有其积极正当理由,本人治学亦视为本分天职,做些研究,正是在向世人提示严肃研究之正确知识。无论当世以至后学皆可覆按追究。并非凭空高调,只说不练。

本文所定题目,亦非故弄玄虚,盖在直指重点。至于内容资材,可以随时改变,决不自专成例,大可任人抽换。

虽然不会一成不变,本文亦非东拉西扯,哈希成章,掉换本文论题,自可明白,本文内涵不外于涉谈天地、东南西北。六者合之以为六合。庄子云:"六合之外,圣人存而不论;六合之内,圣人论而不议;春秋经世,先王之志,圣人议而不辨。"如此以观。本文之作其内容当改题为"六合丛谈"论域明确,识家当能洞见宗旨。

2010 年 8 月 12 日写于多伦多之柳谷草堂

史料与著作之间

引 言

20世纪30年代我国科学派史学家傅斯年、蔡元培大力倡说史学便是史料学,乃是世人熟知。按之《墨子》名学,此说在理则学上站不住脚。墨子名学将世上之名词分别三层,是所定之达名、类名、私名。按史学是达名,除其别称是不能容许拉抬到达名这一层次。达名即是大共名,只许有一个。史料学是达名之下一个类名,类名可有多个层次。如甲、乙、丙、丁等之分。甲类之下又可分A、B、C、D之次类,A类之下又可分1、2、3、4等类。在墨子书,一律定之为类名。史学一个达名之下,甲、乙、丙、丁可有:史学通论、史学方法、史学史。史料学、史部目录学、掌故学、表谱学等大类。均不能抢占史学之名。类名说完以下只有私名,今称专有名词。私名自是专用之称。如《明清史料》、《太平天国史料》、《戊戌变法档案史料》、《义和团档案史料》等俱是史料之下私名。未料讲究科学治史之人尚犯此毛病,乃是太粗心大意。

科学派史家另有一个普遍错觉,亦公开宣称史料会自己讲话,摆出史料即自动表现史实。此说亦荒谬欠通。须知所有天下史料,俱不是生来就是史料,没有一种史料是专为史家而生,乃是各有生成之需要,无文字史料、器物史料、遗迹史料、口传史料,本身原各自有其生成来历。其所以能当成史料,完全取决于史家识断与需要,相信长城并不是为史家而建,却必能被史家所用。没有史家,史料不会自己表达史实。从史家眼光来定,甲骨文是史料,从药商眼光来看,只能用作药材供人吞食。史料不会自己选择用途。

我辈研治史学,当然极其看重史料,自与科学派史家一样,但不夸张强调史料之地位可与史学等齐。抑且,惟有史家有资格判定史料之价值。进一步,所有史料必须因史家发觉而定其功用价值,质言之,只有史家才是史料主人。鄙人早言之于拙著《史学方法》。

史料客观存在,其功用难定,俱待学者需要,而各取其不同构型而引用研究。在此可引举实例,较易供人比观。如河南省登封之周公测景台,乃是遗迹史料。30年代学者注意研究,作实体调查并提出报告,同时天文学家高平子、年历学者董作宾、建筑史家刘敦桢三人分工合作。高平子据天文学知识,从事研考周公测景台之天文学上史料重点而作其分析论断。董作宾就中国历法知识,分析周公测景台之四时二十四节气之历学史料特色,以论断此台功能。刘敦桢乃就建筑学知识,分析周公测景台之特殊形制结构,以论断此种独特建筑之设计与功能。于此可知,同一实物之遗迹史料,乃有三位学者,各据需要而作研究,并代替史料各建立一种正确结论,岂会待史料自己说话?

鄙人抱此信念,自是看重史料之本身价值,凡治史必当以史料作根据。亦并相信,一切功能待史家识断而定。当然重视史料。

吾今就此起意,相信同一史料遇不同学者,可使研究重心、著作成品,而且内容俱不相同。本文之作,即在于利用个人经验与信念,作一番实地考究,以见出史料与著作之间,同一史料会产生各样不同著作。

所选择,即以《汉书·艺文志》为固定之史料,而提出研究汉志之著作可有不同。则同一史料,因作者用心不同,乃使著作亦完全不同。

鄙人设此论域,乃是研治史学一项试作。很难找到像《汉书·艺文志》这种史料,曾为历代学者作为著作素材,有如此专一情况。

一、保存汉志原文从事考证、注释、疏解

此处将《汉书·艺文志》简称汉志,乃系循前贤长期习惯,其事早已有之。以《汉书》之内容而言,历代学者最重十志。十志之中,要以《食货志》及《艺文志》二者最为学者引用。惟食货志之研究,向无专书著作。惟艺文志之研究,可知者,历代以来已有专书九种,正见艺文志在学术领域之重要性。

在九种艺文志专门著作中,自然各具一定功用与贡献。惟以保存原文,完全进而加以考证、注释、疏解之手法,最居主流地位,九种之中,有七种用此著作形式①。

今在此主流形式中举示一种以为代表,可就顾实所著《汉书·艺文志讲疏》,以见其书用意及其特色。

顾实,国学家,江苏武进人,民国初年任教于南京高等师范学校,民国十年(1921)著作《汉书·艺文志讲疏》,亦并同年作序。民国十四年(1925)由商务印书馆排印问世。全书共二百六十二页。以合本子注形式编排,标明艺文志正文,随文附夹小注(小字体)及讲疏文句(大字体),自是古书向来著作样式。然阅读亦尚方便,并无困难。

---

① 本文所引九种专治《汉书·艺文志》之著作,开列如下:王应麟《汉书·艺文志考证》、姚振宗《汉书·艺文志条理》、孙德谦《汉书·艺文志举例》、姚明辉《汉书·艺文志注解》、许大裕《汉书·艺文志笺》、顾实《汉书·艺文志讲疏》、未详人名《汉书·艺文志问答》、薛祥绥《七略疏证》、章学诚《校雠通义》共九种。

顾实是民初国学名家,曾在民国七年(1918)参与中国语音统一委员会,为制传世之国语音标、注音符号,是八十位委员之一(会长乃吴稚晖),自可见顾氏长于文字学,疏解古籍自必精练。

顾实虽是常州人却十分反对常州今文学派,对于庄存与、刘逢禄严词批斥,尤挞伐龚自珍、魏源之流毒后世。所以要撰《汉书·艺文志讲疏》,宗旨自在于证明上古学术传承未绝,世代相守相传,俱能追考线索。从孔子、庄子、荀子之所言,而见古学未断。而至汉武之独尊儒术,立五经博士,其世流通汉之今文,而博士陋儒把持今文排斥古文,乃使学术闭锢,天下共宗今文,经学强分古今。顾氏亦非纯粹崇儒,而系主张复见上古百家学术荣生并茂。惟有《汉书·艺文志》其中六略,俱列各家传世著述。借其流别部目,而于各学之下,疏证古学传承之迹。顾氏著书自序,全篇详论古学传承源流,入汉初尚具百学平等之势,而至武帝之罢黜百家独尊儒术。未见儒之宏扬,遂乃陷于博士学究分占之局。至汉成帝本身精于古文经学,特精擅诗与尚书。而命刘向校书,遂有叙录、别录之作,其子刘歆于哀帝时辑纂七略,为班固全部收录于《汉书》,辟艺文一志,乃传后世。顾实于今代加以讲疏,于其百学书目,据所见古籍传载而引为证例。故其书于上古学术流衍颇多演述。兹引举顾氏自序,以见其概:

> 要之,治历史之法有一字要诀,曰如。如其原来而不加穿凿。以孔、庄、荀三哲之言,而知上古有世传之史。循是而正《汉艺文志》,则汉儒无所逃其偏衷。以《汉艺文志》而正汉氏迄今,争今古文者之谬,则妄人无所逞其淫辞。所谓本正而末自理者是已。王氏(应麟)《汉艺文志考证》固为专书。此外则如齐召南《汉书考证》、沈钦韩《汉书疏证》、王先谦《汉书补注》,咸递加而有进。然读天下之书,而后能通《汉艺文志》者,犹未尽也。余复为此疏,

乃当前人搜罗剔刮既精既详之余,而复有所搜罗剔刮。终以不可尽载,则约而存之。为成学治国故者要删焉。①

于此序文,备见顾实取《汉书·艺文志》而加讲疏所持之立场与理趣。至其研治方术,序中亦明言于前贤诸作之外,加意增补进而疏解。阅读其书,宜就汉志(艺文志通用简称),各略循每条书目之下,考见顾氏讲疏。

顾实著此讲疏一书,态度相当郑重,其书篇幅不过二百六十余页,亦必开列凡例十一条,竟达四页版面,于行事、立场、重点、特点、省笔、详略,七略·汉志之缺载、排次,以至本书参考各书,一一交代明白,供读者先有一定认识。看来十分认真,不能不肯定顾氏之敬业精神。

《汉书·艺文志讲疏》全书共二百六十二页,班固前序不长,惟顾氏加上讲疏,占十三页。自十四页至九十九页为六艺略,占七十余页,超过全书四分之一,汉志论六艺,固自门类多内容富,而顾氏讲疏则使之更加详博。

今据顾氏书,举示其讲疏形式与载述要点,以供学者参考。此下举汉志六艺略之春秋家为例:

> 《春秋古经》十二篇(此班固书原文)。其顾氏讲疏如下:
>
> 存。此左氏春秋古文经也。河间献王立《左氏春秋》博士。许慎曰:"北平侯张苍献《春秋左氏传》。"苍远在献王前,盖经亦苍所献也。十二篇者,春秋十二公,公各为篇也。左氏明有古经,今文博士谓左氏不传《春秋》者妄也。②
>
> 经,十二卷。注曰:公羊、谷梁二家。(汉志原文)其顾氏讲疏如下:

---

① 顾实著,《汉书·艺文志讲疏》,台北广文书店影印,民国十四年印,页5,自序。
② 顾实著,《汉书·艺文志讲疏》,页60。

存。此公羊谷梁二家春秋今文经也。何休曰："系闵公篇于庄公下。"盖二家以闵公事短，不足成篇，并合之，故十一卷。卷亦篇也。① (接此春秋经排次，汉志紧接春秋古经之后，二者相连。)

顾氏于此二者辨明左氏与公、谷二家各尊之《春秋》经，并见之于西汉刘向校书时中秘所藏俱存，自足以破今文家千载私占官学之盘据学术可耻可鄙之妄造。

顾实之书所涉汉志诸子略所占篇幅亦达七十余页(一百页至一百七十四页)，其量不少于六艺略。今代20世纪多家学者重视诸子略。汉志六略，最居优先。九流十家，各具特色，各现异彩。颇受学者引据讨论，30年代形成热论域。

汉志诸子略，首先载述儒家，儒家一门，《晏子春秋》列为首条。兹引举于次并附顾氏讲疏：

> 晏子八篇，名婴，谥平仲，相齐景公，善与人交，有传。师古曰：有列传者，谓太史公书。(此汉志原文)顾氏讲疏：存。班注有列传者，师古谓太史公书。然班氏或注或不注，如老庄申韩有传，不注，盖从略也。

> 《七略》曰："《晏子春秋》七篇，在儒家。"孙星衍曰："《晏子》八篇，见艺文志。后人以篇为卷，又合《杂》上下二篇为一则为七卷，见《七略》及隋唐志。宋时析为十四卷，见《崇文总目》。实是刘向古本，非伪书也。晏子文最古质，疑出于齐之《春秋》。即《墨子明鬼篇》所引。婴死，其宾客哀之，集其行事成书。虽无年月，尚仍旧名。凡称子书，多非自著，无足怪者。柳宗元文人无学，谓墨氏之徒为之，可谓无识。"孙说近是。② (此下顾氏尚举他

---

① 顾实著，《汉书·艺文志讲疏》，页60—61。

② 顾实著，《汉书·艺文志讲疏》，页99—100。

人之说,以为非是,故不续引)

晏子春秋时期早于孔子,孔子述而不作,已有《论语》收入六艺,故诸子略载叙儒家,晏子书列于最前。

汉志后四略,诗赋、兵书、数术、方技各略,今世学者俱不重视,少有涉论,而诸家专门治艺志者,亦竟用心远不如前二略。诗赋略亦刘向所亲校,用心致力,未尝削减。则非汉志有厚薄之见,而后世当承其传承之责也。

汉志之"诗赋略",顾实之书笔载亦有二十五页。适相当于"六艺略"三分之一,于"诸子略"亦同。惟顾实独能发微阐幽,暴表刘向之用心。在"诗赋略"汉志总结之下,顾氏讲疏最精当。兹为引举如下:

> 《诗》有风、雅、颂。向、歆叙录诗赋,得歌诗三百十四篇,盖亦有意乎是。其次吴楚、汝南、燕代、雁门、云中、陇西、邯郸、河间、齐、郑、淮南、冯翊、京兆、河东、蒲反、雒阳、河南、南郡诸歌诗,殆以当诗之风。次,汉兴以来兵所诛灭歌诗,出行、巡狩及游歌诗,临江王及愁思节士歌诗,殆以当诗之雅。次,宗庙歌诗及送迎灵颂歌诗,殆以当诗之颂。自当时儒生议者,不明古今条贯,辄诬以为郑声,妄矣。①

此处顾氏之论,最能见出洞察学术渊源流衍,始保存为是学者。可惜世上向来多学究,今世又增多群伙洋迁。难见洞察古今学术流变之家。

读汉志第四略为兵书略,非由刘向所校,乃由步兵校尉任宏所校,其书亦非存藏中秘,而是出于主军政之官署,兵家世传所守。汉志兵书略结论云:

---

① 顾实著,《汉书·艺文志讲疏》,页199。

自春秋至于战国,出奇设伏,变诈之兵并作。汉兴,张良、韩信序次兵法,凡百八十二家。删取要用,定著三十五家。诸吕用事而盗取之。武帝时,军政杨仆捃摭遗逸,纪奏兵录,犹未能备。至于孝成,命任宏论次兵书为四种。(汉志原文)

顾实讲疏如次:

张良、韩信序次兵法,定著三十五家。任宏论次兵书为五十三家。其后王莽又征天下能明兵法六十三家。此皆天下遗书续出之证。惜张韩所次,王莽所征,俱不可考也。①

顾氏简洁通解,足以考见前代兵学家派之众,成书之多,汉代任宏校书,竟举五十三种之多,亦见丰足。未料后世传者仅止六种,加上唐代一种,号称武经七书,所亡佚者竟达八分之七,且其常存亦多残缺不全。故自唐以后,国势积弱,良有以也。

汉志第五略为数术略,包含六大门类,而性质功能各别,亦如六艺略之复杂,而不似其他四略之纯一。

数术略下分六门,为天文、历谱、五行、蓍龟、杂占、形法六者。实则每门俱自成专门学术,一并视为数术。在此不能多加解说。亦无法一一举证。惟数术由太史令尹咸所校,其书亦史官所守,尹咸据史官藏守而作其书目门类,自是史官独擅专长。于此自可了然,汉代史官所当拥有之学问。

顾实讲疏,亦自认真用心。可举数术略历谱一门所之算术两目,以供比观:

《许商算术》二十六卷。(汉志原文)

顾氏讲疏:

---

① 顾实著,《汉书·艺文志讲疏》,页215。

疑。"沟洫志"曰："博士许商善为算,能度功用。"盖其书与今存九章算术有关。不能凿指耳。

《杜忠算术》十六卷。(汉志原文)

顾氏讲疏:疑。《广韵》曰:有九章术。汉,许商、杜忠;吴,陈炽;魏,王粲,并善之。沈钦韩曰:"此许商、杜忠所为即是九章术。《志》(即艺文志),举人名以包之,遂令后人疑惑耳。《后书》(后汉书)马续、郑玄并善《九章算术》。明许、杜等非别一书也。"然今因不能指定《九章算术》一书,于许、杜两家孰是也。①

《九章算术》乃中国算法之祖本,应创自西汉,则为尹咸列入历谱、数学一门传承,由此开端,许商、杜忠实为先河。顾氏讲疏于后世有功焉。

汉志至于第六略最后一门,顾书讲疏只有十页(二百四十四至二百五十四页),居于全书,殊见疏略,亦并无特色可举之见。今计不作论述。至此为止。

二、不引汉志原文全面探讨其体例、部次、门类、流别,以至载笔细节

在此一节所择取范例是《汉书·艺文志问答》。此书在同类以就汉志为唯一资材之各家著作中,竟是独具特色,而是全书采用问答方式,进行学术讨论,固自具赡博与深入,虽其方式绝异,亦必须待之以学术著作,足备本文论述之代表性。

在历来研究《汉书·艺文志》诸样著作中,《汉书·艺文志问答》最为晚出。实至民国二十六年(1937)方由正中书局刊印问世。虽只有二百零四页,但因铅字排印,全部字数决不少于同类他书。鄙人所

---

① 顾实著,《汉书·艺文志讲疏》,页224—225。

据，乃是 1969 年台北正中书局之影印本。全书一切照旧，惟于作者之序文，将作者姓名刊削不用，其他并无删减。

吾今选此一书，作为范例，在于此书之特殊性与重要性。应先有交代。无论形式特殊，内涵亦相当博通，识断亦十分深入。非具深邃学养不能为也。

问答形式之书，中国自古以来，三千年间，不到十种。公元前之书，自《论语》《孟子》，以至《黄帝内经》《盐铁论》，五百余年，只此四种。公元后二千年间，僧道语录体著作，虽是对谈，乃是传道，非论学问，不能视为一家著作。在此二千年间之书，只有此书一种，堪与前代四种等齐而观。作于 20 世纪，因是一代奇书，极当珍视。

本书作者采问答体以论汉志，亦自述其式法前徽，以自别于治汉志之先范。作者自序，申解明确，可以举证如次：

> 问答之体，何自昉乎？虞廷敷对，其事尚矣。《论语》纪孔子应答弟子时人，及弟子相与言而接闻于夫子之语。其讨论道德学术之朔乎！孔子殁，微言绝。发微考旨，厥有公谷。降及荀、屈、杨、马，述答主以首引，极声貌以穷文，被于辞赋矣。余从事《汉书·艺文志》颇历年所。王应麟考证，号称博览。然存佚甚寡，譬牛蹄之涔。郑樵以后，惟清章学诚有志于发凡起例。惜乎皆有所偏蔽也。近山阴姚振宗治各史艺文志数十年，自谓班氏之志。一篇之中，各有章段。不善读者，莫不以为乱杂。其实部次井然，皆有条理。因成《条理》八卷，无遗力矣。夫一篇章段之条理，流之支也。《七略》先后之条理，从源以及流也。求其先后之故，而向、歆一家之言以立。①

---

① 《汉书·艺文志问答》，1937 年初版，1969 年台北正中书局影印，作者自序。

于此当见作者研究汉志有年,而取问答体形式以著书者,自是深心专志而为,非等闲之述作也。

如此一本旷世奇书,我实早阅读两遍。竟不知作者是何许人。吾不免才疏学浅,甚盼高人指教。然就阅读此书过程,稍能考见若干线索。展叙琐屑私见,就教方家。

其一,本书论《诗经》之学,称述齐、鲁、韩三家诗时,有谓"吾乡陈乔枞有《三家诗遗说考》,较王应麟《诗考》、范家相《三家诗拾遗》,所辑为详。"(本书32页)作者之以陈乔枞为同乡前辈,则知陈氏乃闽人,清道光间举人。由此可知作者亦福建籍。

其二,本书论次于古说"礼经三百,威仪三千",将礼与仪之意旨分判说明。于小注提到:"本师陈石遗先生《周礼》疑义辨证总论。"(本书41页),说明礼经三百在指《周礼》,威仪三千在指《仪礼》。从小注中所见,则知本书作者是清末大诗人陈衍门人。陈衍亦是闽人。

其三,本书于诸子略论及农家,有问曰:"宰氏十七篇,班氏自注:不知何世? 家德辉谓即计然。审否?"(本书123页)答词在此从略。惟所问语中提"家德辉"其人。莫非所指为名儒湘人叶德辉? 叶氏进士出身,乃清末民初名藏书家,饱富学识。所谓"家德辉"者,示与作者同宗,推断而知本书作者为叶姓。然尚不能测知其名字。

其四,本书论墨家名义所出,颇有辩诘,则征引其门人识见,表其一说,其言曰:"门人谢逸民云:墨之所以为墨,盖瘠薄之义。荀子《礼论》:刻死附生谓之墨。《乐论》:其养生无度,其送死瘠墨,是也。"(本书116页)见其引举门人论墨之说,则知作者应为20世纪国学名家,非等闲之辈,学界高人亦不能轻藐其人。

观览作者于其书之自信自重,可举其自序之言曰:"释王国维之三疑(指王氏为孙德谦《汉书·艺文志举例》作跋),祛郑(郑樵)、章(章学诚)、姚(姚振宗)之群惑。斯则有异前言,颇云一得。"(作者自序)

如此予圣自雄口气,岂是占毕小儒,蠹书学究所敢望其项背。吾因至今三读其书,服其识断,重其博雅。其书虽小,尽是精华,其名不著,实为大师。今愿略举其书中所陈论点,以供识家比观。

第一,明辨汉志体例。

《汉书·艺文志问答》(以下简称《问答》或用"本书"),于汉志之著作体例、规制以及笔法,俱有清楚解说,方便读者认识汉志结构与内涵。自能辨识大体,掌握管钥。如其论家法:

> 问:本志称家何义?
>
> 答:家者一家之学,所谓家法也。汉世治经,凡不守家法者,世不见信。如儒林传孟喜不肯认赵宾之学,上闻,以为喜改师法,遂不用。京房受《易》焦延寿。延寿云:尝从孟喜问《易》,房以受延寿学即孟氏学。(本书原文)①
>
> 问:本志(艺文志)体例,别家而不别人。试举例以明之。
>
> 答:如刘向《五行传》见《尚书》家。《新国语》见《春秋》家。刘向《新序》见儒家。刘向元赋见"诗赋略",是其例也。(本书原文)②
>
> 似此有关汉志大体,本书俱加简要申解,俾读汉志者能够综揽全局,不至流于枝枝节节。

第二,本书论汉志,自不拘于原文,而展论内涵重点,则仍循刘、班部次。其申论重点,则特加意于六艺、诸子两略。全书二百〇四页,而六艺占六十八页、诸子占五十页。乃使六艺略占全书三分之一,诸子略占全书四分之一。其中诗赋略只有八页,兵书略只有四页,方技略只占一页。三略合计,只占全书八分之一而已。比较以观,正见出全

---

① 《汉书·艺文志问答》,页14。
② 《汉书·艺文志问答》,页14。

书问题与作者用心,俱必集中于六艺、诸子两略。其深入细征探索,卓异独断见解,亦并集于此二略。惟除方技略论断不足服人,识见亦无所取资。故其书目不列方技略一门。正见志在回避①。

第三,本书对于汉志笔法用意说得清楚。可举示其说:

甲、问:章句之学如何?

答:《学记》:"一年离经辨志。"此古人读书之法,而章句之学所由昉也。盖文字有意以立句;句有数以逆章;章有体以成篇。章句不明,则旨趣不晓。孟子曰:夫说诗者以意逆志。以意,故诸家之章句不同。不独六艺然,传、记、诸子亦莫不然也。②

乙、问:何谓微及微传?

答:《春秋》者,孔子微言所在。故治《春秋》者,多欲究其旨,以微名书。而他经无闻焉。微传谓微与传,独《诗》之有故训传也。③

丙、汉志用"省"字原则

问:《春秋》二十三家,九百四十八篇。省《太史公》四篇,为何?

答:本志之例,凡云省者,省《七略》之重出也。如"兵技巧"云:省墨子重。今省《太史公》四篇。《太史公》之作,另见本志者,惟"诗赋略"司马迁八篇。或四篇重见于此。末可知也。然二刘著略必不如是其不类也。况省下无重字,疑直省去,不必重见

---

① 吾非不重视方技略,本年(2011)曾撰写论文:《〈汉书·艺文志·方技略〉之医药学术体系》,并于同年6月17日在中研院近代史所作讲演宣述。此项专题研究,全用不上参考《汉书·艺文志问答》一书,自未征引。
② 《汉书·艺文志问答》,页18。
③ 《汉书·艺文志问答》,页48—49。

他略也。①

丁、汉志注写"入出"之用法

问：六艺一百三家，班固入三家，一百五十九篇，重十篇，为何？

答：《书》入刘向"稽疑"一篇，并入"五行传记"，不计家。《礼》入《司马法》一家，百五十五篇。《小学》入扬雄、杜林二家三篇。适符三家一百五十九篇之数。出十一篇者，或曰《乐》出淮南、刘向等《琴颂》七篇，《春秋》家省太史公四篇，疑不然也。班氏出入之例，谓出此入彼也。"省"有省重与省之别，省重，省其重出，省，直省去耳。则十篇者，尚在不可知之数也。②

以上甲、乙、丙、丁四类，足以见本书作者于汉志笔法规例掌握之深细，提供读者研探门径。

第四，本书另一项特色，所列附表可观。所占篇幅甚多，俱对治学有助。可开具说明于后：

甲、《孙星衍尚书今古文表》，此表虽直接抄录他人之作，而孙氏治《尚书》有名，其区别今文古文，实为后世学人所重。引入其表，以见今文古文及今古文同篇之实况。在本书占有篇幅七页余(19—26 页)。

乙、《五经传授师承表》，此表出于本书作者所制，必须精读《史记》、《汉书》之"儒林传"并附索各名家传记，方可制此五经师承系统表。所占篇幅达十三页(53—65 页)。

丙、战国至汉初典籍，所见诸子出现名数家派。本书作者编列，颇具功力。书中分别《孟子》、《庄子》、《荀子》、《尸子》、《韩非子》、《吕氏春秋》、《六家要指》、《淮南子》等书所载述诸子及其家派。占有篇

---

① 《汉书·艺文志问答》，页52—53。
② 《汉书·艺文志问答》，页75。

幅十一页（78—88 页）。自见其熟用前代典籍。

丁、本书最后附有作者所制《本志（艺文志）著录各书作者姓名、邑里、时代、存佚表》至为详审，占全书篇幅四分之一（155—204 页，计50 页）。表现其对《汉书·艺文志》所用功力既深且广，予后世读汉志者参证方便，自是学术贡献。

阅读《汉书·艺文志问答》一书，从其叙议间可见作者虽抱自信，决不孤芳自赏，画地自限。其前代同代作汉志讨论者，多加引述辩解，自不免有所批评，亦为讨论学术之正当。计其书中引述最多者有姚振宗之《条理》、孙德谦之《举例》、章学诚之《校雠通义》，以及王国维之《汉书·艺文志举例》跋文。引述稍减者则有王应麟之《考证》、顾实之《讲疏》、章炳麟之《国故论衡》，以及刘师培之《汉书·艺文志书后》（文章）。有关同一书之研究者，所纳入者不下九人。不似现今新派学者，腹狭肠短，目光如豆，抱腐鼠而吓鹓雏之流，不重前徽，不提他人，顾盼自怜，风流自赏。识者可作比观。

三、取汉志为资材辨析中国学术渊源流别

此处之演论亦如上举之两种著作，亦是采用一种史料之《汉书·艺文志》而检论以成著作。然其同一取材，而能形成不相同之著作。其书本身，自亦大不同于前举二书。今所提论者，即十八世纪清乾隆时期章学诚所著之《校雠通义》。决不同于顾实之讲疏，亦不同于《汉书·艺文志问答》。

章学诚（字实斋）于清乾隆四十四年（1779）撰成《校雠通义》三卷。全书以《汉书·艺文志》一书内容为议辨批评之资材，而宗旨在辨明古今学术之渊源流别。其作完全不引汉志原文，而分部议论其贡献与得失。其无关宏旨者，即在其前有王应麟之考证，亦无所取涉。但为辨析学术门类各节，则以专章批评宋郑樵、明焦竑两人之误解汉志。

尤于郑樵之《通志》诸略，多加引称批评，章氏书中有多章提论郑樵之说，多出现于卷一、卷二。明确指证郑氏得失。

章氏此书，部次明晰，结构密致。三卷之书，各具重点。不作参证、不为注释，通书以议论为主，重在追考渊源，辨议流别，而评判得失。明白标示"考镜源流，辨章学术"。为其书之统一宗旨。

章学诚立意撰著《校雠通义》，叙文表明就刘歆七略，班固艺文而供为后世论学术流变之搜讨渊薮，并直接声述要针对郑樵之误解汉志乃会因而撰写此书，则知郑樵之《通志》中《艺文略》、《校雠略》、《金石略》、《图谱略》等文，所用成法有所批评。自可见章氏之书乃有所为而作，兹举示其叙文所言：

> 校雠之义，盖自刘向父子部次条别，将以辨章学术，考镜源流，非深明于道术精微群言得失之故者，不足与此。后世部次甲乙，纪录经史者，代有其人，而求能推阐大义，条别学术异同，使人由委溯源，以想见于坟籍之初者，千百之中，不十一焉。郑樵生千载而后，慨然有会于向、歆讨论之旨，因取历朝著录，略其鱼鲁豕亥之细，而特以部次条别，疏通伦类，考其得失之故，而为之校雠。盖自石渠、天禄以还，学者所未尝窥见者也。顾樵生南宋之世，去古已远，刘氏所谓《七略》、《别录》之书，久已失传。（原注：《唐志》尚存，《宋志》已逸，嗣是不复见矣。）所可推者，独班固《艺文》一志。而樵书首讥班固，凡所推论，有涉于班氏之业者，皆过为贬驳之辞。盖樵为通史，而固则断代为书；两家宗旨，自昔殊异。所谓道不同不相为谋，无足怪也。独《艺文》为校雠之所必究，而樵不能平气以求刘氏之微旨，则于古人大体，终以有所未窥。①

------

① 章学诚著、叶瑛校注，《文史通义校注》，北京，中华书局，1985年印，附有《校雠通义》，页945。

章学诚《校雠通义》,自是专意于学术史之探讨,暴表汉志保有刘向、刘歆二人两代校雠古籍之用心旨趣、方式、格局,以至条别家派传承,视之为治学术史之前代圭臬,后人应知其重要,自亦从而认真考索,举示后世。奉为千古学术渊源。兹愿依其三卷内涵,总分十八章节,分论于后:

甲、第一卷论旨

章学诚《校雠通义》之第一卷,分列九个章节。而其用意是先谈形而上之理论原则。共占两章,再次谈汉志之技术部分,乃分有七章。九章排次为:原道一、宗刘二,此为形而上问题。互著三、别裁四、辨嫌名五、补郑六、校雠条理七、著录残逸八、藏书九。章氏之书乃在追考中国学术源流,特重体制所出及家派分流,因是推源溯始,论述学术出于官守,所重班志者,即在宗旨相同。兹引举章氏成说:

> 理大物博,不可殚也,圣人为之立官分守,而文字亦从而纪焉。有官斯有法,故法具于官;有法斯有书,故官守其书;有书斯有学,故师传其学;有学斯有业,故弟子习其业。官守学业皆出于一,而天下以同文为治,故私门无著述文字,私门无著述文字,则官守之分职,即群书之部次,不复别有著录之法也。①

中国学术出于官守,此乃章学诚之定说也。探源溯本,实自能验之史乘:汉志所见步兵校尉任宏之校兵书,太史令尹咸之校数术,侍医李柱国之校方技,具见法具于官,官守其书之实例。

章书卷一之后七章有关形而下之器艺技术,其"补郑"一章乃纠其失而补其缺。其外文章,则据汉志之得失,分门予以辨正。若加引述,

---

① 章学诚著、叶瑛校注,《文史通义校注》,页 951。

不免烦琐,然亦偶能见及其申述基本原则之说,兹引举以明之。

> 古人最重家学。叙列一家之书,凡有涉此一家之学者,无不
> 穷源至委,竟别其流,所谓著作之标准,群言之折衷也。如避重复
> 而不载,则一书本有两用而仅登一录,于本书之体,既有所不全;
> 一家本有是书而缺而不载于一家之学,亦有所不备矣。①

似此原则性之论断,在章氏之书中,多处见之。其论述汉志,自是最看
重义法、条章、体例、前规。其第一卷之各章,俱可审察其着力于方法
原则。

乙、第二卷论旨

《校雠通义》第二卷分列论说三章,一为"补校汉艺文志",二为
"郑樵误校汉志",三为"焦竑误校汉志"。自是全与《汉书·艺文志》
有关,对象仍是汉志。有此一卷中虽亦立专章评论郑樵之失误,而于
其补校《汉书·艺文志》一章,却仍要由郑樵启议,如在此章开端即有
所引叙,引举其言,以供参酌:

> 郑樵校雠诸论,于汉志尤所疏略,盖樵不取班氏之学故也。
> 然班、刘异同,樵亦未尝深考,但讥班固续入扬雄一家,不分伦类
> 而已。其刘氏遗法,樵固未尝讨论,而班氏得失,樵议亦未得其平
> 允。夫刘略班志,乃千古著录之渊源,而樵著《校雠》之略,不免疏
> 忽如是,盖创始者难为功尔。今欲较正诸家著录,当自刘略班志
> 为权舆也。②

章氏补校汉志,自于其得失有所批判,仍抱官师合一之见,而论汉志之

---

① 章学诚著、叶瑛校注,《文史通义校注》,页 966。
② 章学诚著、叶瑛校注,《文史通义校注》,页 993。

得失所在,兹引示其言:

> 形而上者谓之道,形而下者谓之器。善法具举,徒善从法,皆一偏也。本末兼该,部次相从,有伦有脊,使求书者可以即器而明道,会偏而得全。则任宏之校《兵书》,李柱国之校《方技》,庶几近之。其它四略,未能称是。故刘略班志,不免贻人以口实也。①

章氏补校汉志,自有多处建白,除其坚持原则、义法、规制、流别,必当看重而效法,至于具体类项,不免分散、细碎,无法纳入本文举证,一般读者若不熟知《史记》、《汉书》以及群经诸子,自难有领会。今故从略。

至于有关“郑樵误校汉志”之一章,其文只有四小节,俱就枝节之具体门类加以讨论,不免琐屑,远不及其“补郑”之一章,并无义理提示,因是可勿引论。

下面一章“焦竑误校汉志”,世人应不知焦竑为何许人。焦氏字弱侯,号澹园,江宁人,明朝万历十七年(1589)殿试第一名(状元),授职翰林院修撰。焦竑博通群籍,自经史以至稗官杂记,无不淹贯。因著《国史经籍志》五卷,其末附有《纠缪》一卷(粤雅堂丛书本),乃因校经籍而论古来著作书录之得失。章学诚遂就其《纠缪》而论焦竑误校汉志之失。然开宗明义,仍是必引郑樵之校雠。可引举以见其意旨:

> 自刘、班而后,艺文著录,仅知甲乙部次,用备稽检而已。郑樵氏兴,始为辨章学术,考镜源流。于是特著《校雠》之略。虽其说不能尽当,要为略见大意,为著录家所不可废矣。樵志以后,史家积习相沿,乖讹杂出。著录之书,较樵以前其失更甚。此则无人继起为之申明家学之咎也。明焦竑撰《国史经籍志》,其书之得

---

① 章学诚著、叶瑛校注,《文史通义校注》,页994。

失,则具论次于后。特其《纠缪》一卷,讥正前代著录之误,虽其识力不逮郑樵,而整齐有法,去汰裁甚,要亦有可节取者焉。其纠汉志一十三条,似亦不为无见。特竑未悉古今学术源流,不于离合异同之间深求其故,而观其所议,乃是仅求甲乙部次,苟无违越而已。此则可谓簿记守成法,而不可为校雠家议著作也。①

除此开端一节总说之外,尚有十四小节,俱为具体之辨析焦竑于汉志之误会误解,不免琐细分散,若非穷究坟典,举其一条一目,实无所补,自无须引举述论。

丙、第三卷论旨

章学诚所著《校雠通义》,第一卷重在述论汉志章法结构,第二卷第一章补校汉志,然于汉志所列六略,是本于刘歆七略者,则于此第三卷,将各略分别单一考校批评与补充。每略各占一章,共有六章。虽为六章,而篇幅大小有轻重多少之分,很不平均。要以《诸子略》占最重要,《六艺略》居其次,其下四略俱相对减少。兹为就汉志排序,章氏依以分章而论述章氏识断。

汉志循七略而首列《六艺略》,所包内涵及儒家之六经(诗、书、礼、乐、易、春秋六经),所占篇幅共有六页(《文史通义校注本》,1021—1026 页),谈起《六艺略》,章氏首先申述六经名义之所由来严正,是谓先世旧典,非孔子所作也。乃本之于官守其书之义。其所立论如次:

> 六经之文,皆周公之旧典,以其出于官守,而皆为宪章。故述之而无所用作。以其官守失传,而师儒习业,故尊奉而称经。圣

---

① 章学诚著、叶瑛校注,《文史通义校注》,页 1009。

人之徒,岂有私意标目,强纪经名,以炫后人之耳目哉?①

由章氏之论,则知《六艺略》即以六经为内涵,再于其外附列《论语》、《孝经》、《尔雅》,其所讨论以此为宗旨。据六经传承于汉志著录,检论其得失。不具细举。

汉志排在第二位者为《诸子略》,占本卷篇幅十五页(1035—1049页)。为汉志各略分量最重,问题最多者。全章细分三十二节,正见讨论九流十家,问题繁多。如欲一见章氏识断,可见此章第四节,比较太史公与班固之论著述流别,则明见班固相形见绌。兹举章氏之言:

> 司马迁之叙载籍也,疏而理;班固之志《艺文》也,密而舛。盖迁能溯源,固惟辨迹故也。迁于《十二诸侯表叙》既推《春秋》为主,则左丘、铎椒、虞卿、吕不韦诸家,以次论其体例,则《春秋》之支系也。至于孟、荀、公孙固、韩非诸书,命意各殊,于《春秋》之部,不相附丽,然论辨纪述,多及春秋时事,则约略纪之,盖《春秋》之旁证也。张苍历谱五德,董仲舒推《春秋》义,乃《春秋》之流别,故终篇推衍及之。则观斯表者,求《春秋》之折衷,无遗憾矣。②

《校雠通义》论诸子一略,篇幅大于其他五略(《诸子略》占十五页,其他五略相加共占十七页)。其所分细目达三十三节,九流十家之故籍,俱有分述,各能补正汉志之所疏忽与缺遗。当无法于本文罗举论列。惟章氏于此章最后一节(第三十三节)探讨小说家著录之书,表露其一家识断,当可引举,供后世研治小说而追溯及于《汉书·艺文志》者,大有参考价值。兹举章氏所论之部:

---

① 章学诚著、叶瑛校注,《文史通义校注》,页 1021—1022。
② 章学诚著、叶瑛校注,《文史通义校注》,页 1036。

小说家之《周考》七十六篇,《青史子》五十七篇,其书虽不可知,然班固注《周考》,云:"考周事也。"注《青史子》,云:"古史官纪事也。"则其书非《尚书》所部,即《春秋》所次矣。观《大戴礼·保傅》篇,引青史氏之记,则其书亦不侪于小说也①。

据章氏此见,可知汉世及其以前之所谓小说,特别是见于汉志之九流十家中之小说家派,应与后世之所谓小说实大不相类。鄙人在大学博士班开讲《掌故学》,将汉志列为一讲,于古之小说家,视为野史杂史之余韵。早出于《韩非子》之内储说外储说。基本上乃多节引历史故事片段,流传于街谈巷议。

章氏第三卷之第三章,论叙汉志《诗赋略》。所占篇幅仅有四页(1064—1067),章氏颇议其颠倒无序,杂乱无章。此略为刘向所校,自为西汉风气章法,《诗经》已列入《六艺略》,故此略不附于《诗经》。又因《诗》已列于经,而此略自亦不见《诗经》,汉世规格如此,后世谈文学者,甚难测度渊源流别。章学诚仍有卓论为后世引称,在本文不作引举。

关于章氏书第三卷所开第四章,依汉志列序,是讨论《兵书略》,所占篇幅只有四页(1073—1076页)。原来由兵学专业之步兵校尉任宏专校兵书,而成此略,所著录兵书乃是出于兵家专官所守,郑樵、章学诚先后均赞誉任宏校注之明确,门类之全备,部次之合理。当然章学诚在此一章则多在补正以至更有批评其所失。因偏于细故,并无统叙概论,自可毋庸引述。

关于章氏书第三卷之第五章论题,乃依汉志列序,探讨《数术略》。《数术略》由太史令尹咸所校,其所分门类有:天文、历谱、五行、蓍龟、杂占、形法计六大门类,俱出太史令所掌。亦俱属独立专门学问。足

---

① 章学诚著、叶瑛校注,《文史通义校注》,页1049。

见史官职司之宽广繁重。然章氏开此一章,仅占篇幅二页。而对六大门类,亦只提论四小节校正之说,实属简缩之甚。所涉论者亦不免琐细简略,实亦勿庸引述。

章氏书第三卷,依汉志列序,最后一略为《方技略》,亦在章书全本之最后,独成一章,而篇幅只占一页。亦不分小节。殊见简略。然章氏用心不苟,向在本书第一卷,夸赞校书者侍医李柱国出于太医署专职,著录有序,采书精当。与任宏并称称职。至章氏之检论方技一门,于李柱国所列:医经、经方、房中、神仙四门,而主张当补上脉经、药书两门,指称:经、脉、方、药四门,为方技之正宗,而不以房中、神仙两门为其要项。此系章氏论点,鄙人接受其要增补之脉经、药书两门,认为房中、神仙殊不可少。盖此乃汉世医家以及学者共同信持。李柱国所立四门,俱为汉人共识,不可以后世经验而遽加非议。鄙人不才,终亦在本年春初,撰写《〈汉书·艺文志·方技略〉之医药学术体系》一文,并于 2011 年 6 月 17 日在中研院近代史研究所讲演宣读,并将拙文发给来宾,约发出一百分供学界参考,敬请方家指正。拙文当然服从章氏主张,但亦有不同意处。

结　论

本人做此论题,应属史学方法领域,作此思考与在大学讲授《掌故学》一课有关,前后曾开讲三年,每年均要将《汉书·艺文志》作为讲述学术史之一讲。手中参酌之书有三种以上,即《校雠通义》(章学诚著)、《汉书·艺文志讲疏》(顾实著),以及《汉书·艺文志问答》(不详撰著人),乃是各有特色,供我参考讲课。此三书作者俱必通熟群经诸子,更须精读《史记》《汉书》,实际三书涉谈更广,《隋书·经籍志》、《通志·二十略》、《崇文书目》以至各样有关目录学之书,亦常见引用。惟我辈不纯以《汉书·艺文志》为目录学之祖,而接受章学诚观点，视汉志为中国学术渊源。我所教课即是专在学术史一门。

凡要讲论学术史，势须考究家派流别，著作之书亦要分出门类师承。因是一向特别看重章学诚之《校雠通义》，惟汉志文句词汇之训诂解说，则须参考《汉书·艺文志讲疏》，自然亦须对照《汉书》本身。但顾实讲疏全列汉志原文，使用实更方便。与《校雠通义》同被引为日用之书。

另有《汉书·艺文志问答》一书，果是两千年来旷世奇书。形式特殊，而内涵丰博，全书正文俱以问对解答重要问题，且凡举证，必广引群籍。可推见作者学殖渊懿，博通古今。必是文史大家造诣，且其附列重要附表四种，足供检索，若无深厚学养，实做不到。

从经验而联想，研治学问，特以史学而言，往往史料公之于世，阅读参观凭吊者何止百千计，而著作成品，绝无雷同。尤以存世古迹可作例证。若长城存世数千年，而古今论长城之书、之文，何尝彼此雷同？推论而知，可作概括定说，即凡史料一成不变，不能增减。而研治者各据才识眼光，思辨分析，必自能创作各样特色之著作。此在史学方法上，当可成立。

由于史料繁多，多寡难于齐一，或不免令人存疑，令故借取单纯一件之史料，《汉书·艺文志》，作一研究试探，用以证明同一史料而能产生种种不同之著作。尚可同时举证：《汉书·艺文志考证》（王应麟著，全十卷）、《汉书·艺文志条理》（姚振宗著，全八卷）以及民国时期《汉书·艺文志举例》（孙德谦著）、《汉书·艺文志注释》（姚明辉著）等著作。各家成书，各擅胜场，而所用史料纯一，俱用汉志为研治素材。

再举太平天国史之一门学术，全部史程十四年，史料虽多，而学者公用。各家著作，岂敢遗漏零策片简？则必各尽其搜淘之能事。似此一门专业学术，在 20 世纪出现三位大师，数字名家。若简又文著作有

《太平天国典制通考》及《太平天国全史》，若郭廷以著作有《太平天国史事日志》及《太平天国历法考订》，若罗尔纲著作有《太平天国史料辨伪集》及《太平天国史料考释集》等，此俱形成专业名家表率史坛，而跻于大师地位。他们史料利用全同，而著作不同。

学术乃天下之公器，史料为共享之资材，俱仗学者学养识力从而造就其不朽论著，精深学问。鄙人撰写此文，甚望能激起同道之兴趣。

2011 年 9 月 19 日写于多伦多之柳谷草堂

20世纪学者之传世创说

前　言

　　我想写这一类文章,乃是多年阅读当代史家之各样著作,吸收与启悟,有些很深入精辟的创说,足供后世参考,并确足以成为一代学术贡献者,自是钦佩,亦深信其学说必将长久传世。因其并不常见,自是加以珍视。经多年阅历评估,慎重选择,终可草撰此文,作为当代学术史之一页纪录。

　　事实上,20世纪一百年来,各门各类学问,各自有其开创发展,即算论史学一门,一百年来,学者教授何止累万计,惟真能立说传世不朽者,仍居于极少数。鄙人读书不足,阅历不广,无法多有发现,尤以每人各自有其一定习惯观点,吾之阅读习惯与一人观点,不但搜辑不多,亦尚自定不同用途而存储以待再撰他文,因是在本文所举示,只能容纳六个不同创说,以供同道之批评指教。

　　我经阅读比较,选辑之条,采取谨慎严格立场,提到第一创说出自某家,一则其说向未见问世,二则某说决不可能尚有其他人提示。其三,某家之说系由严肃研究出现于著作,并非随意说说,信口宣白。鄙人据此,暂选述六家,以就教于学界。

一、芮逸夫从远古洪水故事内涵,证实汉苗两族同源说

芮逸夫是台湾中研院历史语言研究所研究员,曾在民国二十五年(1936)12 月写成初稿,经讨论后修订于二十六年(1937)1 月完成大作《苗族的洪水故事与伏羲女娲的传说》,乃是就湘西的凤凰、乾城、永绥三县边地所定居之苗民,调查四种苗民相传洪水故事,其中有两个是口传故事,两个是每年傩祭节期族人所唱的歌曲。分别是常用于黑苗、花苗及鸦雀苗族人之传说。

芮氏除其调查记录之外,同时并广为查考宋代至明清前人对云贵峒溪蛮(即苗、瑶等族)之记载,更又参考地方志:《苗防备览》、《乾州厅志》、《永绥厅志》等书。此外并必引述同时代外国学者之调查报告。如日人鸟居龙藏所作贵州花苗之调查报告、法国学者德佛洛尔(DeFleurelle)对贵州黑苗之调查报告,以及英国学者克拉克(S. R. Clarke)对贵州鸦雀苗的调查报告等(尚有其他英、法两国学者,不俱引述)诸人报告,俱有洪水故事,及有兄妹二人设法得救,洪水退后,世无人迹,乃结为夫妻,生育儿女,传衍后代,为人类之始祖。芮逸夫搜辑数据可谓充足完备①。

芮逸夫根据各家调查报告,前代流传记载以及地方志略,从而综合分析,可约略归纳几个重点,只能在此简单交代:

第一,最为核心主题,是洪水故事,所有苗族相同。

第二,洪水之造因起于雷公发怒,亦为苗族共有传说。

①　芮逸夫撰,《苗族的洪水故事与伏羲女娲的传说》,中研院历史语言研究所,《人类学集刊》第 1 卷第 1 期,页 155—194。

第三,洪水之祸有兄妹二人设法避难,在各系苗族稍有不同方式,而终必得救则一致相同。

第四,洪水退去,世无人迹,兄妹二人结为夫妻,多有不同穿插叙述,而终至结为夫妻则一致相同。

第五,苗族之此兄妹二人,只有鸦雀苗、花苗提其名字,兄是 Bu—i,妹是 Ku—eh。芮氏将 Bu—i 推知是包羲(伏羲),将 Ku—eh 推知是女娲,看成是汉族苗族间有所采夺之条件。

很自然,芮逸夫在同一文中即就苗族洪水故事与汉族古来之传说作对比考较。

芮逸夫在中国古籍所言之洪水故事自为核心主题,此其一;伏羲、女娲有无兄妹关系,此其二;伏羲与女娲有无夫妻关系,此其三;伏羲与女娲有无造生人类成为人祖,此其四。结果在中国古籍中俱能查到,四者俱有载述。惟细节极不相同。

其一,洪水故事,见于中国最早之古籍《尚书·尧典》,芮先生未引举,但其字数不多,愿举于此:

> 帝曰:咨! 四岳。汤汤洪水方割,荡荡怀山襄陵,浩浩滔天。下民其咨,有能俾乂?①

就中国古籍中之文字以至诸子各书,实有涉及洪水大事,但绝无雷公发怒之说,与苗族故事大有区别。

其二,伏羲、女娲二人为兄妹之说,中国古籍亦多有记载。芮氏俱加引证,有郑樵《通志》引《春秋世谱》云:"革犀生男子为伏羲,女子为女娲,故世言女娲伏羲之妹。"东汉应劭著《风俗通义》有言"女娲伏羲之妹"。其他书尚有,不具引述。则知伏羲女娲乃是兄妹,自与苗族传

---

① 金景芳、吕绍纲著,《尚书·虞夏书新解》,沈阳,辽宁古籍出版社,1996 年印,页 74—76。

说相同。

其三,伏羲女娲为夫妻之说,在中国秦汉时代,伏羲为君,女娲为后之说十分繁富,多见于汉代石刻。芮逸夫之文引举汉代武梁祠石刻君皇伏羲人首蛇身,皇后女娲人首蛇身,二人交尾互缠一起,一人手中执规,一人手中执矩。其实武梁祠石刻有两幅伏羲女娲穿着衣裳下身蛇尾互相交缠之图,一为背向图,一为面相对图,芮氏所引证是两人相对图。后来闻一多之书《神话与诗》则附列两图,俱更清楚①。

事实上在两汉时期有关伏羲女娲之石刻,近人陈履生著有《神画石碑研究》一书,经其采辑,伏羲女娲之石刻像不下有五十二种石刻,必定是上为人身,下为蛇尾,有相交缠者,也有单一人者,却多是手执规或矩②。故就中国文献而言,伏羲女娲结为夫妻,自然与苗族传说相同。

其四,苗族传说之兄妹两人既成夫妻,终于生子,亦有不同说词,但俱表现传衍后嗣,衍生代代子孙。惟在诸夏,并无任何相同记载。而伏羲则被尊为人祖,重要之点则有女娲氏以黄土造人之说,传为世人皆出女娲以泥土造人,成为人类原始造生之神,其说出于汉末应劭之《风俗通义》,由宋代《太平御览》钞录传世。

此外,中国古代传说于女娲特申说其伟大神力,俱见于公元前 2世纪之《淮南子》有共工氏与颛顼氏争为帝不能胜,乃以头触不周山,并使天柱折,地维绝。则由女娲氏炼五色石以补天,断割巨鳌之足以立四极(东西南北四极),大地洪水横流,女娲乃积炉灰以止淫水,万物重得生长。《淮南子》书虽出于汉代,多保留上古传说,芮逸夫俱加征

① 闻一多著,《神话与诗》,民国三十六年(1947)印,台北再影印之本。伏羲女娲同载于第 6 页。

② 陈履生著,《神画主神研究》,北京,紫禁城出版社,1986 年印。

引,可作检证①。

从上举四点考察,芮氏推断,从上古传说主旨根核来看,苗族与夏族在远古当为同种而早有分枝,血缘相近,而各自俱有特殊发展,终自各成大枝族类,在远古传说时代各据一方。芮逸夫不能停止在远古传说之处,于是追考中国古籍,自最古之《尚书》即能见到,苗族与夏族早已各自独立发展,芮氏在《尚书》中找出有"苗民"之纪录,或可看到关系之亲近。又见有"有苗"之称,此一记载重要,比较夏人之称"有扈",则"有苗"之说,应是夏人记载之敌体大国。又在《尚书》中见到"三苗"之说,"三苗"出现于中国古籍,很代表重大意义。芮逸夫亦多引据各书,但未深述真意重大,可在此略加解析。"三苗"出现于《尚书·尧典》,有清楚记载:"流共工于幽州,放欢兜于崇山,窜三苗于三危,殛鲧于羽山。"在此文句中历来学者俱称之为尧惩四凶。其他不须多论,而"三苗"实是国族之称,须加攻伐,以驱之于三危之山。《左传》昭公元年,叙述古史上重大征伐,有谓:"虞有三苗,夏有观、扈,商有姺、邳,周有徐、庵。"以言虞、夏、商、周四代之史上大事。三苗原居之地在南方,《战国策·魏策》,及《史记·吴起传》,均指三苗居于左洞庭,右彭蠡之南方大泽之区。地区甚广。此指古昔而言,却在尧时,将之驱赶至西方敦煌南面之三危山,故在《尚书·禹贡》又记载云:"三危既宅,三苗丕叙。"可知窜三苗于三危,史不绝书。当知中国上古,苗为大族,长久盘踞长江以南。今人徐旭生(名炳昶)著书,提出中国远古有族数三集团说,所指是夏族、夷族,以及苗蛮族,倡中国古史上民族三集团说②。

芮逸夫大文,提出洪水故事,与伏羲、女娲二人关系,为后世人祖

① 芮逸夫撰,《苗族的洪水故事与伏羲女娲的传说》,页 180—181。
② 徐旭生著,《中国古史的传说时代》,北京,科学出版社,1960 年。

之信仰,定为是东南特创之文化特色,与西亚巴比伦之洪水故事及诺亚方舟之说是完全非出一源。夏族苗族,有四大共同点,正见文化之一致①。

芮逸夫大文引致文家闻一多共鸣,即在抗战期中,写出《伏羲考》重要论文,说明是受芮氏之影响。

二、庞朴论证中国远古农耕开始创生火历说

庞朴是当代以研究古代哲学思想之学者,读其书,知其学问渊博,深熟古籍。而其发掘远古火历,则是前所未有之创说,于 1978 年发表《火历初探》,1982 年发表其《火历续探》,1984 年发表其《火历三探》。广征博引,熟用各类文献,精研古籍,举证坚实切当,论断自此传世。读者肯定,识者倾服。兹当择要引介,予以暴表。

对于远古文化,庞朴在《火历初探》写道:

> 渔猎时代特别是有了农业以后的人群,为了定季节的需要,已慢慢具备了自己的天文私历法知识。这个时代,在中国大约相当于传说中的伏羲氏和神农氏时代。②

此言乃是叙述文化背景,将伏羲和神农前后传说时代,假定此是先民由渔猎转向农耕的开始时期,这种文化之大变迁说是慢慢达到,而实际应是很漫长的过程。

国人论远古传说,今代常是划作旧石器时代与新石器时代。自是早成定论,不知后来各地考古发掘出各地陶器,分出有彩陶之仰韶文化和有黑陶之龙山文化。此种考古成绩,不能单说是新石器时代,应

---

① 芮逸夫撰,《苗族的洪水故事与伏羲女娲的传说》。
② 庞朴著,《中国文化与哲学论集》,上海人民出版社,1988 年,页 142—143,《火历初探》引句。

该有考古家细分为陶器时代,定出有年代,如半坡陶器已有七千多年,姜寨陶器已有八千多年,看来神农时代一定是在有陶器之时代方能走上定居生活,方能走上农耕之生活。推想而知,中国创生农耕,用陶器时代来确定,自比较合于人情物理。庞朴在其《火历三探》一文中,举证在山东莒县及诸城出土之陶尊,属大汶口文化期,其陶面画有日、月、火图案,证明其时是火历行用之器物证据①。看来陶器时代会有农耕生活,推论应是可靠的。

首先有必要略叙庞朴所提出之远古发明"火历"说。

庞氏指出,先民利用田地耕耘,生产粮谷,慢慢反复试验,要得知何时种植、何时收割,要定出一个有利的时段,庞氏特别引举《诗经·小雅·鱼丽》:"物其有矣,维其时矣。"用以说明,民人要得到作物收获,必须能充分掌握时序。

先民经过不断利用田地耕种谷粱,终须从天象上用心,得到天上的心星(二十八宿东方七宿之一)在某时黄昏能出现天空之际,就是方便种植粱谷的适当季节到临。庞氏用日后出的节气知识,表示此是一年中"春分"季节。于是先民即将心星出现,定为一年的开始,先民要在此时全要忙于耕作生活。古人在下种之先,一定要先除尽田里的杂草,方法是放火烧完丛生草木,作为农作第一步,古人称此行动叫做"出火"。一直到秋季天上心星隐伏不见,古人在此时际不再用火,而叫做"内火"意即纳火。由是而将一年分出两季,心星黄昏出现是春季,而到心星伏而不见,即到秋季。先民最早熟食是用火,制造陶器亦用火,种植粮食先要出火,而心星出现第一步要出火。因是先早将心星定名为"大火"。"大火"出现即是岁首,大火见与大火伏,构成一年中生产与收获两个季节,如此粗疏简单地靠大火为指标的年历,就是

① 庞朴著,《中国文化与哲学论集》,页181—182,《火历三探》引图及引文。

称为"火历",此是将庞氏学说作一个简单介绍,庞氏则广征博引,很细密推考其形成应用以及长期历史,包括政治上帝喾(高辛氏)之命官"火正"。

庞朴重视古代"火正"这一个官职,举其创始,是在颛顼帝时代。任命两个重要官员:"命南正(官名)重(人名)司天以属神,命火正(官名)黎(人名)司地以属民"(引据《国语·楚语》)其中之"火正",即是受命掌民人生产农事之官。庞朴对于"火正"的职司有其明确的综述,可举其论断:

> 火正的职称,表明其任务是观察大火。而司地就是司土,也就是后来的司徒。起火是同农事和民事密切有关的差事,所以其功大矣,大就大在生柔嘉材,保证了食用。所以生柔嘉材之道,又在于他能昭显天地之光明。所谓天的光明,无疑是指大火星,地的光明,应该就是火在农业生产中的运用。①

若说在颛顼时代已任命"火正"之官,则可见远在尧舜以前已行用火历,庞朴却推算天上心星之重要出现点,而判定约在尧舜时代,兹举其一论断:

> 假设火历是我们先民中某些农业部族的第一部古老历法,出现时代约当大火处于秋分点的公元前二千八百年左右,即所谓尧舜时代。②

原来前已述及,庞朴最初已表示火历发明应在伏羲、神农传说人物之间。盖传说,已不可信,大致年代也难说清楚,实不如鄙人估计,如能创造火历,自与农耕生活有关,必与创造陶器之后有关,亦较颛顼、帝

① 庞朴著,《中国文化与哲学论集》,页151,《火历初探》。
② 庞朴著,《中国文化与哲学论集》,页163,《火历续探》。

誉时代为早。

进入有文字历史时代，庞朴利用甲骨卜辞，说明商代实为行用火历之高峰时代，应直举庞氏论述，以供比观：

> 火历至殷商时代进入鼎盛期。这不仅有文献上屡屡提及的"商大火"（《左传》襄公九年），"辰为商星"（《左传》昭公元年）之类的传说，最可靠的还有甲骨文提供给我们的第一手数据。据信为相士时期的一片卜辞上说："贞唯火五月。"这一材料虽然只剩下五个字，却相当重要。它使人们连想起《春秋》上的"春王正月"。王正月的"王"，指王历，即周历。同样的，卜辞的"火五月"，只有解释为火历五月，才能通读。①

接着庞氏又引举一片重要甲骨卜辞如下：

> 七日己巳夕，□有新大星并火，崇，其有来艰，不吉。

庞朴解读这片卜辞云：

> 这条卜辞，是迄今所知的世界上最早的新星纪录。据李约瑟（Joseph Needham）博士说，其实际年代应在公元前 1339—1281 年间。我们在这里更感兴趣的不是它的科学价值，而是殷人因有新星并火而表现出来的惶恐不安。我们今天已经知道，新星是恒星爆发时产生的亮度突然增强的自然现象，它会回复原状的，无所用其惊慌。所以仅仅过了两天，另一片卜骨就说："辛未，有毁新星。"可是当新星正亮而又恰巧并火，即出现于殷人族星并即纪时星之旁之际，对殷人来说，当然是最大的不祥之兆。所以他们要三呼"崇"、"有来艰"、"不吉"。②

---

① 庞朴著，《中国文化与哲学论集》，页 183，《火历三探》。
② 庞朴著，《中国文化与哲学论集》，页 184，《火历三探》。

庞朴用三篇大文,提出一个远古先民在开始农耕生活时,长期累积经验而发明以恒星之心星黄昏出现,定为出火烧田,再耕种五谷,而命心星为大火(非指九大行星之火星),遂成先民首创之火历。庞氏广征上古文献,提出诸多文证以及陶尊物证,立说透辟,论断坚实,公之学界,备受肯定尊重,当可传世不朽,颇值郑重介绍。

三、吕思勉创说《老子》,原书不分道
经德经两部,亦不分细章

吕思勉,江苏武进人,前清秀才,精于国学,并用心于撰著中国史书,初教书中学,钱穆即其所教中学门人,当知出道之早。中年以后至上海任光华大学教授,因受国学大师钱基博引重,报好友知遇,决不离开光华大学。钱穆在晚年著文纪念吕氏,以为生平治史即其中学时代受吕思勉所启发①。吕氏晚年以至身后为学界重视,俱以门人弟子中出了不少有名学者所致,然而在史学界中,以其治学全循固有国学家之路,实远在当世学术潮流之外,比之钱穆更守中国传统治学之法,然吾早对吕氏重视,三十多年前著《史学方法》广征一代各方之史学研究法,书中亦参考吕思勉所著之《历史研究法》。吾手中亦并保有吕氏多种著作②。

我敢说并不太看重吕思勉的《历史研究法》一本小书,内容亦无甚高论,而在其国学领域,却极其重视吕氏所著另一小书《经子解题》,原

---

① 钱穆撰,《回忆吕诚之老师》,为其八旬之年所写,收载《蒿庐问学记》,北京,三联书店,1996年。

② 吾手中所有之吕思勉之书,早有《白话本国史》、《历史研究法》、《中国制度史》、《吕思勉读史札记》、《燕石续札》、《经子解题》以及纪念吕思勉之文集《蒿庐问学记》等书。尤且在若干年前谈当代史学大家文中揭示史学大师五十人,即将吕思勉列入其中。见拙著《二十世纪之史学开拓及先驱史家》,收载拙书《新史学圈外史学》,2010年在上海出版。

书成于民国十三年(1924),早成绝版之书,却在 1995 年 5 月 12 日在上海华东师范大学出版社重印出版,此时距我退休之年不到两年(我 1997 年 1 月退休,实相差一年而已),如此对我甚好,我在退休之前已在台北师范大学博士班开讲四年《中国古代典籍》,退休之后方能购得吕氏的《经子解题》,因为那时我购大陆出版之书,全是经过香港,托我的门人马楚坚博士一一代为买来。这样也好,因为可知免得被人们怀疑我抄袭吕氏之书。

我在大学开讲《中国古代典籍》,实是上无师承,能够开讲一门新课,亦决非师心自用,毫无阅历。我当然早阅读不少先秦古籍,特别参阅今人注释之书。是早有一定解悟之后才敢开课①。

吾之开课竟颇在大体上与吕氏之书相似,我是上学期讲群经,下学期讲诸子。吕氏全书亦分为先经后子。惟吾尚有不同调配,不及细举。若是早见吕氏《经子解题》,我当一定取作教本,要学生人备一册,可便于按部讲解。不过我在讲到经部要增加《逸周书》和《大戴礼记》,讲子部则不讲阴阳家,因为无书传世,但用《战国策》作为纵横家材料,又增加上兵家诸子(吴孙子、齐孙子、及六韬),又加上稷下诸子。

---

① 略计鄙人所阅读之近人注释之先秦古籍,约有:屈万里老师的《尚书释义》、王叔岷老师的《庄子校诠》,高明老师的《大戴礼记今注今译》,王梦鸥之《礼记今注今译》,林尹之《周礼今注今译》,曾运乾之《尚书正读》,高亨之《周易古经今注》,高亨之《周易大传今注》,程俊英、蒋见元之《诗经注校》,闻人军之《考工记译注》,黄怀信、张懋镕、田旭东之《逸周书汇校集注》,杨伯峻之《论语译注》、杨伯峻之《孟子译注》、杨伯峻之《春秋左传注》,王忠林之《荀子读本》,吴毓江之《墨子校注》,高明(大陆学者)之《帛书老子校注》,赵守正之《管子注译》,蒋礼鸿之《商君书锥指》,清王先慎撰、今人钟哲点校《韩非子集解》,屈志清之《公孙龙子新注》,孙彦林、周民、苗若素之《晏子春秋译注》,张清常、王延栋之《战国策笺注》。又,《帛书战国策》、陈奇猷之《吕氏春秋校释》、陈广忠之《淮南子译注》等书,其实每种书我拥有各家不同著作多有两种三种备用,不及俱举。

自是不同。

本文原不可能全面介绍吕思勉的《经子解题》,此处所需要甚是明确单纯,是即要看吕氏对《老子》一书的见解,其他不加涉论。

吕思勉在民国十三年将其书出版,并在七月作一页短序。当知其一切见解应早出于此前,那时北方学界已开始疑古风气,亦在民国十二年前后开始盛行。其他可略而不谈,单以论述老子其人,《老子》其书者,可谓人才济济名家俱集,若梁启超、冯友兰、胡适、顾颉刚、钱穆等人,计算其论文出现在《古史辨》一书(第四册及第六册)者,不下十九人之多,足见一时讨论老子是热门问题。《古史辨》最早自民国十五年刊行,最后一册第七册已至民国三十年。而讨论老子在此期中叶,略与吕氏之书同时,故在其书中有批评梁启超、胡适对老子看法错误。而可证明吕思勉亦毫未忽略同时各家对老子之研究。其书中至少明白批评梁启超、胡适两次,俱在讨论老子问题。但吕氏谈老子书,篇幅不大,其论点则与《古史辨》各名家之说决然不同,愿就吕氏论断布陈于次。

吕氏《经子解题》一书,只有二百页,专在介绍古代群经诸子各书,故不谈人物,只谈古籍。故在此只能举示吕氏对于《老子》一书的观点识断。

吕思勉与同一代多数论老子其人其书的看法完全不同,对《老子》一书提出两个重要看法。首先是判定《老子》成书很古,早推要在三代夏、商、周以前。他明白说应在五帝时代。何以作此说?吕氏认为其书保留母系社会思想,全书尊重女权,不见男女二字,却屡用牝牡及雌雄,今当直引其说:

> 又全书之义,女权皆优于男权。(吕氏语:今《周易》首乾,而《殷易》先坤,见《礼记·礼道》:"吾得坤乾焉"。郑注。此亦吾国

男女权递嬗之遗迹。然殷时女权实已不盛。吾别有考。《老子》
全书皆称颂女权,可见其学必始于殷以前。托诸黄帝固未必可
信,然据《礼记·祭法》:"严父配天,实始于禹。"则夏时男权已
盛,老子之学,必始五帝时矣。盖旧有此说,口耳相传,至老子乃
诵出其文也。)书中无男女字,但称牝牡,亦可征其时代之早。①

吕氏此说,显与同代各家大异其趣,于今已问世九十年,尚未见有反驳
之者。对于《老子》成书之早尚更提出有力论证,当加引举于次:

今观《老子》书,文体甚古。(吕氏注:全书多作三、四言韵
语。乃未有散文前之韵文。间有长句及散句,盖后来所加。)②

读及此段文字,须夹叙一点题外话。吕氏读《老子》书,于此处举示考
论证据,乃是当时科学派史家所最推重之语言考证法,傅斯年最为提
倡,乃是西洋汉学家看家本领,国人之中只有董作宾一人是采用语言
考证法而作甲骨文断代,有大成就。想不到吕思勉研读《老子》亦用语
言考证法,佐其表达论证,值得今人效习。

再说吕思勉在书中所提示的另一个见识,他主张《老子》书原来并
未有上下两篇之分,亦不曾细分八十一个章目,相信俱出后人所为,不
足深信。今当举证吕氏之说,以供参酌:

《老子》原书,本无道经、德经之分,分章更系诸家随意所为。
读者但当涵咏本文,自求条理。若一拘泥前人章句,则又滋纠
纷矣。③

吕氏此一陈说,看似平常,而实据深厚学养而下此判断。像此种《老

① 吕思勉著,《经子解题》,上海,华东师范大学出版社,1995 年,页 110。
② 吕思勉著,《经子解题》,页 110。
③ 吕思勉著,《经子解题》,页 113。

子》书之形式结构,所有其他研究之家许多年来,无人理会,30 年代无一人论及此者。盖即本之常识毫不怀疑及此,更不会当作问题谈。吕氏之说自亦无人理会。

当年(1924)吕氏之书无人重视,名家未投一瞥。只是占理不怕冷寂,七八十年后,因 1973 年湖南长沙马王堆发掘汉文帝十二年所下葬,当见抄写而成书之帛书《老子》甲、乙两种,保守估计,亦是公元前 2 世纪初之抄本,足称最古老之原书。一时研治者蔚起,故在 90 年代已有注本译本传世①,当然引起中外学界讨论,澄清疑难不少。

未料事过二十年,至 1993 年冬,又在湖北荆门郭店的战国楚墓发现一批儒道两家竹简书,其中即有《老子》简书,再引起中外学界轰动,中国学界由众多文字学家、哲学家、史家参与整理。美国学界十分重视,并由杜维明教授建议在美国召开学术讨论会,早有多方报导,本文小局面介绍,又非主题,只好简单粗浅一提,重点须放在当代学者致力之研究。特别是哲学界领先在 1999 年出版集全国名家共同撰著之本《郭店楚简研究》之论文集,分论新发现儒道二家之珍贵典籍,展示超越往时不少新见解新论证,足以令人一新耳目。我购读此书,获益匪浅。其中有专论简本《老子》之作有名家许抗生、王中江、郭沂、廖名春四人之专论,至此我可以取诸家之考证论点,拉来支持吕思勉在八十多年前对《老子》书之精确论断。

其一,吕思勉主张《老子》原本成书早于三代。当然尚无人同意,但其主张早成书,已被学者向前上推在孔、墨二家著作之前。可举王

---

① 有关帛书《老子》今世校注之本,我手中拥有三种,其一,《帛书老子》(台北,河洛出版社,1975);其二,许抗生著,《帛书老子注释译与研究》增订本(杭州,浙江人民出版社,1985 年第 2 版);其三,高明著,《帛书老子校注》(北京,中华书局,1996)。

中江之论：

> （郭店）简本《老子》仍只是《老子》的一种传本，而老子所著
> 的《老子》原本，在时间上不仅早于《孟子》、《庄子》，而且肯定比
> 战国初还靠前。至少就像一种说法所认为的那样，是在春秋后
> 期，它应该比《论语》和《墨子》还要早。①

另外尚有一家说法，同样把《老子》成书年代提前，略具新解，可以举
示，出于时人郭沂所说：

> 简本老子不但优于今本，而且是一个原始的完整的传本。它
> 出自春秋末期与孔子同时的老聃，而今本《老子》则出自战国中期
> 与秦献公同时的太史儋。历史上的有关争议，大致都可以在这一
> 架构下获得合乎情理的解释。②

看到上项两项今时学者论断，大抵吕思勉等了八十年已得到同于他早
年主张《老子》早出之立说，而30年代一批负大名学者，其论说不免一
一被淘汰。

吕思勉所主张第一个重要论断，是不信《老子》原始之书，并不分
上下两篇，更未分内容章次。前已引述，无人重视。盖吕氏须恃学问
自信，方为此言。眼前自无证据，似涉大胆。须知《老子》分上下两篇
最早在公元前1世纪，司马迁写老子韩非列传，已先言之。学界共喻，
可引举《史记》所载：

> 关令尹喜曰："子，将隐矣，强为我著书。"于是老子乃著书上
> 下篇，言道德之意五千余言而去。莫知其所终。③

---

① 王中江撰，《郭店竹简〈老子〉略说》，《郭店楚简研究》，沈阳，辽宁教育出版
社，1999年，页107。
② 郭沂撰，《楚简〈老子〉与老子公案》，《郭店楚简研究》，页119。
③ 司马迁著，《史记》，卷六十三，老子韩非列传。

太史公果然具有先识,向来古书,绝无被人注明其书字数若干,仅有
《老子》一书,例外明告五千余言。盖其必有所本,二千年后 1973 年长
沙马王堆发现帛书《老子》甲、乙两种抄本,其字数正是五千余言,且分
德经、道经两部,照此看来,吕思勉的主张将会是一个错误。未料在
1993 年郭店楚简发现《老子》传本,竟正是不分上下两部之本。至此
方能显现吕氏早先之卓越识断。虽然事实俱在,但在学问上仍必须举
示今时学者之成说,兹引举《老子》学名家许抗生之说为告结:

> 首先在篇次上,简本无《德篇》、《道篇》或上篇下篇的区分。
> 帛书乙本有《德篇》、《道篇》的篇名区分,且《德篇》在前,《道篇》
> 在后。帛书甲本虽无篇名,但《德篇》部分在前,《道篇》部分在
> 后,则与乙本同。①

据今世学者对《老子》一书之认识,以及各家用心之考索,真见解识断,
自早超越民初以来名家群说远甚,当年大批皇皇巨著,难免遭受淘汰,
独有吕思勉不受人重视之立说,正与今时共见者符合实物证据。真学
问识见,自是超越恒流,其论说亦足以传世不朽。

四、林同济主张中西历史俱有历史重演

20 世纪起,科学主义盛行,决不承认有历史重演,亦向无人会谈历
史重演,而在 40 年代,正值抗战最艰苦之时,林同济教授却做文论今
时是"战国时代"之重演。

今时学界无论长幼,多不知林同济为何许人,若不注意当代学术
史,当是难于知晓。自 1937 年日本大举侵略中国,中国遭逢重大国
难,在十分危急困顿之中,高等学堂俱纷纷撤避到大后方,以四川、云

---

① 许抗生撰,《初谓郭店竹简〈老子〉》,《郭店楚简研究》,页 93—94。

贵为退守喘息之地。学者虽贫苦穷困,仍俱忍耐辛劳,教育英材,并仍奋力尽心撰写文章,激励国人,维持学术之提升。最突出最具表现之学者教授,当时在西南云贵之西南联大及云南大学,有一些具深思富学养之士,有林同济、雷海宗、陈铨、郭岱西、陶云逵、何永佶、梁宗岱、贺麟、沈从文等人发起创刊《战国策》半月刊,而此批学人组织即被人称之为战国策学派,众人于1940年4月1日创刊发行《战国策》半月刊。各家撰文投稿,要以林同济、雷海宗、陈铨供稿最多,论题最精,须知诸位学者除沈从文外,俱是在国外深造而回国在大学任教者,对西方之文化学术认识深入,俱能展示对西洋文学、哲学、历史有深厚认识并能检讨批评,与民初之崇洋媚外风气不同,是以在抗战艰难期间,《战国策》所刊之论文,足以代表中国学人文化学术之自信自重①。

本文自不在要介绍战国策学派,但使人知此批学者及其论文俱代表一代有理想有远见能立说能批评,且又深受本国文化熏陶而思考因应变局,以求在困难中自立发展者。是值得世人敬重的一群读书人。他们了解西方,却更重视中国自己,与30年代文人名士品格不同,志趣各异,局面虽小,实能表现一时代(抗战时期)的学术上独立风格,值得后人研讨追考。

战国策学派要以林同济、雷海宗、陈铨为重要领袖,三人俱深熟西方学术文化,足以持平中西,议论古今。惟本文只就林同济一人,且只引叙其所主张之历史重演说。

林同济在民国二十九年(1940)四月一日在《战国策》创刊号,发表文章"战国时代的重演",主要宣示《战国策》杂志创刊宗旨,无意中亦表达他的"历史重演"观点。本文不涉谈其文章大部义涵(自然不

---

① 王尔敏著,《二十世纪非主流史学与史家》,桂林,广西师范大学出版社,2007年,页6。

作价值评断),惟其肯定战国时代几种特点,是他必须强调而作为《战国策》学派要大事研讨中西战国时代之特性而不能不宣示世人,唤醒国人面临战国时代之思考因应与警悟。

林同济文章开始就提到说出警语(直接引举):

> 现时代的意义是甚么呢?干脆又干脆,曰:在"战"的一个字。如果我们运用比较历史家的眼光来判断这个赫赫当头的时代,我们不禁要拍案举手而呼道:这乃是又一度"战国时代"的来临。①

林同济当然也简述中国古时的战国时代,国人熟知,勿须重引。惟可一参考林氏简要述论欧西的战国时代历史背景,在此可作引证:

> 欧洲文化,崛起于希腊、罗马的古典文化之后,虽处处显露有希腊罗马的影响,但在整个体质上乃是独立的体系。经过了文艺复兴,宗教改革,地理发现,工业革命的各幕热剧,乃不可遏止地成为现代全世界文明的动力,并且还决定了现代世界史(人类第一次真正的世界史)的发展模型与方式。我们细察二百年来的世界政治,尤其是过去半世纪的天下大势,不得不凛然承认你和我这些渺小体魄,你和我就兢兢集凑而成的中华民族,已经置身到人类历史上空前的思潮狂浪当中了。我们的生辰八字,不是平凡,乃恰恰当着世界史上"大战国时期"露骨表演的日子。②

很明显,林同济观点,是把此二次世界大战看成是一个大战国时代,亦自明白相信有历史重演。

林同济既然提示"战国时代"的重演,其能重演者自是表现于先后相承之重点特色,他从根本上指出,古今之"战国时代"俱有三个相同

---

① 温儒敏、丁晓萍编,《时代之波》,北京,中国广播电视出版社,1995 年,页 49。
② 温儒敏、丁晓萍编,《时代之波》,页 50。

之点,他以大篇幅分别一一举证,本文无法大量引述,约言之,林氏阐述之第一重点是"战为中心"。林氏比论中外史家对某种时代统一性标目来说明(比如文艺复兴时代、宗教改革时代、工业革命时代、启蒙运动时代)来说明战国时代是有统一性的以战为中心。林氏举证的第二个重点是"战成全体"。此在往古可以看出,而至现代则被看成是立国纲领,是自政府以至众民,无论各级官吏、文人学者、工商、负贩、妇女儿童,全国总体致力用心,全副用于战争,新命义就是所谓"总体战"。此在二次世界大战时期,各国无不用心于此次狂战,大致看要以德国、日本为最看重。林氏提示的第三个重点是"战在歼灭"。像古代罗马与伽太基之战,前后一百余年中经三次惨烈的会战,伽太基五十万人口剩不到五万残伤,且一律供作奴隶驱使,此即歼灭之战一大先例。二次世界大战中,德人之对犹太人、日本之对中国人,施用手段,尤残忍十倍。宗旨要达到歼灭敌方。林同济之抒论如此,足资比观参证①。

林同济的研考抒论,最终归结于他的战国时代之重演的一个观点,可以引举其议论:

> 一个文化,演到某阶段而便有战国时代的来临,并不是偶然之事,也不是神秘天工。物质条件,精神条件,发展到相当程度,各区域各民族间的接触也就日繁,互倚赖互摩擦的情节也就日多。在那相吸相抵的矛盾境界中,较大的政治组织成为了逻辑的必需。并吞的欲望就在这里产生。由欲望而企图,由企图而行动,于是战乃不可免。战到了相当尖锐化,战国时代遂岸然出现于人间。②

---

① 温儒敏、丁晓萍编,《时代之波》,页50—53。
② 温儒敏、丁晓萍编,《时代之波》,页53—54。

林同济之申论战国时代之重演，自是本于对中西史事之领悟，而大胆创立新说。既能如此立论，自亦明见其历史重演之观点。一般学者未必同流，而其同在西南大后方战国策学派之学者则颇有附和之人，雷海宗即是其中之一位。

林氏之后过六十年进入 21 世纪，鄙人则是一位追随之后学，赞成此说，亦主张历史重演，曾在 2002 年 9 月 9 日撰著《史学研究须重视历史重演》一文，公之于世，以就教于史界同道①。

请看看欧洲之史，自罗马时代以至今世，一旦国力够强，一定要吞并北非，自罗马起经由拿破仑时代、希特勒时代，无不以吞并北非为其扩张手段，盖如不能把地中海收为内湖，大帝国之美梦是无法完成的，相信历史必有重演，此是明确前例。

五、陈寅恪创说北周、隋、唐政权
一贯行用"关中本位政策"

陈寅恪是 20 世纪最负盛名之史学大师，其学问之渊博深邃，足以与民国初年诸国学大师沈曾植、缪荃孙、柯劭忞、王先谦等相承接，而与刘师培、章太炎、柳诒徵、王国维相颉颃。而陈氏之精于佛学，亦能追绍沈曾植之精诣。同代后起学者多远不能及，特在史学领域，备受同道尊仰。但陈氏于治学随处可见，其谦虚逊退之言，未尝见其有自炫自满之色，人格品诣尤见高洁。

本文是一种讨论多人之作，涉论陈寅恪仅占一小节，不出全文七分之一。对于陈氏生平著作贡献，岂敢奢望多讲，自是首先阅读同代中其他书籍，其一，参考王永兴在八十三高龄所写之《陈寅恪先生史学

① 王尔敏撰，《史学研究须重视历史重演》，收载自著之《新史学圈外史学》，页115—126。

述略稿》,书中论及陈氏著作有七种,同时亦详叙陈氏之曾祖父伟琳(字琢如)、祖父宝箴(字右铭)、父三立(字伯严,号散原)四代传承身世,全书四百六十五页,自可见其详备①。

其二,则是中研院历史语言研究所在1971年5月所刊印十六开大本《陈寅恪先生论集》,收载陈氏之书《隋唐制度渊源略论稿》、《唐代政治史述论稿》,以及各样论文三十一篇②。

本文局面甚小,但据上举二书,采择而用于此一小节所需要举证的陈寅恪一人独具的传世创说。

有关陈寅恪家世及其学问造诣与学术贡献俱由王永兴大著《陈寅恪先生史学述略稿》作专文介绍,无须在此小文中交代。陈氏史学专书二种为近世隋唐史开山辟径之作,史界早有公论,后学仿行追摹者众,而超卓议断,恐尚无人企及。至陈氏以诗证史之作《元白诗笺证稿》及《柳如是别传》,其精绝细解,深入识议,更胜远旧先哲,后乏承绪,无人能望其项背。陈氏诗学之深厚,可谓世无其匹,此二书真能传世不朽。

本文立旨,仅限于陈氏两种隋唐史著作中一个传世创说,自非敢贸然涉论隋唐史,尚祈识者谅我学识谫陋。

据阅读所见,陈寅恪所著《隋唐制度渊源略论稿》及《唐代政治史述论稿》随处俱是创见新说,常简述数语,能提示一代通识。兹愿引举陈氏于隋唐制度之渊源所作极括提示,自是可据之创说:

> 隋唐之制度虽极广博纷复,然究析其因素,不出三源:一曰(北)魏(北)齐,二曰梁陈,三曰(西)魏周。所谓(北)魏(北)齐

---

① 王永兴著,《陈寅恪先生史学述略稿》,1997年夏写成于北京,北京大学出版社印。作者论及陈寅恪之生平著作有七种(包括陈氏之读史札记)。
② 《陈寅恪先生论集》,台北,中研院历史语言研究所,1971年。

之源者，凡江左承袭汉魏西晋之礼乐政刑典章文物，自东晋至南齐其间所发展变迁，而为北魏孝文帝及其子孙摹仿采用，传至北齐成一大结集者是也。其在旧史往往以"汉魏"制度目之。实则其流变所及，不止限于"汉魏"，而东晋南朝前半期俱包括在内。旧史又或以"山东"目之者，则以山东之地指北齐言，凡北齐承袭元魏所采用东晋南朝前半期之文物制度皆属于此范围也。又西晋永嘉之乱，中原魏晋以降之文化转移保存于凉州一隅，至北魏取凉州，而河西文化遂输入于魏，此后北魏孝文、宣武两代所制定之典章制度遂深受其影响，故此（北）魏（北）齐之源，其中亦有河西之一支派，斯则前人所未深措意，而今日不可不详论者也。（**按即陈氏所谓之第一源**）

所谓梁陈之源者，凡梁代继承创作，陈氏因袭无改之制度，迄杨隋统一中国吸收采用，而传之于李唐，易言之，即南朝后半期内，其文物制度之变迁发展，乃王肃等输入之所不及，故魏孝文及其子孙未能采用，而北齐之一大结集中遂无此因素者也。旧史所称之"梁制"实可兼该陈制，盖陈之继梁其典章制度多因仍不改，其事旧史言之详矣。（**此陈氏所谓之第二源也**）

所谓（西）魏周之源者，凡西魏北周之制作有异于山东及江左之旧制，或阴为六镇鲜卑之野俗，或远承魏（西）晋之遗风，若就地域言之，乃关陇区内保存之旧时汉族文化，以适应鲜卑六镇势力之环境，而产生之混合品，所有旧史中关陇新创设及依托周官诸制度皆属此类，其影响及于隋唐制度者，实较微末，故在三源之中此（西）魏周之源远不如其他二源之重要。①

读此陈氏通叙，交代隋唐制度流变，可以简易掌握全书脉络，领引读者

---

① 陈寅恪著，《隋唐制度渊源略论稿》，商务印书馆 1940 年印，页 1—2。

获致正确认识。似此简要提出通识,吾辈后生正需仿效学习,不可故作高深,令人难于索解。

陈寅恪讨论隋唐政治,创说若干关键之词,便于申解一代之显著要义。如指政治结合,有谓"关陇集团"、"李、武、韦、杨婚姻集团"等,而其受世人接受与学者推崇者,则在于陈氏创说之"关中本位政策",当用为认识北周至隋、唐之管钥。兹引举陈氏之立说:

> 宇文泰率领少数西迁之胡人及胡化汉族割据关陇一隅之地,欲与财富兵强之山东高氏及神州正朔所在之江左萧氏共成一鼎峙之局。而其物质及精神二者力量之凭借,俱远不如其东南二敌。故必别觅一途径,融合其所割据关陇区域内之鲜卑六镇民族,及其他胡汉土著之人为一不可分离之集团,匪独物质上应处同一利害之环境,即精神上亦必具同出一渊源之信仰,同受一文化之熏习,始能内安反侧,外御强邻。而精神文化方面尤为融合复杂民族之要道。在此以前秦苻坚、魏孝文皆知此意者,但秦魏俱欲以魏晋以来汉化笼罩全部复杂民族,故不得不亟于南侵,非取得神州文化正统所在之江东而代之不可。其事既不能成,仅余一宇文泰之新途径而已。①

陈氏随着接续提出所指宇文泰之"关中本位政策",兹引举其创说:

> 此宇文泰之新途径,今姑假名之为"关中本位政策",即凡属于兵制之府兵制及属于官制之周官,皆是其事。②

对于宇文泰之建构"关中本位政策",其重要擘画人乃汉人苏绰。陈氏

---

① 陈寅恪著,《唐代政治史述论稿》,民国三十一年(1942)成书,商务印书馆刊布,页11。

② 陈寅恪著,《唐代政治史述论稿》,页11。

门人王永兴曾作简明申叙,颇值参考:

> 苏绰为协助宇文泰制订关中本位政策之人,他当然属于关陇
> 集团,但他又是关中武功世族,有较高的汉文化,佐宇文泰摹仿周
> 礼创建制度,但其实质如寅恪先生在《隋唐制度渊源略论稿》职官
> 章所云:"阳传周礼经典制度之文,阴适关陇胡汉现状而已。"而关
> 陇胡汉现状之实,即以胡族以及胡文化为主也。关中本位政策的
> 主要内容为府兵制,而府兵制乃胡族部落兵制也。①

当然,陈氏向下申叙,亦明白说到隋、唐两朝实际继承宇文氏之"关中
本位政策",而杨、李两家之祖贯郡望,俱亦倚附关陇地域。兹引举陈
氏解说:

> 但隋唐两朝继承宇文氏之遗业,仍旧施行"关中本位政策",
> 其统治阶级自不改其歧视山东人之观念,故隋唐皇室亦依旧自称
> 弘农杨震、陇西李暠之嫡裔,伪冒相传,迄于今日。②

至是陈寅恪创说之"关中本位政策",遂成史家共喻之一种学说。

陈氏治史谨严深细,而表现俱重在建立史学通识,掌握全面动因,
入手细微,出手宏肆,其名著问世,学者门人多受启迪而追摹。中央研
究院至少有三人是追随陈氏方法而著述,其一徐高阮,乃陈门高弟,其所
写《山涛论》《论曾国藩外交知识》《论严复权威主义》,俱出以贯通全
局之识断,最得陈氏之学。此外有全汉昇所著《唐宋帝国与运河》一书,
应是全氏成名之作,足以追绍陈氏之余绪。另外尚有吴缉华所著《明代
之运河》,亦在袭用陈氏治隋唐史手法。三人皆出于历史语言研究所。

其实在中央研究院之外,自亦有学者继承陈氏而毕生研究隋唐史,

---

① 王永兴著,《陈寅恪先生史学述略稿》,页 156—157。
② 陈寅恪著,《唐代政治史述论稿》,页 12。

同代中王寿南教授,写成《隋唐史》一部巨著,自当可执为陈氏继人。

六、沙学浚论北方边患长期造成中国历史演变动因

国人读史莫不了然于北方边患,自殷商之鬼方、西周之猃、战国之胡、两汉之匈奴、魏晋以后而有五胡乱华、赵宋受困于契丹、金、元,明亡国于满清。自古至今,北方外患最重,随时改变历史。此是一般常识,似无重提必要。

中国有史以来北方边患足足考验主政者之智慧。为抵挡北族入侵,历代帝君因应强敌入侵,亦自筹谋御敌自卫之方,世人熟知早在战国燕、赵、魏、秦俱筑长城,以限胡人铁骑。中国之长城即国人智慧结晶,有长城随之决需有兵力顿戍,进而长期致顿用以驻守,此亦衍生之另一种智慧。然亦不胜胡骑之骚扰,进而设想以商贸交换开和平之路,是为茶马市之和平善策。进之则由帝室下嫁公主而行双方和亲政策,亦是和平维持之良策。终不得已则不免兵戎相见,决战朔漠,西汉之大将军卫青、骠骑将军霍去病,东汉之大将军窦固,俱能率大军与匈奴战于大漠高原。虽战胜亦耗损国力,此则足证前代人因应北方边患之智慧与作为。前人之心计谋略,武功担当,自足以照耀千古,流徽后代。

沙学浚先生乃今代地理学大师,亦系鄙人大学业师。早成名于抗日战争时期,以著文分析二次大战中欧洲战场之角力竞胜大势,刊布于报章,受到国人重视与参阅,尤以预测开辟第二战场,提示重点当在法国西部沿海为联军登陆之地而具先见之明,备受学者崇重①。

---

① 抗日战争时期,沙学浚先生所刊布分析欧洲列强用兵争战著有以下各文:《苏(联)芬(兰)关系之地理背景》、《古今战争中之希腊》、《灭亡十四国后之德意志》、《光荣孤立之英伦》、《第二战场之地理观察及位置价值》等,此即沙氏在当年之论文中所自选保存之六篇,收载其自著《地理学论文集》,台北,商务印书馆,1972 年。

沙学浚之研究论著，自抗日战争期间以至其在台北、香港、新加坡任教，一直维持宏观大格局之书法，所作甚多而广阔，略举数例如：中国之中枢区域与首都、世界经济空间之类型、海国之类型、国都之类型等文，俱足纵论全局之观点。似此类之论著尚多，俱收载其文集之中。

本文在此所要讨论者，乃举沙学浚所作《从政治地理看胡人南下牧马》。此文就北方草原民族与中原之农业民族，早自殷商之鬼方、宗周之猃狁、战国之胡、两汉之匈奴，以及魏晋以后之五胡乱华。乃是大气魄一文纵论古来长期之南北对峙，往往俱是草原民族主动入侵，使中原农业民族穷于应付。其可见中国历代重大变局，历史上动力来源多由北方武力推动。沙氏虽就汉唐为题立说，举证多引括《史记》、《汉书》、《唐书》所记载，实则其文提出中国五千年史乘变迁之视野，贡献于史识甚大。文章虽小，而价值甚大，简明通博，足以传世不朽。鄙人自1950年进入大学受教于沙氏门墙，有幸承袭师门道业，于其宏观论史领悟甚深，追摹其力，自信生平治学，俱传夫子所授，敢于选题论谈，就教于同道方家。

沙学浚用汉代常见观点"胡人南下牧马"标出汉人心目中印象深刻的挽弓强敌，以及中原临边地农耕人民屡受胡人纵马抢掠破坏等故实，甚至大举入侵，而改变历史进程。就地理上天然条件造成汉胡长期对峙之局，沙氏提出解析识断，至足为中国历史说明一个重要动因。兹愿于本文加以展论。

第一，其最重要性的基本因素，是地理上胡人生存于高原荒漠地带，只有草原供作放牧却不能行用农耕，天然环境使之成为游牧民族。在此当引举沙氏所提论：

> 蒙古高原，一般以大兴安岭及阿尔泰山为其东西两边的自然界限，实则并无"自然界限"可言。大兴安岭为蒙古高原的东边，

地势由西而东,渐渐低降。阿尔泰山在蒙古高原与准噶尔盆地之间,相对高度不大,而宽度大,是一片低而宽的凸起地带,和寻常所谓的山脉不同。尤其在东段,相对高度更小。由此可见东北各省自西部和准噶尔盆地,在地形上和自然地理上,都为蒙古高原向东和向西的延长。在历史上,蒙古高原的政治力量和人民常由漠北分布到这两个区域。蒙古高原对于北方的西伯利亚的界限,西北部以萨彦岭为界,东北部以过渡地带的"有林草原"为边界地带,联系了西伯利亚的森林区和蒙古北部的草原区,但贝加尔湖东西一带,自古是蒙古高原的延长,现在是布利亚蒙古人分布区。西伯利亚自古超出了历史圈之外,因此,蒙古高原在亚洲人文地理上,便显然是边缘位置。①

沙氏此段叙议,纯就自然地理条件作依据,使读者能具有鸟瞰观察认识蒙古高原。下面则就此天然形势,以及居住此地居民之民族而自然形成一种政治上国家形式,可举沙氏提示之申论:

> 蒙古高原近戈壁沙漠分为漠南漠北两大部分,漠北是蒙古高原的核心区域。蒙古高原的古代首都称为 Karakoran,在鄂尔浑河上,近世的首邑库伦则在其支流土拉河上。这两条河的流域是蒙古高原的核心区域,即中枢区域。政治权力在这里长成,由这里向外伸展,因为核心区域只有这一个,且在中央,适于做统一国家的根据地。但漠北空间太大而控制不易,故民族兴衰甚频。这个核心区域在亚洲人文地理上,不但是边缘位置,而且形势隔绝,因为戈壁沙漠这种干燥地区,人文地理上和政治地理上,都是阻塞区域。诚如《史记·匈奴传》说:"隔以山谷,雍以沙漠,天地所以

---

① 沙学浚著,《地理学论文集》,页77—78。

隔绝内外也。"这个阻塞区域,对于蒙古高原游牧民族的国防价值很大,胡人南下牧马于长城一带时,经过本区平坦地面,颇为方便。①

沙学浚先生就人文地理及政治地条件,配合自然地理形势,很简明提示蒙古高原游牧民族所具备的建立政权优势,故能主动推动历史演变的野心与实力。

第二,关于生存于蒙古高原上游牧民族的经济资源与生存基础,沙学浚文中亦作了简要申述,兹引举以供参考:

> 因为气候和人文的限制,人民不能利用土壤从事耕种,只能利用水草从事游牧。前者是土地之质之利用,后者是土地之量的利用。因而须有较大空间,才能维持一人、一家、一部落的生活。这是"大空间的经济"。"牧"马牛羊是经济,"游"是逐水草而居,是运动。惟必须有运动,而后有经济,有经济才能维持运动。运动是经济的基础,运动便是经济,便是生活方式。在辽阔的运动空间上,运动的生活得到充分的发展。②

第三,游牧民族的运动生活,向外扩张发展,必然南下冲击到农耕民族之汉人。沙氏称之为胡人南下牧马,乃是借用汉代史家前说。沙氏在文中说明此一情势:

> 漠北的游牧民族,夏季休养生息,秋天南征,以避冬半年(包括春季在内)的饥寒与危亡。他们秋天南征成功,冬半年便停留在温暖的南方,指长城一带及黄河流域。这种大规模的季节移动,地理学上称之为季节移牧(Transhnmange),是草原民族生活

---

① 沙学浚著,《地理学论文集》,页78。
② 沙学浚著,《地理学论文集》,页79。

的基础与特征。到了春季，一部或全部还要退到漠北去，看控制南方的强弱而定，如果能控制得住，则不必北归，让留守漠北的人民生活得以稍稍优裕些。①

如其所论，自可见据中国历代史乘而言，游牧民族之胡人与农耕民族之汉人竟是长期对峙，反复争战之局。数千年间不断历史重演。沙氏亦在文中屡言所有征战多出胡人主动。

第四，沙学浚在农耕民族之汉人方面，历来如何因应胡人南侵之严峻冲击，于其基本困难及设施对策，亦俱加深入分析，申叙各样对策之成效与代价，是十分详细，此处愿举示一个简约论述：

> 胡人在作战上常居于主动的地位，汉族情形相反，他们是农人，力田为生，故必须定居。一离开耕地和住屋，便不能生活。在顿戍制度下，士兵须耕田以裕粮食，防守的区域有一定，明代有"九边"，汉唐情形大致相同，每一边还分为若干部分，可称为"防地"。因为防线太长，故每一点的防守力有限，士兵具定居性，友军只能在近距离内，才能互相支持。总括一句，汉族是备多力分，防御薄弱。因此之故，汉族要筑长城，并建设障塞、烽火等军事设备，以补充人力的不足。长城只对汉族有防守的作用，但其防御价值有一定限度。因游牧民族能集中力量攻击一点。②

沙氏仍从基本因素立论，指出农耕民族之倚存于田地，安土重迁，在此条件下，终必长久走被动防守策略之路。乃势使然也。像是顿戍、烽台、障塞，以至建筑长城，自是汉族因应之道，实亦是防备之道。

沙学浚此外亦在文中谈论气势之外一些主动政策，大抵世人俱

---

① 沙学浚著，《地理学论文集》，页81。

② 沙学浚著，《地理学论文集》，页82—83。

知,其一是开放边防口岸之茶马市,以作和平交易。其二是以皇家同族少女下嫁单于,是谓和亲政策。其三则是主动派大军征伐,在汉武帝时建河西四郡,派大将军卫青、骠骑将军霍去病各带大军五万,自漠南攻入漠北。虽各俱取胜,而付出代价太大,士兵死伤累万计,马匹损失最重,出征有十四万匹,而凯旋只余三万余匹。然则,主动征伐,实具重大效力,匈奴亦有大量死伤,亦有大量归降之胡人。但凡大年出征,必在国力富厚财源充裕之时方可运用,亦只有汉武帝能做得到。

沙氏此文,虽只一短篇,而所论乃中国历史上最严重长久之外力冲击,熟论造因,建立通识,至足以为传世不朽之作。

结　论

本文之写作,应属于学术史之门类,盖为辟述20世纪学术上所造生之卓识宏论,传世创说,欲以供治学术史家参阅采择。

学术史属于文化史中一大类,内容已涵盖甚广,大凡科学、文学、哲学、史学以至政治学、经济学、人类学、考古学、民族学等等,均应纳于学术史之下。一般谈论学术史其所包领域自以文学、哲学、史学三者充其内容,梁启超之《近三百年学术史》,即以文、史、哲三门学术为其领域,后世多能同意遵循。

20世纪用心于中国学术史之大家在梁启超之外尚有余嘉锡、柳诒征、陈寅恪、顾颉刚、钱穆等人,各有著述,而陈寅恪特更重视中国佛学。

我辈五十年代治学之人,在力求专业之风气下,已多不涉学术史,亦无人能致力研究学术。虽然研究思想史大盛,而思想史即被人充作学术史谈实是歧路,决不能代替学术史。若果尚能符合学术条件,学者所走史学史之路即是正途,当今能继承前贤之学者,则有杜维运、王德毅、宋晞三人是走正宗史学史之路,鄙人之史学著作有三种,尚能附骥于同道诸家,实毫无藉此自炫之意,乃仅在说明本人尚能重视学术史。

　　本文所引叙之六家创说,用在提供治学术史者之参考采择。其各家本工各有专长,如芮逸夫是人类学家,庞朴及林同济是哲学家,吕思勉及陈寅恪是史学家,沙学浚是地理学家。各家不同,无非借其重要创说,实则每家实更有其他重要著作,无法一一提到。此非传记性介绍,每位名家无不有挂漏之处,大体如此,只好抱歉。

　　吾原多谈当代学者包括文学史学名家,一文只谈一人,如文家之周策纵、刘若愚、刘殿爵、凌叔华,史家之郭廷以、沙学浚、刘广京、钱穆、唐德刚、梁嘉彬皆是。仍足以提供研治学术史之参考,但本文之性质不同,只能各就其在当代提出之重要创说,作为采择论述之点。但凡所谓创说,皆指前无传闻,亦无因袭,定确信真足以传世者而举证。在此抛砖引玉,求教方家。

2013 年 5 月 19 日写于多伦多

20世纪学者之宏观史学创例

一、绪　言

上古三代,已由部族分立而渐至于共主封建之世,故可有夏、商、周之先后长期作为列邦小国之共主,亦并完全走向有体制有作为之王权政府。设官分职,竟亦建置史官制度。有史官之专业,遂亦产生有记载之史籍。

今时国人共知,除却地下发掘之甲骨文字,及钟鼎文字为后出之大量古史资料外,上古原有成书之历史文献,早有《尚书》、《诗经》、《逸周书》、《春秋》、《左氏春秋传》、《国语》等典籍。其他收存古代礼书之《大戴礼记》残本及《礼记》全本。从中俱能见到遗存先古之史迹。此外晚出之《山海经》、《楚辞》亦保存不少古史记载。我辈当信中国史学早有本原早具规模,比之世上其他文化体实较优胜,不可妄自菲薄。

20世纪以来,我国因受西洋文化冲击,读书人因应世局,先由中西强弱之论辩而进入中西学问之比较,皆为泛泛之空谈,然经反复论辩,加以自我反省,乃于 1906 年由学者邓实、黄节、刘师培、章太炎而共组"国学保存会",而"国学"一词,大抵创于此期。要以发行《国粹学报》为其言论代表。此是近代学术重大转变,盖国学者包括传统之经学,却不限于儒家一派之学问,而包涵中国自创之一切学问。而文学、史学与经学不分重轻,一律视为"国学"。《国粹学报》之论文,即为近代学术转变之前驱。执笔者俱为饱学之士,史学论著,占一大重点。

此风一开,入民国即有《禹贡》半月刊(以历史地理及方志为研治宗旨)、《食货》半月刊(以中国经济社会为研讨宗旨)、《战国策》半月刊(以讨论中国及西方文化之比较及世界大战世局为研讨宗旨)等,俱可代表史学、地学、经济以及中西文化比较之新风气。执笔供稿者,组织发刊,自是可敬可佩之学界领袖。

大抵《国粹学报》原以保存国学为职志,故主要作者如刘师培、章炳麟、陆绍明,诸人撰文俱多注重大问题,取宏观研治议论史学、国学。(当时俱用文言文写)及至民国《禹贡》半月刊之发行,其中论文仅有少数之宏观论文,多数取微观个别小问题,撰写文章,前后各期,大体一致。《食货》半月刊亦多取微观入手。及至抗日战争期间之《战国策》半月刊,宗旨原在批评中西文化,亦盱衡世界强弱大势,因是作者如林同济、雷海宗、陈铨等学者,多在运用宏观大格局之议论,讨论中西学术比较问题。

惟由近代世变之乘,中外接触加频,而民国以后之文人学者、大师名家俱已老成凋谢,新起之士不愿再循通博之路,而俱群趋于专门深入。文史领域浩瀚广阔,再加上西方学术无限分裂,各立门户之影响,乃使国人亦倾向于学术分殊之道。以文学言可专于诗,以诗言可专于唐诗,以唐诗言可专于杜诗,或元白诗。以治史言,或独擅古代,或专攻于明清。以论域言,或特重思想,特重制度,特重经济社会,亦是自能成家。对照今时所谓煌煌院士之流,皆其成品也。

大抵20世纪治学之家，走宏观博通之途者已不多见，什九乃以微观专精为治学门径，盖亦世风学风使之然也。20世纪后半叶，尤能见出主流。非此无以做到院士，实事如此，自可比观。

本文要谈20世纪学者之宏观治史创例，盖欲就多年读书所能察见一代文风之中有卓然呈现识贯古今，论包禹甸之作，以为可珍可贵，搜辑数家论著，以论次其学术贡献，提呈同道方家，以为就教。

二、傅斯年作《夷夏东西说》

傅斯年熟读中国古籍，以现时科学眼光看待前古之传说及史实，利用文献数据（指古书，而极少用地下发掘史料，偶见甲骨卜辞，十分稀少，不到百分之一），以合理思考，以论上古包括传说时代，通过夏、商、周三代，以至战国末秦政吞灭六国。傅氏宣说，指东起海上，西至晋陕，以黄河、淮河、济水流域再附以泾渭流域，在此中原之广阔地域，于三千年之长期，为夷夏两大族群进退消长之历史文化，政治经济之发展开创演变舞台。当是今代史学上宏观演史之代表。应在本文提示与同道者参考。

傅氏宗旨要为当今史学上重新建造一种古史真实认识，一切亦必本之于上古典籍记载。包括远古传说，一一列为论证。其所引用之古籍有《诗经》、《春秋左氏传》、《尚书》、《国语》、《楚辞》、《山海经》，并参考司马迁之《史记》，甚至若干类书之引文亦加征用。仅有一两处引用出土之甲骨卜辞，甚是稀见。

傅斯年在其文之开端前附数语交代，说明其文草成于"九一八"日军侵略东三省之前，而在其文之最后，有后人记注此文于民国二十二年一月，为庆祝蔡元培先生六十五岁论文集刊布问世。后人再将傅氏生平著作辑为《傅斯年全集》，收于第三册，达七十一页，自是篇幅甚长之大文。傅氏一生最受人重视之作至少有三篇，除本文外尚有《大东小东说》及《性命古训辨》,最要仍以《夷夏东西说》为最能传世不朽之作。

傅斯年之《夷夏东西说》是对上古三代夏、商、周之历史提出与前人完全不同的观察与分析。基本上认清夏、商、周三代俱是共主时代。古人及前代治史者亦非不知,即是孔、孟圣人亦未加明言其实,而一意倡说圣王之政,贤人之治。不免纯在于理想之世道。傅斯年则从史实所见,以论上古之黄河、淮水、济水流域上有东方之诸夷与西方诸夏,各有千百个同族小邦,分据此土,在自夏代起而成共主之朝,东方之诸夷亦要争得共主之位,不免是以战力竞胜,夏、夷两族群势力消长之局面。无论夏朝、商朝、周朝,各族群之争战吞并,彼长此消之推移变化过程。并非必能顺利安全统治可达数百年之久。傅斯年可算是当代第一个用夏夷两大族群之长期东西进退消长而看待上古历史。自是启示当代研治史学新路。

甲、傅氏首先立专章申论亳、商、殷之呈现东方族群之建立政权。从神话传说进至于自远始祖契,前史有功之王亥、相士。商汤起而伐夏桀、盘庚之迁殷,以至纣之亡国。利用篇幅有二十余页①。傅氏特别于东方族群远至清之满文太祖实录,俱一一举示此大区族群共同信仰之天上之神鸟生出先祖故事。以之定出东方鸟生之族,引述《诗经》商颂曰:"天命玄鸟,降而生商,宅殷土芒芒。"以为证据②。

乙、傅氏又以占十页篇幅之专章申叙"夏迹",就文献所见一一举示诸夏族人之据地。有帝丘、殽、穷石、有莘、斟灌、东夏、华夏、昆吾、

① 傅斯年著,《夷夏东西说》,中研院历史语言研究所,集刊外编《庆祝蔡元培先生六十五岁论文集》。
② 傅斯年在其文中广举东方族群之鸟生信仰,因自在《诗经》之外,于满洲、朝鲜神话中亦引来旁证。可谓广博,但在三十年后(1961年)又有学者文崇一,在中研院民族研究所集刊第十二期,刊出大著《亚洲东北与北美西北及太平洋的鸟生传说》,实具北太平洋沿岸海岛陆地中各民族共同之信仰论据。

成夏、观扈、大夏、钧台、仍缗、夏墟、涂山、伊洛、崇山、有崇、杞鄫、诸夏、区夏、河洛等名谓①。

丙、傅斯年对于黄河、淮、济流域上古夷、夏两族群之彼此争伐,互争胜负,历二千年之交侵混合,各有消长,实是古之三代实况,但文献流失,俱只能窥见一鳞半爪。然傅氏仍立专章论述"夏夷交胜"之散碎史迹。自夏启开始,有伯益与启争为雄长,启则取得共主地位,即夏代之始。至于中期而有夷族之后羿崛起,几至侵覆夏朝,惟其称雄一时,错用寒浞,至其子而有夏族有鬲有仍扶少康而中兴,变复强盛。最后而成汤放桀建立商朝,为东夷之取胜。四百年间历史,岂不太过简略,然文献不足,亦只能如此交代②。

傅斯年大文之最后结论中展示相当宏观并通达自远古至三代甚至终于战国末期,完成其对历史认识之结论,故能见出大胆创说,一则表现出史学研究之贡献,一则启示后人宏观治史之可贵。此是大家之作,自非凡响。

傅氏结论,有诸多精要解说,惟为其十分重要,自宜直引傅氏原文,俾以取信于天下:

> 因地形的差别,形成不同的经济生活,不同的政治组织,古代中国之有东西二元,是很自然的现象。不过,黄河、淮水上下流域,到底是接近难分的地形。在由部落进为帝国的过程,达到相当高阶段时,这样的东西二元局势,自非混合不可,于是,起于东者,逆流压迫西方。起于西者,顺流压迫东方,东西对峙,而相争相灭,便是中国的三代史。在夏(指朝代)之夷夏之争,夷东而夏西。在商(指朝代)之夏商之争,商东而夏西。在周之建业,商在

---

① 傅斯年著,《夷夏东西说》,第二章。
② 傅斯年著,《夷夏东西说》,第三章。

东而周人西。在东方盛时:"自彼氐羌,莫敢不来享,莫敢不来王,曰商是常。"在西方盛时:"东人之子,职劳不来,西人之子,粲粲衣服。"秦并六国,虽说是个新局面,却也有夏周为他们开路。关东亡秦(指汉兴代秦),虽说是个新局面,却也有夷人"释舟陆行",殷人"覃及鬼方",为他们作前驱。且东西二元之局,何止三代?战国以后数百年中,又何尝不然?①

傅斯年大作问世之后,在当代一致趋向于微观深细研究之风气下,展现大气魄之宏观治史,真是学界难得一见。文章广被传诵阅读,艳羡之余,并无学者轻言尝试,直到60年代,而有史界前辈徐炳昶,写出《中国古史的传说时代》一书,修正傅氏之夷夏东西二元说,而全书演论中国远古民族三集团说,于东夷、西夏之外,增入南方之苗蛮族群,谓之苗蛮集团②。

在徐炳昶(字旭生)之外,同时又有夏史名家杨向奎著有《评傅孟真的夷夏东西说》一文,主要补充夏之领地以及王国中心亦在东方,但其自言曾与傅斯年、顾颉刚、徐炳昶谈论过他个人观点。惟此一书评则晚在傅氏逝世三十年后,于1983年2月草成。收载于《夏史论丛》③。

傅氏殁后,自30年代其文影响后世,以至60年代80年代一直有著作响应。而晚出之后辈史家,终以尚有走宏观之途研治远古传说时代之史者,很值得举示者,则有王子今著《从玄鸟到凤凰:试谈东夷族文化的历史地位》,看其题目只是谈论东夷族群文化,而其文内容则东西俱谈并作比较。演论方式很相近于傅斯年之夷夏东西说,但其入手

---

① 傅斯年著,《夷夏东西说》,第五章。
② 徐旭生(名炳昶)著,《中国古史的传说时代》,1960年印。
③ 杨向奎著,《评傅孟真的夷夏东西说》,收载《夏史论丛》,济南,齐鲁书社,1988年印,页151—158。

之点,展论之事并不雷同。本文无意详作介绍,而指其重点全在最新地下发掘之陶器,分别以陶器年代而探讨东西文化之不同。在西方自是世人共知之仰韶文化加半坡文化为更早期之仰韶文化。东方则举示黑陶之龙山文化及大汶口文化。东西之两种陶文化,无论制作、器形、色彩、样样均彼此不同。而其使用陶器之人民,自是可见有东西二元之不同。使用器物不同,更能判别族群部落原自各有来路。作者王子今不再重复傅斯年所熟论之夏、商、周三代,乃向上推提西方有炎帝神农氏在黄河流域开创农业生活之部落,石器陶器俱农耕技术,带使族群走上农耕时代,而东方则上推至游猎时代之东夷族群,惟提出至舜亦进入农业生活时代。古人早已论舜为东夷之人。《山海经》中东海之俊,即是舜。《孟子》书亦言"舜为东夷之人"。惟王子今则于西方炎帝之外而有黄帝部族起而打败炎帝,统一黄河流域,并亦走上农耕生活。

王子今之文,虽未尝蹈袭傅斯年之夏夷二元之论,则是就更前之仰韶彩陶文化起之西方,为西方部落进入农耕之始。再以东方之龙山黑陶文化,据史书所讲"舜耕于历山,渔于雷泽,陶于河滨"之说,论东夷族群之进入农耕时代,亦是重循东西二元论之前辙。如此正见傅斯年开拓宏观治史方向之贡献①。

三、郭廷以作《从张骞到左宗棠》

郭廷以夫子于 1953 年 7 月,在《大陆杂志》连载两期发布此文,其副标题是"西北二千年的经营",是一篇一万六千字长文。论述自秦始皇统一(公元前 3 世纪)以至光绪十年(1884)十月新疆建置行省,前

---

① 王子今撰,《从玄鸟到凤凰:试谈东夷族文化的历史地位》,载《中国文化研究集刊》第五辑,1987 年印。

后有二千年以上时间之经营,将其历代经历统一综叙,分别九个章节段落,一一析论说明,体系周备,条理清明,通贯全局,识断精当,自是名家之作。

郭廷以自是近代史界专门名家,然其学问渊博,在讲授近代史及太平天国史之外,亦讲授明清史、元明史,此吾做学生时所就能听讲者。而多人不知,郭夫子昔在中央大学尚开讲"中西交通史",门弟子有王聿均曾著文谈此课,却未在台湾再讲此课,由是当知郭夫子通习中西关系,其演论西北之经营,自是本行之事,自是得心应手。

上一节讨论傅斯年之《夷夏东西说》,演论夏、商、周三代,结尾终至战国末秦并六国。而本节之文,郭廷以夫子乃自秦朝说起,适可接续傅氏大作。为介绍之便,乃排次其后。

郭廷以大文论经营西北,自公元前7世纪秦穆公放弃中原争霸,回首经略西方诸戎。兼并二十四个西戎小邦,拓地千里,开建秦灭东方诸夏之基,终使秦始皇在公元前3世纪结束了战国而创建统一帝国。郭夫子提示一个西洋各国族对中国称谓的常识名词 China,乃原来秦字的译音。郭氏举出西文中有六个称谓中国之不同语言之字,俱是秦字声音不同拼法,此是常识,不具一一引证。

至于郭廷以述论中国之正式立意开拓西北,其文章实自汉代承受北方匈奴之压力说起。汉高祖统一全国,适正逢匈奴之旷世雄主冒顿亦掌控大漠以北全境,南侵中国边塞,汉军抵挡不过,汉高祖败逃,历惠帝、吕后俱不敢应战。历经百年,俱以输财求和免其内侵。

到汉武帝在位之时(公元前140—前87年),国家休养生息已数十年,国家财富充盈,人民家给人足,军伍士饱马腾。而武帝又是雄才大略,一心要讨伐匈奴,雪前世之耻辱。正面则命将出师,以大将军卫青、骠骑将军霍去病率大军攻伐匈奴,直抵漠北,给予匈奴沉重打击。另在侧方面,武帝要断绝匈奴右臂,使其不能由西境入侵中国,遂有遣张骞出使大月氏，要结为盟友，共御匈奴。实则经营西北当自武帝方为真正开始。

张骞应武帝征召，出使大月氏，其人真是有毅力，有机智，勇敢沉着，并以使命为重之人。第一次出使，要通过匈奴占领之地西向，终于被擒，拘禁有十年之久，乘机脱逃，辗转间关，达到大月氏。其时大月氏早已远离伊犁河流域，而进入中亚阿姆河（Amu Daria）流域，土地肥沃，国家安定，对于张骞要结盟对抗匈奴之议已无兴趣。故而使命不成。但大月氏所占原为希腊所在之大夏，张骞在此留住一年，了解地情文风物产，尤其见到商品中有四川所产之邛竹杖及蜀布，询及是由印度（原称身毒）转运前来。相信尚另有西南通道可达于大夏。张骞在大月氏一年后，改取道羌人之地回国，又被匈奴逮到，拘禁一年。乃乘匈奴内乱，得以逃脱，终于回到中国。前后辛苦十三年，使命未成，武帝仍加重用，第三次出使乌孙，乃能使两国结为同盟，在政治经济上亦是重大贡献。故事曲折，叙述简单，郭氏文章交代明白。然郭夫子的史识评论，为其大文重点，值得引举，以供比观。郭氏指证张骞说：

> 他不只给中国人发现一个新世界，并且带回来不少的正确地理知识，而中西政治经济关系的保证，尤值得重视。联合月氏的目的虽未达到，而汉与乌孙同盟的成立，终于在军事上发生了相当作用。至于西域各国的入朝，更增高了汉的声威。和中国发生外交关系的国家，远至地中海沿岸和西亚而南亚。商业的意义更重于政治。西域各国一向爱好中国的财物，特别是丝缯之类，但是获得不易。而大夏、大宛、安息等国亦多奇物，亚历山大王东征之后，又有不少的欧洲文物东传，张骞把这些情形报告给武帝，同样引起了他的物质欲望。此后西域的入贡，汉朝的遣使，主要的是为了商业或经济利益。张骞进入了中亚，不仅发现了新世界，

而且接触了新文化。这种文化即希腊文化、伊斯兰文化、印度文化,使中国人的眼界大扩,知识大增。殊方异物,亦相继输入,如中亚的葡萄、苜蓿、石榴、芝麻、胡豆、胡瓜(黄瓜)、胡桃、胡萝卜、胡葱、胡蒜等类植物,印度音乐,希腊美术,使我们的物质和精神生活为之益加丰富。①

郭氏演述了张骞之外,即在西汉而言,尚亦论及李广利之征大宛,陈汤之领军深入中亚锡尔河(Syr Rriver)流域,即希腊亚历山大所攻占之地。

进至于东汉时期,郭廷以论述机警勇武之班超,召抚中亚诸国内附汉朝。在此不及备举。

东汉后三国纷争,又以五胡乱华,南北分割,中国陷于长期分裂。但此际西北五凉之国,保存中原文化,并有吕光之深入西域,战败中亚诸国。经此四百年之南北分裂,而有隋唐时代之来临,自隋朝已开始经营西北,而入唐代则又有重大发展。至于唐太宗、高宗时代,郭氏称其在西域至中亚之功业,不逊于汉武帝、宣帝祖孙二人之成就且有过之。不但在中亚锡尔河流域设置蒙池及昆陵两都护府加以统治,并将波斯大国设为大都督府,以波斯王为都督。然至玄宗时安史之乱,继之藩镇纷争,从此又进入衰乱时期,直至 12 世纪,辽与北宋俱亡,金朝亦未能西向,自见严重之中衰。

至 13 世纪元朝崛起,而有三次重大西征。首由成吉思汗之西征欧洲,大破斡罗思联军,直入黑海克里米亚半岛(Crimea),最有名之役为成吉思汗之孙拔都西征。(第二次征欧洲)攻占东欧草原占乌克兰之基辅(Kiev)打败莫斯科大公国,国王战死,占领莫斯科,再进入波

---

① 郭廷以著,《近代中国的变局》,台北,联经出版公司,1987 年初版,1990 年二次印刷,页 381—382。

兰,分军歼灭日耳曼联军,挥军直过波希米亚,及奥地利占其都城。进至巴尔干半岛,全欧为之震动。第三次为成吉思汗另一孙旭烈兀征向里海以南,直入叙利亚,南进占领西亚大城报达(Baghclad)而建立伊尔汗国。

郭廷以叙至明代,亦郑重指出洪武、永乐两朝十分注重域外各国之关系,而中国之封贡制度,亦自太祖时创起,其于西域之经营亦仿汉唐之故事,于哈密城设有卫所。乃后至中期英宗以后,则前功尽弃,一无复振之时。

论至清代,康熙时因准噶尔有雄主噶尔丹兴起,据伊犁之地而东侵蒙古,康熙三次亲征,以七年征战平服准部。然其后又有凶狡强悍并负政治才干的雄主策凌据准部之地,侵入青海西藏,雍正帝积极用兵,大将兆惠几为策凌包围,攻战惨烈,援军来助,终于平定准噶尔,其准部之众,逃入俄境者十分之二,其余或被屠戮,或疫病而死。至乾隆前期,天山南北始俱入版图,乾隆帝命之为"新疆",表明真正统治之决心。

鸦片战争(1840—1842)之后,中国内乱外患纷呈,进入国家危险时代。其时英俄势力亦俱进入中亚,渐及中国西北。至同治三年(1864)陕甘回乱起,随后俄在中亚吞并浩罕,浩罕之酋阿古柏乃进侵南疆北疆,俄兵乘势进占伊犁,而英国支持阿古柏,接济枪炮并派人为之谋画。在列强野心之下,新疆势难收回。此则有待左宗棠之远图规复矣。

当时西北丧乱,拯救十分困难。郭廷以以大量篇幅分析规复陕甘之难,规复新疆尤其困难。故对于左宗棠之学识才气、眼光及手段政治能力俱加推崇。左宗棠于攘粤乱、捻乱俱是一方统帅,已博得清领之高位。而于平捻之后,入朝陛见,自愿统兵规复陕甘回乱,预言以五年为期,果然自同治八年至十二年(1869—1873)竟能削平陕甘回乱。

继而又决心规复新疆,其时天山南北路东西五千里,俱为浩罕回人阿古柏所占领。左宗棠以刘锦棠为前进主帅,先平服北疆再收复南疆,至光绪四年(1878)使全疆收复,又是用五年时间完成军事全功。郭廷以夫子对左宗棠称誉备至,今略举示其说:

> 左宗棠真是近代中国的杰出人才,伟大人物,他的伟大并不在于打太平军,而在于他对新疆的认识与贡献。他是一位才气纵横、抱负匪凡、神交古人、心忧天下的政治家、军事家。①

郭廷以夫子之文虽长篇,而叙议简明正确,史实交代清楚,常人易读易晓,惟靠功力深厚方可达成。

四、雷海宗作《中国文化的两周》

雷海宗,字伯伦,1902 年(清光绪二十八年)生于河北永清县。父亲原为当地基督教圣公会牧师,故自幼受教,能中西并重。1919 年十八岁时考入清华学堂,1922 年二十一岁,清华毕业,以公费生赴美国,入芝加哥大学,主修史学、副修哲学,以成绩卓越乃于 1924 年入研究所,选攻西洋史并以专写西洋论题,取得博士学位。时在 1927 年,即其二十五岁之年回国在中央大学史学系任副教授,正可见其才识学问超越恒流。一生俱投身于研治史学。在校教学,多在开讲"中国通史"及"西洋通史"。中央大学之后即在清华大学长期任教,最后方被分派于南开大学,于 1962 年六十岁时病逝。学界无不惋叹其寿命不永②。

雷海宗回母校清华大学任教多年,遇抗日战争时学校退避到云南,与北大、南开合并为西南联大,雷氏在史学系任教授,主要开讲"中国通史"及"世界通史",亦曾任系主任,已在名教授之列。同时在云

---

① 郭廷以著,《近代中国的变局》,页 392,《从张骞到左宗棠》。
② 雷海宗著,《伯伦史学集》,前言(王敦书撰)。

贵地区与各方学人教授合组战国策学派,并发行《战国策》半月刊,发表中国西洋文化、政治、文学、哲学、历史文章,特别是各家于西方之哲学、文学、历史、文化俱能严正批评,有较专门深入认识与驳辩,决不似一些学界领袖之崇洋媚外。但后来抗日战争胜利结束,一时间被当时的国际主义学者批为是右派,直到世纪末(90年代)始有汤一介等学者,重视此一学派①。

雷海宗在抗日战争期间,在西南联大开讲"中国通史"及"西洋通史",熟习历代史实,贯通中外史学,颇负盛名。在同时,雷氏与哲学家林同济二人先后倡说一种"历史形态学",本来史家多慎言创说理论,起始当是先有林同济著文倡说,雷氏则就此揄扬,而草撰《历史的形态与例证》一文,举证"埃及文化"、"希腊罗马文化"及"欧西文化"三例,以证明历史形态是有共通的发展规律。其理论架构颇为简明易晓。不谈史实可以在此略加举示。雷氏认为一个族类自草昧起而有手造石器陶器工具发创农业配合渔猎,即会有小型部族创生,各小部族互相吞并,遂成为万邦林立之局面。经过一段长时诸部落中出有强者,作一种形式上之共主,实并非有统治之实。如此小而变大弱而变强,即有能力推翻共主,争取共主地位。再经过一长时共主有能力用封建方式加强统治力量,而真正建成封建国家。所封诸侯并各据一方。再经诸侯各自雄长,强兼弱大并小,而成少数强大邦国彼此争战,而封建主因此反如虚设。诸大国争战结束,而使最强者得能统一全部地区,是为帝国。帝国成立,当非终点,或千年或数百年终因统治腐败而再度分裂。雷氏举示埃及、希腊、罗马以及西欧,即是循此历史规律,他在文中未举中国②。

---

① 参据温儒敏、丁晓萍合编,《时代之波:战国策派文化论著辑要》。
② 温儒敏、丁晓萍编前引书,节选雷氏文,页14—25。

雷海宗基于他的历史形态之识断,进而创出一个"中国文化的两周"学说,看来他是精于讲授中国通史,积久而酝酿出这样宏观博通的创说,乃是史家中一家独创之说。在其表述之简明清昕,令人感到浅显易晓。在此当举示其立说原文:

> 中国四千年来的历史可分为两大周。第一周,由最初至公元三八三年的淝水之战,大致是纯粹的华夏民族创造文化的时期,外来的血缘与文化没有重要的地位。第一周的中国可称为古典的中国。第二周,由公元三八三年至今日,是北方各种胡族屡次入侵,印度的佛教深刻的影响中国文化的时期。无论在血统上或文化上,都起了大的变化。第二周的中国已不是当初纯华夏族的古典中国,而是胡汉混合,梵华同化的新中国,一个综合的中国。虽然无论在民族血统上或文化意识上都可说中国的个性并没有丧失,外来成分却占很重要的地位。①

雷海宗不止是对中国历史提出先后有两周的一个论点,他的大文,会进一步将此两周的史实特色大致做一交代。

雷氏论述中国史上古典之中国的史实分别五个时代分期。很特别,他不像其他史家把中国上古自夏商周说起,甚至有人自尧舜说起。雷海宗削去上古起始之小部落纷立时代,是以唐尧、虞舜及全个夏代俱排开不论,而商代亦不谈成汤,乃是自商代中后期盘庚迁殷论起,自公元前 1300 年盘庚起作"封建时代",并以此时为中国文化第一周之开始。此是雷氏缜密思考而作之决定。雷氏分第一周有五个阶段:

(1)封建时代(公元前 1300 至 771 年)

(2)春秋时代(公元前 770 至 473 年)

---

① 雷海宗著,《中国文化与中国的兵》,原于抗战期中 1940 年为商务印书馆出版。今本系台北里仁书局翻印。感谢里仁书局相赠。此处引文于页 147。

(3)战国时代(公元前 473 至 221 年)

(4)帝国时代(公元前 221 至公元 88 年)

(5)帝国衰亡与古典文化没落时代(公元 88 至 383 年)

雷海宗在同一文中,前面先已郑重论述中西历史分期问题,具有独到看法,本文不作引举,乃是肯定雷氏的历史分期,乃是极有识见与决心的。他自然在其下面就各分别阶段分析其时代意义,他的论断,可以接受,但不必在本文一一重述。史实多人共知,我等要重视雷氏所讲中国文化两周说之演论与判断。

雷海宗进一步谈中国的第二周,于转向起始,先事说明第二周中国民族血统与文化内涵的演变,虽是世人共具的常识,却不能省略雷氏的交代:

> 胡人的血统在第一周的末期开始内侵,在整个第二周的期间都不断的渗入。一批一批的北族向南推进,征服中国的一部或全部,但最后都与汉人混一。惟一的例外就是蒙古。北族内侵一次,汉族就大规模的渡江向南移殖一次。在第一周处在附属地位的江南,边疆地位的岭南,到第二周地位日见提高,政治上成了一个重要的区域,文化上最后成了重心。①

雷氏倡说之第二周,命为汉胡混同佛儒融合之中国。启于 383 年,止于当代抗战时期。并将此周之时程,亦区分为五个时段。雷氏并声言以不同朝代作为分野,亦各具其一定独特之点。分期如下:

(1)南北朝、隋、唐、五代(383 至 960 年)

(2)宋代(960 至 1279 年)

(3)元明(1279 至 1528 年)

---

① 雷海宗著,《中国文化与中国的兵》,页 158。

　　　(4)晚明盛清(1528 至 1839 年)

　　　(5)清末、中华民国(1839 年以下)

看来雷氏循朝代划分时段,自较简易稳妥。而其对于明代前后分成不同两期,特以选择出 1528 年作分界线,其用心却奇怪而独特,令人全想不到,雷海宗拿 1528 年定为明代晚季之始,乃因此年为王阳明逝世之年。他死后即明朝进入衰败时期,雷氏以为王阳明是一个不世出之天才,一身兼政治家、军事家,以至理学大儒,故而时代代表性甚强。看来史界各人俱不会创生此种奇想。

　　雷海宗划分五个时期论述各朝代史事,如此一文而谈各期之史,岂能全面周备? 自仍是简略概论各朝,提供常识而已,无须引举①。

　　雷海宗创此一种史学上纵论古今之新说,独出当今史界,顾盼百家,亦难有其匹,真值得传示后世。其最后结论,亦表现自信之坚,当须引证其识断,以供比观:

　　　因为中国文化的第二周,在人类史上的确是一个特殊的例外,没有其他的文化,我们能确切的说它曾有过第二周返老还童的生命。埃及由帝国成立到被波斯征服(公元前 525 年),因而渐渐消灭,当中只有一千一百年的功夫。巴比伦由帝国成立到被波斯征服(公元前 539 年),其消亡最多也不过有一千五百年左右的功夫。罗马帝国,若以西部计算,由成立到灭亡(普通定为 476 年)尚不到六百年。所谓东罗马帝国实际已非原来希腊罗马文化的正统继承者。我们即或承认东罗马的地位,罗马帝国由成立到灭亡(1453 年),也不过一千五百五十年的功夫。中国由秦并六国到今日,已经二千一百五十余年,在年代方面不是任何其他文

————————

①　雷海宗著,《中国文化与中国的兵》,页 158—166。

化所能及的。罗马帝国一度衰败就完全消灭,可以不论。其他任
何能比较持久的文化在帝国成立以后也没有能与中国第二周相
比的伟大事业。中国第二周的政治当然不像第一周那样健全,并
且没有变化,只能保守第一周末期所建的规模。但二千年间大体
能维持一个一统帝国的局面,保持文化的特性,并在文化方面能
有新的进展与新的建设,这是人类史上绝无仅有的奇事。①

雷海宗就中国上古之封建政治时代而通叙至抗日战争时期,区分
全史乘为两周,在史学研究言表现宏观之综论,自是一种大格局大气
魄之创作。令人折服钦佩。鄙人前面略示其专攻西洋史学及哲学,并
在大学开讲中国通史及西洋通史,但凡通史重在统叙条贯,自使雷氏
积久而有创新之说,乃能超越恒流,表率群伦。

四、沙学浚作西安时代与北平时代

沙学浚先生是地理学家,留学德国,在中央大学任教,专攻政治地
理、边疆地理及国防地理以及史地综论。鄙人在台湾师范大学受教,
选读"政治地理"、"边疆地理"及"史地综论"等课,受益良深。

在民国二十二年(1933)以前,地理一直归属于史学领域,自《史
记》、《汉书》起,历代相因,故凡正史书志,必辟有《地理志》、《河渠书》
之专载。沙氏虽是地理学家,而于中国固有史书志《史记》、《汉书》、
《新旧唐书》以至宋、元、明、清史籍亦多熟读,即谈政治地理、国防地理
以及边疆地理,俱必须大量采综历代史籍,经熟读而善用之。故沙氏
多能涉谈古今历史地理问题。其著名之作甚多,如:《古今战争中之希
腊》、《楼兰绿洲的存废与汉唐经营西域之路线》、《蒙古征伐之地理背
景》及《从政治地理看胡人南下牧马》等文。

———————————————

① 雷海宗著,《中国文化与中国的兵》,页168—169。

沙学浚先生一生最擅长撰写宏观博通之论文,此类传世之作不下有二十种(可参考沙学浚著《地理学论文集》)。本文在此当只介绍沙氏所作《西安时代与北平时代》,可见其一篇文章,自西周叙论至于抗日战争中期(民国三十三年《大公报》星期论文),用历史地理观点,分论西安时代及北平时代各具之特色,拿一国之京都,分析两个不同时代历史地理意义,当然俱是以地理条件、位置价值作论衡标准。

沙氏对其大作,首先提出一段简明概说,似应于此引举为证:

> 用建都地点来划分中国历史,约可分为两期:前期为周(西)、秦、汉、隋、唐,特重汉、隋、唐,称为"西安建都时代",简称"西安时代"。后期指辽、金、元、明、清,而将辽、金、元、清四代与明代分别论列,称为"北平建都时代",简称"北平时代"。洛阳建都虽有八百六十二年的历史,多数为西安建都或开封建都有了困难,不得不东迁或西迁之结果。①

沙氏在其用心重点上,是在就一国之都城,分析其位置价值及其统治国家功能。以下即展开西安与北平两京之论述。

其一,关于西安时代之讨论

沙学浚在其开始前提中说到所指重要对象,重在汉与隋唐,较早期西周之镐京,秦帝国之咸阳,势须跳过不谈。镐京自不能与汉帝国长安相比,而秦都咸阳,当秦始皇统一全国之后,下令强迫天下富裕之家十二万户迁居咸阳,自是雄心勃勃要此帝国都城为全国首善之地,可惜在其死后而地方各路豪强揭竿而起,最后咸阳为项羽所焚劫。汉兴之后则建都长安,即沙氏文中之西安。汉初建置国都,颇具大邦雄心,据《汉书》地理志所载,长安京城画为相近之三部,中间为京兆,置

---

① 沙学浚著,《地理学论文集》,台北,商务印书馆,1972 年初版,页 115。

京兆尹,左置冯翊,右置扶风,各以民户聚居其中,《汉书》明载,京兆有居民六十八万二千余口,左冯翊有居民九十一万七千余口,右扶风有居民八十三万六千余口。时当公元前2世纪至1世纪,地理学家认为全世界那时只有长安地是百万人口城市,抑且超过百万达于二百万以上人口之大都市。

其二,沙氏论西安时代

沙学浚举长安(西安)之能定为一个国都,未再提起周、秦以来历史因素背景,而重在大一统帝国之京都在统驭全国之承担,有两个大问题须能面对。第一需要国家之安全维持,第二有能力及政策制度掌握全国人力物力资源。

就第一点说,安全压力来自北方,秦始皇统一全国之后首先派蒙恬率三十万大军防守长城,抵御匈奴南侵。楚汉争战五年,国力耗竭,汉高帝即不能抵挡匈奴大兵之围困,直到汉武帝历文景两帝之积蓄,而能由武帝倾全国之力,命卫青、霍去病率大军直捣漠北,大破匈奴,此其正面之征讨。另又开辟河西四郡(张掖、武威、酒泉、敦煌)其面对北方胡人来侵仍继承战国时代各国之修筑长城,故在河西走廊亦筑长城,盖长安中心固当防御,而地理条件,并无崇山峻岭限阻敌骑,因而不能不修建长城。武帝外交运用而派张骞出使西域大月氏,实政治远见。参看前节郭廷以夫子之文可知。至于隋唐,唐高祖及太宗面对突厥大军来犯,未能以力抵御,为避其锋锐,安全压力来自西北,与前代同。此皆汉唐盛世,长安都城常见之史事。

第二,以长安为首都对于天下人力物力,特别是粮食之供应,乃是另一重大问题。沙氏对于关中京都所在地,虽有广大泾渭平原,其生产则不足供给民食军需之庞大需要,势须远自江淮及黄河流域之粮食漕转以至关中,但就首都之长安而言,则是困难甚多甚大。沙氏详加分析,列出九大困难,沙氏明言关中仰给江淮乃是泛称,他附说其中包括四川、两湖各省之粮,亦先运至江淮而漕转京师(漕是水运转陆运)。汉初漕转不过数十万石,历年增长,包括西北塞北军食,每年由四百万石至六百万石,实为汉唐国政最优先处理之大问题。沙氏分析举出九点困难之处。在此简化提示:

(1)关中距江淮遥远。(2)江、淮、汴河、黄河、渭河五枝水程并不能一路直航。(3)各水道有泥沙淤塞,堤防溃决之虞。(4)漕转设仓备运,耗费甚大。(5)沿河道历数叛军加以破坏,粮路不通。(6)江、淮、黄河、渭水水量大小不同,中途必多换船。(7)黄河三门之险,阻力最大,不能通航,且无法改善。(8)潼关东至荥阳,水路不通,而陆路亦多困难。(9)漕转输粮,尚须陆运食粮至河套,以及河西走廊供军需,路更遥远。凡此俱造成关中政局民生之极大不安。正是缺点太多,困难重重。故唐代至地方藩镇割据,漕转断绝,国家势必衰亡。

其二,沙氏论北平时代

唐代 8 世纪中叶,玄宗天宝安史之乱,以三镇之兵力进陷长安、洛阳两京。其发难之地渔阳即北平所在,自此进入历史,至五代石敬瑭割燕云十六州给契丹,辽自此强盛,藉以进犯中原。辽亡而金元相继恃北平之地南侵灭宋。至明朝方有汉人政权,成祖亲自五次北征,打定天下,遂能建筑雄伟之北京城以为首都。成祖雄才大略,即位之始即命郑和率宝船下西洋周访海外,继太祖经营海国封贡贸易体制,直延至清代末季。

清为外族入主,而政术文化教育学术,无不推重中国传统,并藉北京首都而经营国政,康熙、雍正、乾隆三朝,文治鼎盛,武功赫赫,自康熙起其力定蒙古及准噶尔(即后之新疆),至乾隆而将新疆收入版图。其经营宗旨,即在于保障北京首都之安全。

沙学浚就政治地理观点,以为北京之地位价值,是方便胡人异族以此为中枢而易于就河北地区进至中原地区,再驱军南下可控制长江下游地区,甚至包括中游之湖广地区,南下可达于五岭,此一优点元朝清朝,俱以此统驭中国全境。凡此之论,沙氏皆以外族入侵之方便立言。亦明言汉人是被统治者。但于明代之光复,亦着重于北方外族之压力,始终未灭,定都北京乃是君主面对强敌,只有明成祖有能力亲自北伐,打定天下。成祖之后,明人仅靠北方长城及九边镇戍,实是后患无穷。终亦亡于满人之来犯①。

其三,沙氏最后意见

沙学浚在抗战期间撰写《西安时代与北平时代》,十分推重周、秦、汉、唐之西安时代,乃是华夏数千年自创大国规模,集历代先贤英主而经营神州大地为强大帝国,乃是足以自豪之光荣历史。

沙学浚谈及北平时代,坦白承认其为外族入侵中原人民受其统治之局面。历史仍是延续,固有文化仍得保存,却非华夏自力而被动中坚守文物风俗,已不容易发展创造。凡辽、金、元、清,亦代出圣贤,坚苦继承保守固有文化。

沙学浚谈论最后,就民国时代面对北方俄、日之压力,南方英、法、德列强之侵略,自然进一步筹谋何地建为首都,方足以应付海上陆上两面而来之压力。为现代为未来均极重要。故在本文结论中,提出中国应选择北平及南京二者之一定为首都。其实沙氏早在此文之前,已发布大文《中国之中枢区域与首都》刊于民国三十二年(1943)《大公报》之星期论文②。

在此必须说明,在本文中无论谈及西安或北平,沙氏均示首都所据之"中枢区域",而鄙人均未加引称介绍,此是沙氏所独创之观点,十分难得可贵,故私计将此点留在备为沙氏为未来国家设想建都之重要

---

① 沙学浚著,《地理学论文集》,页124—128。
② 沙学浚著,《地理学论文集》,页134—146,《中国之中枢区域与首都》。

前提,尚祈识者勿罪。

所谓"中枢区域"为沙氏所创说,而此一特在中国国土上之领域亦为沙氏就政治地理观点而酌定,自当引举其原说以供考察分析:

> 中枢区域即昔日中原之扩大与延长,北边扩展到居庸关至榆关(即山海关)之线,南边扩展到两湖与江浙,自浙东沿海向西,包括南昌、长沙、常德、宜昌、襄樊在内,并包括由榆关到浙东的海岸,由居庸关作一直线,经太行山,到老河口,与南边线相接。此一梯形区域可称为大中原或现代中原,惟仍以称为中枢区域为宜。①

沙学浚确定中国之中枢区域,要在此一地域中选择足以经营全国而且又足以控制海陆防御外力列强之入侵。沙氏认为可备为选作国家首都之选者只有北平及南京两个中心,故在其文章最后,推重在现代之中国,宜就北平南京酌选其一。选北平是以首都面对北方强敌,自是任重道远。选南京为海陆交会要冲,可面对海上强敌,而人力物力资源俱在此区。是所谓席丰履厚,可大可久。

六、结　论

首先须加解说者,鄙人提出史家宏观博通之文载,决不限于年代长久,地区广阔,只因本文举证目的,故而选择四位大师权威之作,又不免特别举示年代长久,领域广阔之文,用作例证。现须郑重声明,无意夸示世人,惊吓同道。巨大长久,并非重要,周顾全局,贯通古今方是宏观论史之道。谨祈识家勿致误解。恕我先作说明。

宏观博通之书,今代名家固早有其作,如孟森著《明代史》及《清朝前纪》,萧一山著《清代通史》,郭廷以著《近代中国史纲》,以至张荫

---

① 沙学浚著,《地理学论文集》,页138。

麟著《中国上古史》等，应俱是宏观博通之书。鄙人忝在史界，个人私家之书应作宏观著作者亦有五种之多，不具引举。

鄙人非止此文涉论今代史界宏观博通之作。前(已在今年)有文论述《大陆杂志》，以为史界学风在 20 世纪 50 年代至 80 年代，从《大陆杂志》所载论文，百分之九十以上俱是琐细鳞爪之论文，鄙人则特加提示其占少数之各样宏观作品，必多一一指出，并多引示论文题目及作者。盖有所表彰也。

鄙人慎选四位名家大师有关宏观通博之文，实因各人皆是此中能手，非偶而为之。四人中要以沙学浚最擅于撰写宏观大气魄之论文，计其生平论著，宏观之作不下二十余篇。次一位郭廷以有此类论著有十余篇。再次雷海宗之宏观论文亦在十篇以上。而只有傅斯年所著较少，然至少亦有三篇。进一步思考，则相信此四人应由多年讲授史地之课，累积各课解析教人，而能综汇酝酿出贯通全局之看法。四人之中雷海宗多年讲授中国通史及世界通史，终于而想出"中国文化的两周"说。若郭廷以多年讲授中西交通史，终亦酝酿出《从张骞到左宗棠》之长文。

今代名家大师名人独创新格局，开拓新视野，足以配称今代学术典型。弥望后之贤哲踵从前徽，继承先贤，而为学术盛业之后劲。

2013 年 11 月 16 日写于多伦多柳谷草堂

《汉书·艺文志·方技略》之医药学术体系

一、绪　言

东汉初，班固著《汉书》一百卷，后世推为我国断代史之先河。除唐颜师古之注外，学者补注读校，亦历代不断。而特受后世引重并加追考研析者，要以《汉书》十志中之食货志及艺文志，历代以至现今，时有学者专门探究讨论，二者又以艺文志特有专门研治之书。如王应麟之《汉书·艺文志考证》、姚振宗之《汉书·艺文志条理》。以至民国时期姚明辉之《汉书·艺文志注解》、孙德谦之《汉书·艺文志举例》、顾实之《汉书·艺文志讲疏》，甚至最晚出民国二十六年（1937）之《汉书·艺文志问答》等，俱当见出学者于班固《汉书》特别看重艺文志。二千年间，历久不衰。推寻其所以久为世重者，则在于《汉书·艺文志》实为中国古代学术史大宗，古之学术门系脉流全收录其中。

细审 18 世纪乾隆时期史家章学诚著《校雠通义》三卷，全书辟十八章目，分论刘（歆）略、班（固）志。合刘歆《七略》及班固《艺文志》，予以补充、判析、熟论《汉书·艺文志》之成书经过,著作义例,门系流别,形式体制,以至夹注功用,一一评述分解,实至简赅精要,用心专深,足备论古今学术史者之重要参考。

章学诚著《文史通义》内外篇,另附《方志类例》三卷,是为全书内容。而其所著《校雠通义》乃是别成一书,原未尝附于《文史通义》,各自单行。吾有《文史通义》排字印本,出于台北汉声出版社。吾另有本刻本台北景印之《校雠通义》,二者自非同书。惟吾尚购到北京中华书局繁体字本,叶瑛校注,将《校雠通义》附于《文史通义》之后,虽为后出之本,而叶瑛校注最为精博,应为今时最佳版本,吾得以随手参阅并用,恃为可靠之倚据。

章学诚之撰著《校雠通义》,通书明言"辨章学术,考镜源流",俱准著作宗旨,虽全书以探讨《汉书·艺文志》为基础,却以校雠概括全书,其用心则明示针对郑樵之《通志·校雠略》而来。章氏《校雠通义》开卷首序,坦言其立旨用心,用以纠郑樵之失,发千载之覆。可举章氏叙文以备参证:

> 叙曰:校雠之义,盖自刘向父子部次条别,将以辨章学术,考镜源流,非深明于道术精微群言得失之故者,不足与此。后世部次甲乙,纪录经史者,代有其人,而求能推阐大义,条别学术异同,使人由委溯源,以想见于坟籍之初者,千百之中,不十一焉。郑樵生千载而后,慨然有会于向、歆讨论之旨,因取历朝著录,略其鱼鲁、豕亥之细,而特以部次条别,疏通伦类,考其得失之故而为之校雠。盖自石渠、天禄以还,学者所未尝窥见者也。顾樵生南宋之世,去古已远,刘氏所谓《七略》、《别录》之书,久已失传,所可推者,独班固《艺文》一志。而樵书首议班固,凡所推论,有涉于班氏之业者,皆过为贬驳之辞。盖樵为通史而固则断代为书,两家

宗旨，自昔殊异，所谓道不同不相为谋，无足怪也。独《艺文》为校雠之所必究，而樵不能平气以求刘氏之微旨，则于古人大体，终以有所未窥。①

章学诚此叙，明确推重刘向、歆父子之《别录》、《七略》为《汉书·艺文志》取材所资。开宗明义，亦申论刘、班二家之书，为百代坟典著录渊源，类为辨章学术、考镜源流，惟恃刘略（《七略》）班志（《艺文志》）为探索倚据，以故而著《校雠通义》三卷，分十八篇章，全面研讨《汉书·艺文志》之体制、部勒、功能、得失，以供后世之论学术流变者之参证取资。本文涉论至《汉书·艺文志》，自不能不倚赖章氏之辨析指说，而备为研治启导。

关于班固汉志成书经过，早为世人共喻常识。惟本文基调建于《汉书·艺文志》，势须采录班氏原笔乘，以备为申论所本。并亦考见史实历程背景。盖汉世自惠帝除挟书令起，而武帝而成帝哀帝之贤智功令，而为中国学术定千载相承之轨辙，此中国二千年来学术规模范铸定型之始基。如此方见《汉书·艺文志》成书之关系重大。兹举班氏《艺文志》原序以供参证：

> 汉兴，改秦之败，大收篇籍，广开献书之路。迄孝武世，书缺简脱，礼坏乐崩。圣上喟然而称曰：朕甚闵焉。于是建藏之策，置写书之官，下及诸子传说，皆充秘府。至成帝时，以书颇散亡，使谒者陈农求遗书于天下。诏光禄大夫刘向校经传、诸子、诗赋，步兵校尉任宏校兵书，太史令尹咸校数术，侍医李柱国校方技。每一书已，向辄条其篇目，撮其指意，录而奏之。会向卒，哀帝复使向子侍中奉车都尉歆卒父业。歆于是总群书而奏其《七略》，故有

---

① 章学诚著、叶瑛校注，《文史通义校注》页945，《校雠通义》叙。

辑略,有六艺略,有诸子略,有诗赋略,有兵书略,有术数略,有方技略。今删其要,以备篇籍。①

班氏此序,简明铺叙,其书《艺文志》之所本,非出于一人之手。包括刘向、刘歆父子,又有任宏、尹咸、李柱国等人,自成帝至哀帝始成《七略》,再经班氏收载于《汉书》,始成后世习见之《艺文志》。汉家天下,承秦之敝,自始于国政制度,中央地方体制,无不践履秦制,独于学术典籍,一反秦人之摧烧诗书百家语,而大收古籍,典藏中秘。尤其成帝好学,精通诗经尚书,自河平三年(公元前 26 年)命陈农收天下遗书,命刘向父子及任宏、尹咸、李柱国分校专门典籍而为后世学术规模奠定始基。成帝明智之举,开后世千百年文运。今代学者顾实论校书原委,极加颂扬成帝博学远识,有丰功于后世学术文化。兹引举其说:

> 成帝河平三年秋八月,刘向校中秘书,子歆同受诏,讲六艺传记、诸子、诗赋、数术、方技,无所不究。时帝方精于"诗"、"书",观览古文,故为此诏也。设无帝好学,恐两汉文化未得有如彼之盛也。向字子政,《汉书》有传。尹咸者,尹更始之子,能治左氏(即左传)。刘歆尝从咸及翟方进受质问大义。任宏、李柱国皆不可详矣。三人盖皆襄向校书,专门分任。然与本文可考者,尚有杜参、班斿,则又必不止此数人矣。②

顾氏载言有据,乃采辑史籍综括而书,其说亦核要切当。

从史实探索,自成帝收天下遗籍,命官校书,实至哀帝时方由刘歆完成工作。不但为期长,同时参与者多人,俱为当时专业官守从事。自可见事体重大,典籍繁多,表现庄肃审慎,为百代学术辟榛莽,建典

---

① 班固著,《汉书》,台北,明伦出版社,影印大陆排字本《汉书》卷三十,艺文志,页 701。

② 顾实著,《汉书·艺文志讲疏》,台北,广文书局影印,1925 年,页 9。

范,上自成哀二帝,下至校书群僚,合力建此不世之功,成书曲折,诚不易也。汉世政术,纯袭秦制,而独开文运,足以表率崇文之治,为后世立国之典范圭臬。

章学诚著《校雠通义》,第二篇即标题"宗刘",以推重刘向、刘歆父子之掌握上古学术流变,其体制法式,足供治学术史者之遵倚效法。并惜其千载沉埋,后世学者多不能明其用心宗旨。因乃于《校雠通义》一书一一举示分论。全书用意,即在启导后学,章节标题,一一展示明确。章氏所评后人之不学者,举宋代之郑樵、明代之焦竑,其讥评郑樵之无识有云:

> 夫刘略(指《七略》)班志(指《艺文志》),乃千古著录之渊薮,而樵(郑樵)著《校雠》之略,不免疏忽如是,盖创始者难为功尔。今欲较正诸家著录,当自刘略班志为权奥也。①

于此正见出章学诚立意撰著《校雠通义》之用心。此所以章氏全书三卷,自始至尾,全以班固《艺文志》为运笔探讨基础。

前已略表,章氏著作《校雠通义》,重心在董理学术史,开宗证言,首标示:辨章学术,考镜源流。为其用心宗旨所在。刘向《别录》、刘歆《七略》早已亡佚,退而求之,只能据《汉书·艺文志》为流世定说,自是亦特重班志。乃有言称述曰:"《汉书》最重学术源流,似有得于太史叙传、及庄周天下篇、荀卿非十二子之意。"②

章学诚著《校雠通义》,首章先谈古之官师合一,学在官守。笃信中国学术出于官守,立以为治学术史之本源。演绎古代设官分治,每官各有专职,本职专业,即是一门学问所在。是故主张学术出于官守。其循古演说,举证甚当,兹略引举如次:

---

① 章学诚著、叶瑛校注,《文史通义校注》,页993。
② 章学诚著、叶瑛校注,《文史通义校注》,页994。

理大物博,不可殚也,圣人为之立官分守。而文字亦从而纪焉。有官斯有法,故法具于官;有法斯有书,故官守其书;有书斯有学,故师传其学;有学斯有业,故弟子习其业。官守学业,皆出于一,而天下以同文为治,故私门无著述文字,私门无著述文字,则官守之分职,即群书之部次,不复别有著录之法也。①

章氏本古制实例,立言中肯有据,后世多能信从。惟至 20 世纪前期,亦有人起而驳论,有诸子不出于王官之说,颇具翻案之势。今可令学者自行对比考校,酌择是论。此一文非辨解之作,不欲蹈较胜絜势之途,尚祈识者勿罪。

如前节所叙,学者自知班志区分六艺、诸子、诗赋、兵书、数术、方技六略。本文不暇具论全局,只就方技略一门作为研考论域,自将分别述论于此下章节,以就正于海内识家。

鄙人撰著此文,志欲取信于学界同道,略述个人治学术史之经验。盖学术流变,古今必有,人人关注。吾于近代亦自有着墨。前期不论,而近年出书二种,一曰《新史学圈外史学》,2010 年广西师范大学出版社印,乃论今时史学之流变。一曰《中国近代文运之升降》,北京中华书局 2011 年印,乃论今世文学之流变。敬请方家指教。

二、古人疾病知识与方技名谓之由来

本文主体要探讨《汉志·方技略》。无论刘略、班志,其辑校门类,俱将方技略列于最后。历代学者,多重视诸子略,入于今代尤加见重。新派文家学者于诸子略之外,多不投界一瞥,而其六略之中又特轻视数术略及方技略。章学诚校读诸子略多占篇幅,数倍于数术、方技二略之总量。今代学者鄙薄更甚。盖在学术领域,古今来一向冷寂。

---

① 章学诚著、叶瑛校注,《文史通义校注》,页 951。

其实,方技非小技,而是上古医药学术之渊薮。西汉拱为一门学术,刘向父子瞭悟其旨。为当世通识,起源有自,代有沿袭;方术独具,体制周备,实医学法门,有丰富学问内涵。

方技名谓,非创于侍医李柱国,亦非刘向父子所杜撰。保守估断,自西汉初期吕后执政时期,方技、方术俱作医门别称,医家名号。据《史记》所述扁鹊、仓公之身世,二人俱以方技名世,以为人治病为本业。兹举《史记》所载,扁鹊救治虢国太子,起死回生故事所述如次:

> 其后扁鹊过虢,虢太子死,扁鹊至虢宫门下,问中庶子喜方者曰:"太子何病? 国中治穰过于众事?"(以下从略)①

此段故事,世人熟知。《史记》记叙十分详尽,不须引据全文。惟在此当解释其到虢国宫门而见其中庶子者,盖中庶子为太子属官,为左右手。此制自春秋直延至清末。在此传文中所当注意者:"'问中庶子喜方者'句。司马贞索隐云:喜,好也,爱也。方,方技之人也。"由此当知,扁鹊为行医,其时人以方技之人视之。当信方技之称,由来已久。

再阅读《史记》同传,其载叙仓公,又有更明了之证据。仓公者,为汉初齐国临淄人,喜为医方之术,名淳于意,因任齐国太仓长,故称仓公,兼以方术为人治病。当高后(吕氏)八年(公元前180年),有临淄同里人公乘阳庆,年七十余,以年老无子,欲将生平所得医经、脉书、方术传教仓公,但令其尽弃旧方,而授予所藏经方诸书,仓公时年三十六岁,受命苦学三年,尽得阳庆道术,为人治病多效验。文帝四年(公元前176年)仓公以罪当乘传赴长安受刑,其小女(第五女)缇萦怜父待罪,随之同赴长安,上书帝,愿入官婢,以赎父罪。文帝怜而特赦之。知仓公善治人疾病,因诏召问淳于意,兹引举《史记》原文如次:

---

① 司马迁著,《史记》,台北影印大陆排印本,卷一百零五,页2788,扁鹊仓公列传。

诏问故太仓长臣意：方伎所长，及所能治病者？有其书无有？皆安受学？受学几何岁？尝有所验，何县里人也？何病？医药已其病之状皆何如？是悉而对。①

此处所以引举《史记》本文，在于见出文帝之诏问仓公，明言以方技指其行业。则可证，"方伎"一词，已为秦汉习用之词。前者有扁鹊，后者有仓公，皆具方技职能，久为行医者之共名。可推知至晚系由战国时期传承后世。

读扁鹊仓公列传，反复熟诵，备见司马迁良史之才德。所述少女缇萦上书救父，不过简短数语，千古以下，读者无不感动。裴骃集解，详引班固表彰之诗句，愈见孝女格天之忱。此其一。《史记》又引述文帝之下问仓公，详询其于民间行医治病之病情、诊断、治效，并及于乡里主名，可谓关心民隐。真是贤明之君。

此中最难最富学术价值之记载，在于司马迁笔下不遗巨细将淳于意向文帝上报之在齐鲁地方先后医治、诊病、切脉、望气、针砭、用药，以致复元状况，包括乡里姓氏，一一具分案开呈皇帝，共有二十五案。后世医家无不据此而定为中国医案之始，自在西汉文帝在位前期②。于此可见史家之识力魄力与其保留珍贵资料，其有功于后世知识学术，关系至巨。

今世医家合理推断，人类原始是否能超越禽兽，仍必不免有生死、疾病、伤残之情事，即令茹毛饮血，亦必于疾病伤残启悟简单自救之术。是即创生防治疾病伤残智慧。且至无论旧石器时代、新石器时代，砭石工具疗治伤员，自将由急智反应而使用于治疗。一般肯定在

---

① 司马迁著，《史记》，台北影印大陆排本，页 2796，扁鹊仓公列传。

② 《史记》所载仓公呈对文帝医案二十五案，医家奉为中国医案之始。见于李经纬、李志东著，《中国古代医学史略》，石家庄，河北科学技术出版社，1990年印，页 71—75。

新石器时代后期,农耕生活开始,制陶作坊创生,聚居成形,若六千年前之仰韶村文化,七千年前之半坡文化,八千年前之姜寨文化,俱属彩陶文化。于其聚居人民,后世医家断定其早用骨针、砭石以供针砭,用烧草木而作熏、烤、蒸、熨,为中国早期民人之医疗技术①。

中国有文字使用之后,最早记载人之疾病,出现于殷墟甲骨文之卜辞。当代甲骨学大师胡厚宣著文研究卜辞所出现之人体疾病有十六种,其文字约相当于公元前 13 世纪,殷王武丁时代之甲骨文,所见当时王室人之疾病共能分别出十六种:即头病、眼病、耳病、口病、牙病、舌病、喉病、鼻病、腹病、足病、趾病、尿病、产病、妇人病、小儿病,以及传染病。胡氏俱同时一一举示甲骨卜辞各病之文句,十分精确可靠②。

殷人卜辞,俱出庄严虔敬之祈祷上帝,有病而祈祷,后世春秋时代,以至孔子《论语》皆有载述。正可代表上古巫医时代之记录,足备后世进而判析考索。

宗周代起,于殷商文物制度,有因有革,疾病虽有巫医,而在西周已建医师官守体制。据《周礼》所见,天官之属,设有医师,下分食医、疾医、疡医、兽医四科,兹举其例如次:

> 医师,上士二人,下士四人,府二人,史二人,徒二十人。食医,中士二人;疾医,中士八人;疡医,下士八人;兽医,下士四人。③

周人用心实际,未尝尽信巫医,所设医师,纯涉治疗诊察,不用祷祝,更

---

① 俞慎初著,《中国医学简史》,福州,福建科学技术出版社,1983 年印,页 4—11。
② 胡厚宣著,《甲骨学商史论丛初集》下册,台北,大通书局影印,齐鲁大学国学研究专刊之一,页 417—446,殷人疾病考。
③ 林尹注译,《周礼今注今译》,台北,商务印书馆,1987 年第五版,页 2。

弃巫术。其下分四科职司，各有详细记注，无法于此一次举证，惟其分科食医俱关健康人饮食，详注王家六食、六饮、六膳、百馐、百酱、八珍之剂。而国人君子(指贵族)俱亦仿之。实为周人所制贵族君子饮食保健之法，今世命之为营养医学，周朝已定之为医事之一科。

至于第二科之疾医，实为内科医学，关系到医学理论之滥觞，当举其原文如次：

> 疾医，掌养万民之疾病。四时皆有疠疾，春时有痟首疾，夏时有痒疥疾，秋时有疟寒疾，冬时有嗽上气疾，以五味五谷五药养其病，以五气五声五色眡(同视)其死生，两之以九窍之变，参之以九藏之动，凡民之有疾病者，分而治之。①

此节引文可具参考性者，盖自上古新石器时代以来，直至西周时期之《周礼》方能见到专业医家所具有之医学学问与见识，代表中国创生医学之先驱实例。

至于第三科疡医之性质，乃指外科医术，《周礼》书中已分别出肿疡(红肿瘀血)、溃疡(溃烂)、金疡(刀箭所伤)、折疡(骨折)等创伤，及其用药敷治。于此概见西周已有医师专官，疾病之治疗，饮食之讲究，在医学史上值得定之为时代标帜。(今世学者洪诚、宋谦之、金景芳研究《周礼》，定之为成书于公元前八九世纪。)

关于中国上古之专业医家，前代史书、医经记载有黄帝时之歧伯、俞拊、苗父。以古史言，司马迁取黄帝为中国历史之首，盖见及先世谱牒，乃持为信史。所撰"三代世表"有云："余读牒记，黄帝以来，皆有年数。"② 故能论事自黄帝起，而作五帝本纪。实则近世地下考古所得

① 林尹注译，《周礼今注今译》，页46—47。
② 司马迁著，《史记》，台北，明伦出版社影印大陆排本，卷十三，三代世表，页488。

见之仰韶文化、半坡文化,皆有人类所造彩陶,时代俱早于黄帝甚多。惟文字载述不备,不能俱见上古创制圣人,黄帝亦不过是代表人物而已。其同代之专业医家,事迹无所捉摸,诸人亦难定其真实。虽医经有载述,盖亦假借托名而已,无可深信所言。今人所能凭见而信重之古医名家,当晚至春秋时代方可据以引证。

我人今时可正确举示上古专业医家,据《左传》僖公三十年(公元前630年),有晋国医师衍,奉命鸩卫侯之事(卫侯未死)。《左传》成公十年(公元前581年),晋侯有疾,向秦国求名医,秦伯命医缓赴晋治晋侯疾。然此两则故事,并未附述医家诊察申论病状,并无参考之处。惟《左传》昭公元年(公元前541年),晋平公有疾,向秦国求请名医,秦景公命医和赴晋国诊察晋侯之病。医和告晋侯,疾不可为也。谏其节禁女色,随之申述所据医理,颇值参证当年医学识见,引举如次:

> 君子之近琴瑟,以仪节也。非以慆心也。天有六气,降生五味,发为五色,征为五声。淫生六疾。六气曰:阴、阳、风、雨、晦、明也。分为四时,序为五节,过则为菑(灾):阴淫寒疾,阳淫热疾,风淫末疾,雨淫腹疾,晦淫惑疾,明淫心疾。女,阳物而晦时,淫则生内热惑蛊之疾。今君不节,不时,能无及此乎?[1]

医和之论病源,上追周礼疾医之辨,而尤加详,为古之医学先驱理论标帜,最值列入史乘。

至春秋、战国之际,出一名医渤海人秦越人,毕生行医,遍历各国,世称之为扁鹊。以其生平行医纪事而言,经验阅历以至医术精妙,史有详载,集于太史公书之扁鹊传。自当为公元前4世纪之专业医家,可惜在秦国行医,因秦国太医令李醯妒其多能而派人刺死扁鹊,亦俱

---

[1]　杨伯峻著,《春秋左传注》(全四册),北京,中华书局,1981年印,页1221—1222。

载入传记。前面提到其行事,自无须再有引举。扁鹊非官家医师,秦国早有太医令,若医缓、医和俱为秦国官家医师,足见春秋战国已是重医不重巫。公元前6世纪孔子有言:"人而无恒不可作巫医。"事在春秋后期,战国初期(公元前5世纪)扁鹊行医列国,驰名于各地,以为能起死回生。虽非官家医师,而实负方技盛名。方技名谓,自扁鹊始通行各地,后之方技自步其后尘。且自扁鹊问世,即声言信巫不信医者不治。盖其生平,绝对不袭巫医之术。巫术终遭淘汰,先后兴替自扁鹊始。

战国之后,秦始皇二十六年(公元前221年)并灭六国,统一天下,政体制度有重大变化,然文化体系仍有沿承,其在医药方技,实未受任何更张影响。虽在秦始皇三十三年(公元前214年)丞相李斯上书请旨,其言曰:

> 臣请史官非秦记皆烧之。非博士官所藏,天下敢有藏诗、书、百家语者,悉诣守、尉杂烧之。有敢偶语诗、书者弃市。以古非今者族。吏见知不举者与同罪。令下三十日不烧,黥为城旦。所不去者,医药、卜筮、种树之书。若欲有学法令,以吏为师。①

秦行焚书之令,禁下民士庶藏书,前古遗籍,千百学说,尽付一炬,于中国文物传承伤害最深。惟其中之医药方技书籍并未受损,此医药学术之幸,方技之士未尝放失所学者也。其后李斯终遭腰斩,不足以抵其灭绝文物之罪也。

三、方技略之医经与经方

《汉书·艺文志》分自古之学术六门,方技居其中之一,非定于班

---

① 司马迁著,《史记》卷六,台北影印大陆排本,页255,秦始皇本纪。

固，而在成帝当年校书，特任命侍医李柱国校方技。盖汉人视学术出于官守，专门之学与官，原存于专门之官职所守。此是当年朝野共识，刘向父子自熟知其本原。但凡后学争议，固真不知本者。

以乾隆时期章学诚著《校雠通义》，论至于方技专门，指明任宏之校兵书，李柱国之校方技，为最得学术出于官守之道。有云：

> 形而上者谓之道，形而下者谓之器。善法具举，本末兼该，部次相从，有伦有脊。使求书者可以即器而明道，会偏而得全。则任宏之校兵书，李柱国之校方技，庶几近之。①

章氏所言，正见出其肯定李柱国医学专门之道器分明，本末兼该。吾人治史论事，自亦不可薄视此项学问。研析论述，自当严肃对待。

甲、医经

在方技一门医药学问之中，医经属于理论部分，即章学诚所谓形而上之道。李柱国著录医药典籍，以医经为最重要。列于其形而下技术药物之前，用以综括方技一门学术。兹开举所著录诸书：

> 黄帝内经十八卷，
>
> 外经三十七卷，
>
> 扁鹊内经九卷，
>
> 外经十二卷，
>
> 白氏内经三十八卷，
>
> 外经三十六卷，
>
> 旁篇二十五卷，

---

① 章学诚著、叶瑛校注，《文史通义校注》，页994。

右医经七家二百一十六卷。①

上列七家医经，后世存者仅有《黄帝内经》十八卷，向为医家奉为上古经典。

至《黄帝内经》之成书年代，历来各家争议，有早有晚。今据《史记·扁鹊仓公列传》，其中载述仓公（淳于意）行医多年而于吕后在位之八年，放弃旧日方书而随阳庆受医学诸书，两次提到所受学黄帝、扁鹊脉书上、下经。则所指应即为黄帝、扁鹊二家之内外经。其受学时阳庆已七十余岁，其原能从名家得受医书，自当早在秦汉之交。自必其书早成于公元前3世纪，大可定为时代依据。若明见阳庆之传授黄帝、扁鹊上下经，自当可信，两种医经，早已流传于秦汉之前，是即成书于战国时期。

古代医经只存《黄帝内经》十八卷，在方技略中为仅存典籍，足备医家学者引据参考，其书只论一切原理，而不言治病用药方术。兹当就其书之"素问"、"灵枢"两大分野，各举一二，以供比观。

《黄帝内经》十八卷，其中"素问"、"灵枢"各占九卷。顾实引后世医家注家之说，相信"素问"为医经，"灵枢"为针经，两者合成一书②。素问全九卷，有八十一论，兹举其第四篇之"金匮真言论"：

> 东风生于春，病在肝，俞在颈项；南风生于夏，病在心，俞在胸胁；西风生于秋，病在肺，俞在肩背；北风生于冬，病在肾，俞在腰股；中央为土，病在脾，俞在脊。此言四时之正气，而亦能为五藏

---

① 班固著，《汉书》排印本，页1776。按：《汉书》所计医经卷数，与其各书卷数之总和不同。今人顾实统计，指出其总数多计四十一卷。
② 顾实著，《汉书艺文志讲疏》，页244。

经俞作病也。①

阅读此二段引文,另须解明"五藏经俞"四字,即可全晓。特别是俞字音输,乃是医书上所指人体之穴道。经指人体经络,俞指人体穴道,自可知人之起病种因,受病部位。

在此所要引举此段文字,主要是在接连公元前 6 世纪秦国医和之阐述六时变幻,使人致病之理,盖较之更加明确肯定。由于素问此论,已能见出《内经》中之五行思想,阴阳因早见于春秋后期(公元前 6 世纪)昭公元年之医和论病。而至公元前 3 世纪之《黄帝内经》则又增入五行思想。显见其成书于战国后期。

现尚可续举《黄帝内经》之后九卷,是谓《灵枢》。《灵枢》亦论天地六气,人身五藏、六腑、十二经脉,然其论最重天地、四时、风雨、晦明等自然变化。所重人生需与天地、四时、风雨、明晦相适应配合,以使体健永寿,乃是先秦天人合一思想之实践。

医家基本宗旨,在于使人无病而长健康,非在于治难攻深,以起沉疾,救绝症而谓之善也。《黄帝内经》之特点,俱在于未病而言治,在《灵枢》尤重视人之生命,为天地自然、草木鱼虫禽兽有息息相应之处。体健永寿,即为其医理管钥。《灵枢》卷六,有题示"天年"一论,可举证以供参阅:

> 黄帝曰:气之盛衰,以至其死,可得闻乎?岐伯曰:人生十岁,五藏始定,血气已通,其气在下,故好走。二十岁,血气始盛,肌肉方长,故好趋。三十岁,五藏大定,肌肉坚固,血脉盛满,故好步。四十岁,五藏六府、十二经脉皆大盛以平定,腠理始疏,荣华颓落,

---

① 清张志聪集注、方春阳等点校,《黄帝内经集注》,杭州,浙江古籍出版社,2002 年印,页 26。

发颁颁白，平盛不摇，故好坐。五十岁，肝气始衰，肝叶始薄，胆汁始灭，目始不明。六十岁心气始衰，善忧悲，血气懈惰，故好卧。七十岁，脾气虚，皮肤枯。八十岁，肺气衰魄离，故言善误。九十岁，肾气焦，四藏经脉空虚。百岁，五藏皆虚。神气皆去，形骸独居而终矣。①

人生天年之论，当早为西周王室所重，故医师列于天官。食医最重饮馔。疾医最重四时，正见其天人合一之实践。而《灵枢》所题百岁人寿，自是医家长期累积经历，于人身骨肉皮毛、五藏六府、十二经脉，细审考察而获致定说，在生理保健而言，天年之论，应是放诸四海而皆准，此中国上古医学之重大贡献也。

《汉志·方技略》于列举医经诸家书名之后，特作概括性评述，代表西汉时之学术判断与定识。此在论学术史者，自为可倚以为考察一代医学学术之重点，极具参考价值，兹当引举如次：

> 医经者，原人血脉经落骨髓，阴阳表里，以起百病之本。死生之分，而用度箴、石、汤、火所施，调百药齐，和之所宜。至齐之得，犹慈石取铁，以物相使。拙者失理，以愈为剧，以生为死。②

自上古以至于西汉，先有疗病治术，后生诊察医理，至黄帝、扁鹊医经成书，虽后之托古而成书，则中国医学理论，则至《黄帝内经》、《外经》、《扁鹊内经》、《外经》而形成理论之大成。后世百代，奉为圭臬，方技一家之学至此亦已底定。

乙、经方

方技略于经方一门，开列当年传世之方书十一种，兹引列如下：

---

① 清张志聪集注、方春阳等点校，《黄帝内经集注》，灵枢经卷六，页 322。
② 班固著，《汉书》卷三十，艺文志，景印排字本，页 1776。

　　五藏六府痹十二病方，三十卷。

　　五藏六府疝十六病方，四十卷。

　　五藏六府瘅十二病方，四十卷。

　　风寒热十六病方，二十六卷。

　　泰始黄帝扁鹊俞拊方，二十三卷。

　　五藏伤中十一病方，三十一卷。

　　客疾五藏狂颠病方，十七卷。

　　金创疭瘛方，三十卷。

　　（颜师古注曰：小儿病也。瘛音充制反，疭音子用反）

　　妇人婴儿方，十九卷。

　　汤液经法，三十二卷。

　　神农黄帝食禁，七卷。

　　右经方十一家，二百七十四卷。①

医家治疗疾病，医理自是重要，而临证治术，全恃有效医方，前代医家，诊攻百病，自会存储历验医方，累积成卷，即是经方。所谓方技，盖即重在有用之经方。

　　惟汉志所载李柱国开列之十一家经方。藏存官守，却未承传后世，盖已全部亡佚无存。虽能见及各书题名，实则无从考见实际。盖欲考校公元前 1 世纪以前之医方，自是全无着手之策。然二千年来，近期忽见曙光，则 1973 年湖南马王堆汉墓出土大批帛书、竹木简古医书。经文字学家裘锡圭、李学勤，医药文献大师马继兴等人历二十年细究复原，补缀断烂，并进而考释译注，终能合成古医书十四种。经医药文献专家马继兴详加考释、注译、批注，于 1992 年刊布其大著《马王堆古医书考释》一书。至此而后，方得良机，以补充方技略所亡佚缺载

<hr>

①　班固著，《汉书》卷三十，艺文志，景印排字本，页 1777。

之医书。就方技略之经方一门，大可汲取马王堆古医书中采摘而补其空白。

长沙马王堆三号汉墓，据墓中出土随葬遗策木牍所记，是在西汉文帝十二年（公元前168年）二月乙巳日下葬，而专家考察所葬医书帛本如《五十二病方》其中文句，决不避惠帝、文帝之名讳。推断各医书抄写多为秦汉以前已成定型。至于著作之年代，自当更向战国时期推考。医药文献学大家马继兴仍抱保守推断，认为大多数医书俱为古籍，秦始皇焚书，不烧医书，自可断定诸书著作年代应在战国中后期，乃是较稳健立场。兹当于其中就经方之类列举四种，以作对方技略之补缺。

一，《五十二病方》，此书多为外科医方，标目列五十二种病，含医方有二百九十余方。加上书后佚方，近三百医方。显见为中国史上最古老医方，方剂特殊，不同于后世方剂。

二，《养生方》，有题三十二目，有医方七十九首。大多非为治病，而为健身养生等方剂。

三，《杂疗方》，本书有健身之方亦有治疗蛾害、蜂刺、蛇咬者。

四，《杂禁方》，本书仅有百余字，书后又有佚文一百四十余字，学者研考整理，定为一书。乃古方技之厌禁方，多是古老巫方，所附佚文则为房中家之方术，因称《杂禁方》①。

实际上马王堆古医书要早于李柱国校方技有数百年之古老。在方技略中所列之十一家经方，几乎大半为内科方剂。只有金创一种，乃亦因外感而招致风邪，应是亦属内科之病。但马王堆四种方书，多为外科方剂，并加上营生保健之各样方术，自与李柱国所见之经方大不相同。乃在马王堆医书不免原始性高，治术尚具古老粗简疗法，兹

---

① 马继兴著，《马王堆古医书考释》，长沙，湖南科学技术出版社，1992年印。

当略作举例，以供比观。

马王堆古医书十四种确是旷世宝典，于今日国人提供诸多罕见知识，特别令人得以见到新石器陶器时代以来之先民医方遗迹。若干治病之方，十分原始。基本上外科伤害俱是就地身边取材，使用犬矢、羊矢、猪矢、灶底土、人发、鸡毛烧灰，以至男子精液涂抹患处，决非后来人所生出、想出。尚有各样后世罕知之病名药名，要目当略举以开识见：

其一，罕见之病名、药名与医方字辞。

今日医药文献学大师马继兴细心攻研马王堆帛书竹简医书，肯定诸书俱为最古老最原始之医书，远早于战国间所成之《黄帝内经》，其中有不少罕见病名、药名，而方剂字辞，亦多不同于后世。可略举以见大概：

以病名而言，如肛门之病已有牡痔（外痔）、牝痔（内痔），却又有"朐痒"一词，是指肛门瘙痒之病。却又有"巢"字，指肛门内痔。又一病名题为"夕下"，至今医家均尚不知为何种之病。其他尚多，不胜枚举。

至于古医书中罕见之药名：如逸花、量簧，今尚不知为何种药。又如"骆阮"，今已知为"苦参"别名，"茈"音此，今人知为"柴胡"，以至"禹熏"，今人知为灶底黄土（今称伏龙肝）。

至于医方中罕见之字词，则有"酰"古字指醋，而又有"截"（音代），也是指醋。"胻"指小腿，"州"指肛门，"纂"指前阴与后阴之间，今称阴会。"一参"（音诊）指三分之一，指煮沸三次。"令"之一字出现最多，俱在全医方之后，意指此方屡试有效。

其二，古简医方举例。

马王堆多数医方，表现原始、简短、字少、意质，在此略示二例：

例一，在《五十二病方》中，有治内痔之方，其原方云："一方，牝痔有孔而弯，血出者。取女子布，燔，置器中，以熏痔。三日而止。令。"①

例二，《五十二病方》中，有外科"久疢（音必）"一类病，要包括：冻疢、露疢、灸疢、山中出疢、无名疢等治疗方剂，其原方云："一方，咀薤，以菥之。"②薤即薤白，即常见之葱白。

其三，巫方

中国先民治病，早用砭石、火灸之法，但同时亦相信鬼魅作祟，乃用祝祷禳祓，是为巫觋所执法。惟于春秋时代偶载有病而祈祷之事，却不载施法详情，只知古有巫医，自无可疑。然巫方巫术多不传世。后世以迄近代虽知各地尚保存巫方，则大抵起于后世，决无秦汉以前可藉之遗献，及至马王堆古医书出，竟保存不少巫方，直是极具参考探究价值。今在本文略举二例：

例一，马王堆医书之一，《养生方》，在"走"之项下，开写巫方云："一曰：走疾欲善先者，取女子未尝男子者布，悬橐怀之。见旋风以投之。风止，即××（原脱坏之字），带之。"（所脱缺二字释文补拾回二字）③，在此说明，此一"走"字标目，其实是指跑步，因尚有另一标目是"疾行"，而走自要更快。

例二，在《五十二病方》之中，有一种常见之皮肤生赘疣，有大有小，而各样医方不同，亦有巫方，兹为引举。

> 一方：以月晦日，日下哺时，取块大如鸡卵者，男子七，女子二七，先以块置室后，令南北列，以晦往之块所，禹步三，道南方始，取块言曰："今日月晦，磨疣北。"块一磨×（帛书原缺一字），已磨，

---

① 马继兴著，《马王堆古医书考释》，页516。
② 马继兴著，《马王堆古医书考释》，页630。
③ 马继兴著，《马王堆古医书考释》，页737。

置块其处,去勿顾。磨大者。①

此方中之块是指土块,其文句易晓,惟有"禹步三"乃是巫方中常见,乃是仿帝禹行走,原能吓驱邪魔。禹步走法,后世道家葛洪曾有说明:

> 又,禹步法:正立,右足在前,左足在后,次复前右足,以左足从右足并,是一步也。次复前右足,次前左足,以右足从左足并,是二步也。次复前右足,以左足从右足并,是三步也。如此,禹步之道毕矣。②

"禹步"一义,造说于先秦尸子,六百年后,至西晋葛洪一直传承,世人未必深信。今见马王堆医书,其中两种帛书多次有巫方用禹步之法,足见先秦广有传衍。正见葛洪承袭有本,非后世道家妄加虚造也。

其四,祝由方

祝由方本为巫方之一种形式,纯属于巫方之类。惟殷商以后,自西周巫医并行,医家自摒弃巫方,大抵至孔子尚巫医并称,而至战国始期,扁鹊专重医道,力倡六不治,其中之一乃是凡重巫不重医者不治,可证战国初期已是走上巫医分途。惟自先秦方技之家,收辑医方,自不免并巫方而同加收载,乃能因而传世,真是难得之罕见史料。

祝由方中在进行治疗时,多半是医者高声宣告一段祝由词,每方不同,视病者需要而各有不同。现举示二例:

例一,正常人为练身走路,自念祝由词。在《养生方》中有其例:"一曰:东向呼:敢告东君明星,×来敢到画所者,席彼裂瓦,何人?又

---

① 马继兴著,《马王堆古医书考释》,页 420—421。

② 葛洪著、王明校释,《抱朴子内篇校释》,北京,中华书局,1985 年印,页 302—303。

即周画中。"①此文中之缺字×,推断是"有"字。其余浅明易懂。但"东君明星",则无人测知是何神圣?

例二,古人有对于漆敏感而使皮肤肿烂者,有药敷者,有以祝由方治者,举示其一方:

> 髹(音修),唾曰:"喷,漆"三,即曰:"天帝下若,以漆弓矢,今若为下民疕,涂若以豕矢,以履下靡抵之。"②

此段祝由词,病者或医者,先唾伤处,再骂:喷,漆! 三次,再宣告祝词。警其要涂抹猪屎,并用脚底踩得靡烂,实可见祝由大多用诅咒口吻。其他相类者甚多,只因有些更需费辞解说,故所选者特抉其简明易晓者,决不可曲折隐晦,使人费解。

回头仍须取证于汉志方技略李柱国所总结"经方"之医学论点,盖在于汉以前之学术定说,百世而俟后学之比观。

> 经方者,本草石之寒温,量疾病之浅深,投药味之滋,因气感之宜,辩五苦六辛,致水火之齐,以通闭解结,反之于平。及失其宜者,以热益热,以寒增寒,精气内伤,不见于外,是所独失也。故谚曰:有病不治,常得中医。③

四、方技略未收载之脉经与药书

《汉志·方技略》,出于官守典藏之医药典籍,而侍医李柱国竟未列载汉世所传之脉经与药书。班固《汉书》既成正史名著,而历代学者读诵校注,一直无人提出质疑。终至清乾隆间,章学诚著《校雠通义》,

---

① 马继兴著,《马王堆古医书考释》,页737。
② 马继兴著,《马王堆古医书考释》,页600。
③ 班固著,《汉书》卷三十,影印排字本,页1778。

于汉志之体制布局,著录缘起,流别承绪,以至可补可议之点,俱作深入探讨。特又于其六艺、诸子、诗赋、兵书、数术、方技诸略,分章讨论。最见专业部次,占其书第三卷全卷。在此自不暇概作引叙。且章氏分论六略,其详略大有迥异。六艺略占有甚多篇幅,诸子略次之,诗赋略又次之。其下三略若兵书、数术、方技则着墨甚少。而特别在方技一略,名为独立一章,其文只有一页,即全书最后一页。自远逊于其他五略。

章学诚专书演论《汉书·艺文志》,识断超越前贤,于其中各略未尝有轻重之别,惟写方技专章,文字只占一页,而于方技所统内涵,却直言有重大缺憾,前人未尝提及,而章氏则明指李柱国校书疏失。李柱国之论方技,区分医经、经方、房中、神仙四门,章学诚则认为缺载脉经与药书。今愿将其一页之辩论,所表述李柱国缺失所在,兹加引举如次:

> 方技之书,大要有四,经、脉、方、药而已。经阐其道,脉运其术,方致其功,药辨其性;四者备而方技之事备矣。今李柱国仿校四种,则有医经、经方二种而已。脉书、药书,竟缺其目。其房中、神仙,则事兼道术,非复方技之正宗矣。宜乎叙方技者,至今犹昧昧于四部相承之义焉。按司马迁《扁鹊仓公传》:"公乘阳庆传黄帝、扁鹊之脉书",是西京未尝无脉书也。又按班固《郊祀志》,成帝初,有本草待诏。《楼护传》"少诵医经、本草、方术,是西京未尝无药书也。"李柱国专官典校,而书有缺遗,类例不尽著录,家法岂易言哉。①

章学诚提出方技略之所缺,理由正当,自亦无术弥补李柱国所遗缺憾。

---

① 章学诚著、叶瑛校注,《文史通义校注》,页1083。

但至20世纪之后期,由于发现马王堆所埋葬之古医书,对此千年缺憾,将会有过半补足之希望,可谓天不使学术绝绪。于脉书言,马王堆古医书可以进而补足此项缺失。但于药书言,则马王堆医书中未有本草专书,无法取以填缺。虽然有医药文献学大师马继兴曾用心研究,草撰《马王堆汉墓医书的药物学成就》一文,引述各方剂中之使用药物四百余种,但此只能用于一般参考,不能以后世之作补充汉志方技略。盖非西汉以前之书,势不能任取一书充数,自是严守一代学术本有风貌。兹愿就可采史料,分别补述于次。

甲、脉经

马王堆古医书之创生年代远早于《黄帝内经》,其中有关脉经者四种,足以取而补充《汉志·方技略》。

一、《足臂十一脉灸经》

二、《阴阳十一脉灸经》(板本有三,甲、乙本出自马王堆帛书,丙本出自张家山竹简本,并以简本为详。)

三、《脉法》(有甲、乙两本,甲本出马王堆帛书,乙本出张家山竹简本,后者为详。)

四、《阴阳脉死候》(有两版本,甲本出马王堆帛书,乙本出张家山竹简本,后者为详。)

上举四种出自马王堆及张家山(湖北省江陵县)西汉墓之古医书中之脉经。在年代而言,俱早于《黄帝内经》,足能引来补充《汉志·方技略》,绝无愧色,学界当能放心信任。

至于后世代医家于医道脉法以至诊断疾病,自多有深广发展,亦多名著传世。然俱不能引来用于补充汉世以前之古说,即当今名家马继兴大师,特于马王堆、张家山古医书作深入研究,并撰写上举诸书之专论,虽是精要,亦不能用于补充汉世以前之说①。

当然东汉以后之各代医家实有杰出贤哲,并于前人创发之理论与经验,均能有精深造诣,著作流传后世。昔张仲景(机)之《伤寒杂病论》、华佗之发明外科麻醉药"麻沸散"、王叔和之《脉经》、葛洪之《肘后方》、皇甫谧之《针灸甲乙经》等等著作,因其完全晚于西汉,俱不能借以补充《汉志·方技略》。今欲就原方技略格局,每门医书列举之后,必有总叙学艺宗旨之撮要评说,势须就马王堆古医书中择取于《脉经》诸门之定说。现举其中《脉法》帛书之所言,以为合于方技略之体式,可参阅其说如次:

> 以脉法明教下,脉亦圣人之所贵也。气也者,利下而害上,从暖而去清焉。故圣人,寒头而暖足,治病者取有余而益不足也。故气上而不下,则视有过之脉,当还而灸之。病甚,而上于还二寸益为一灸。气一上、一下,当郄与肘之脉而砭之。用砭启脉者必如式:痈肿有脓,则称其大小而为之砭。②

此语出自前古医家之经验与识断。说明病因起于气之上下失调。用灸与砭以为攻治之术。自信圣人之所重者在此导脉之法。自足更见古简原始,则实开后世脉学之先河。李柱国有所失载,如此弥补并无逊色。

李柱国方技略统言攻病之术有针、石、汤、火,而灸乃火治、砭为石治,俱早创生于石器时代,或未发明陶器,则灸、砭当为原始先民最早之技,故当倚信《脉法》所论乃真古早之医道。

---

① 马继兴著,《马王堆古医书考释》,所载:1.两种《十一脉灸经》是经络学说的渊源;2.《脉法》(甲乙本)中古佚诊脉法的再发现;3.张家山汉墓《脉书》与马王堆汉墓医书的关系。
② 马继兴著,《马王堆古医书考释》,页 274—285。

乙、药书

根据章学诚检点《汉志·方技略》所缺载之重要门类,脉经须作补实之外,尚须补充药书,抑且指明西汉成帝之世已有本草待诏职官,当世且举楼护少年时,因父行医而读医经、本草、方术诸书(事据《汉书·游侠传》)。当可明见西汉有本草之书传世,则证李柱国有所遗漏。但论述方技故求其全,自当有所补遗。

若论药书之著录,后世各代每有本草著作问世,虽能青出于蓝,然不能取而以当汉人之书。至于马王堆、张家山两汉墓出土之医书,虽出现大量药物品种,并经当代著名医学文献家马继兴专门汇辑所见其各书出现之药名索引(《马王堆古医书药名出处索引》),用力甚细而谨慎。但非汉人流传药书,实亦不能代替。只可备作西汉以前药物名号之参考,聊胜于无也。药物品名有数百个,自见古人用药之习惯。

如欲于此补充方技略而开列药书名称,计西汉之世只能推出一种如下:

《神农本草经》(收载药物品名365种)

我会提举《神农本草经》用以补足方技略之药书门类,首先须信重此书早成书于西汉年代,章学诚所考,西汉当已有药书,为今世医家接受,今人李涛循其说而判定《神农本草经》应成书西汉后期。兹引据今人俞慎初之言,以定《神农本草经》之成书年代:

> 《神农本草经》和《黄帝内经》一样,不是出于一个时代或少数人的手笔,而是若干医家总结了汉代以前的本草知识,并托名神农而写成的。[1]

---

[1] 俞慎初著,《中国医学简史》,页52。

汉代以降,《神农本草经》自是流传于世,历西汉起而魏、晋,以至南朝梁武帝时,而有江南学者(丹阳)陶弘景博通道术、天文、历算,尤精于药物之学,因而有《本草经集注》之作,用以补充《神农本草经》。其大致经过,后世医家有所载述,愿举其说以见大概:

陶弘景所著《本草经集注》,七卷,是《神农本草经》较早注本之一种。《神农本草经》流传至陶氏所处时代,已有四个多世纪(陶氏是456—536年之年寿)。当时传本因辗转传抄而"遗误相继,字义残缺"。药物数量不一,分类混乱。有必要重加纂注了。同时,自《神农本草经》成书后,新的药物品种逐渐增多,对药物的性味、功效等也不断有新的认识,还出现了搜集汉魏以来名医用药经验及药物学著作《名医别录》等。陶弘景在梁武帝的支持下,对当时药物学又作了新总结,写成《本草经集注》一书。该书在整理补充《神农本草经》三百六十五种药物的基础上,又选入《名医别录》等的药物三百六十五种,所载药物品种增至七百三十种①。我今引举此段医药史记载,志在留存《神农本草经》自西汉以降之绵延流传,幸至公元五六世纪有陶弘景之加以集注补充,足信后世之继承。故能用来补充李柱国方技略之所缺载。

事实上《神农本草经》传世,直至公元8世纪,唐朝太医署及药园,凡教授生徒,仍必读《神农本草经》。由于唐代重视本草而由苏敬从事编成《新修本草》,问世以后,取代《神农本草经》。其书自两宋以后亡佚。

五、方技略之神仙与房中

李柱国之方技略是将房中排在神仙之前,以医家行事,作此一安

① 李经纬、李志东著,《中国古代医学史略》,页110。

排,不可易移。鄙人撰文决不敢标新立异,故作颠倒,绝无破坏改造之意。但在史事领域,论述轻重主从,竟必须先谈神仙后谈房中。特先声明,祈盼识家勿罪。

在此首先申明,关于神仙与房中,秦汉时代之观感习惯,与后世不尽相同。尤其神仙之道,远不及后世之神秘复杂。东汉以后,即开始渐有增饰,理想与行径,大非西汉以前之宗旨单纯。本文讨论李柱国之方技略,终须谨守西汉以前之神仙思想,持为根本。尤自不免独抒拙见,或至引人质疑。先此声明,惟祈识家勿怪。

常行所见,历来学者于《汉书·艺文志》俱多轻视数术略及方技略,少有人于此用心研探。即令讨论,而着墨甚少,章学诚之《校雠通义》即为显例。抑且在六略之中,又无不轻视方技。即使讨论方技,而于方技略又更轻视神仙、房中。上节已引章学诚论方技之一章,并引举其全文。章氏明言医经、经方、脉经、药书四者为方技之正宗,殊不以神仙、房中列为医学学术之要目,视之为医学余技。鄙人后学既站在研治史实立场,相信李柱国于方技略列入神仙、房中两门,决非随意杜撰,自作主张,须知此时刘向尚著作《列仙传》,收载仙家七十余人,原自有其学术正当性。不可以后世眼光加以否定。鄙人谈方技略,愿循汉人思想以为论事前提,抱有信心,故愿违众说,尚乞识者鉴原。

我在此大胆定说个人主张,于论述先定基点,亦愿悬的而接受各家弹射,我认为:

> 神仙之原始动因是"生命";房中之原始动因是"生养"。

我认为:

> 神仙是帝王学问;房中是圣人大道。

我自提醒自己,是在论述《汉志·方技略》,仍须循着所设想之章节,继续前节而按部就班分析演论。我的开宗立旨,暂时不便先发挥所见。

甲、神仙

本文原旨在研讨《汉志·方技略》,神仙乃在方技略学门之列。从此谈起,须先将方技略所列十家神仙著录,以定其界域。此乃治学之规程,自当如前各节,首先列举神仙一门著录。俱本之方技略成例。

《宓戏杂子道》,二十篇。

《上圣杂子道》,二十六卷。

《道要杂子》,十八卷。

《黄帝杂子步引》,十二卷。

《黄帝岐伯按摩》,十卷。

《黄帝杂子芝菌》,十八卷。

《黄帝杂子十九家方》,二十一卷。

《泰壹杂子十五家方》,二十二卷。

《神农杂子技道》,二十三卷。

《泰壹杂子黄冶》,三十一卷。

右神仙十家二百五卷。①

《汉志·方技略》所收载十家神仙书,俱已亡佚不存,无从参证。

本文到此无法继续展述,要谈神仙问题,到此自然就面对歧途,后世学者看法不同,已成之故说不足取信,自东汉以后,传衍演变,踵事增华,其义其术,流于苛细繁琐。由是杂说歧出,莫衷一是。鄙人研治方技,不能喧宾夺主,亦不敢泛滥议论,愈陷愈深。自将画归西汉以前,守此论域。

20世纪30年代,盛行科学主义,中国朝野迷信科学万能,张口闭

---

① 班固著,《汉书》卷三十,艺文志,台北,影印大陆排印本,页1779。

口不离科学。对于神仙决然鄙视，以为全然迷信，谁肯再来理会。惟其中仍有特出文人闻一多，亦曾留学美国，未被洋化，不谈科学、醉心中国古今文学，尤擅写白话诗，所讲论中国文学颇具特识，精于论《诗经》、《楚辞》，亦对神仙抱极大兴趣，故而撰著《神仙考》，广征博引，议论宏肆，识断奇特，见解新颖。虽然如此，吾则完全不能信从。其一，则论定古人之喜战死入火焚化，而灵魂超升，自成神仙。乃举春秋齐国姜姓之族，为羌人同族，羌族之人喜做神仙，以战死、以被杀为灵魂超升之路，谓为古之神仙所本。吾不从信此说。二则举《庄子》所讲真人、至人能随风云飘然遨游，来去隐现徜徉迷离，称为神仙之踪。又谓《楚辞》之远游，亦仙家随风云飘忽出没、海山周历，此皆神仙之行径。其实《庄子》、《楚辞》均未提及仙人之事，不能附会。吾不信从，故认为闻氏思想浪漫文家本色，语出惊人，实缺乏史据，乃文学之发挥，可佩而不可信，吾固全不接受，但不反对他人信从①。

　　鄙人在此文中讲神仙，乃是解明方技略之一隅，自有局限，亦不欲铺张扬厉，大做文章。前面已先宣说大话，指称神仙是帝王学问，在此势须交代明白。

　　自殷商甲骨文之世，已有天上人间不同分别观念。帝（上帝）在天上，只有一位；神（不指仙，仙未出现）在天上有多位。人死为鬼，仍在人间，不能升天。（近时文人沈兼士有说鬼专文，学术性高，不具引。）鄙人截断众流，不溯上古，以谓仙出最晚，而神仙之学全在秦始皇统一中国之后。战国七雄并争，未生出神仙思想。及至秦始皇二十六年统一区夏，巡游天下之时，创生出神仙思想。在东方琅邪一住三个月，不知在想何事，而在二十八年既有徐市上书称言海上有三神山，蓬莱、方

---

① 闻一多著，《神话与诗》，1947年排印本，1975年台中蓝灯文化公司影印，页153—180，神仙考。

丈、瀛洲,其上仙人长生不死,有食仙药而永寿,愿为秦始皇前往取药,秦始皇立即发男女童数千人随徐市入海求仙人。故史书所见神仙家要以徐市为第一位①。

齐人徐市既得志于先,遂使方仙道术之士群起而出。故而有宋毋忌、正伯侨、充尚、羡门、卢生俱出燕地,而为秦始皇所召用,事见《史记·封禅书》②。

秦王政之时,未尝有求神仙之举,一旦统一天下,享帝王崇高尊位,拥一世独揽大权,恍然自圣,顾盼自雄。自欲永享富贵尊荣,而必须长生久视不老,永远不死。计欲永远不死,必采不死之术,计无所出,只好历访仙山,急求不死之药,此神仙之学所必生者也。

神仙之学诚不易也,需有倾国之财力,访药之高人。秦始皇聪明绝顶,百计以求,只有渴求不死之药,难有别择。此神仙家之生机也。殷、周、春秋、战国,史乘未尝出现神仙方术之人,到秦始皇时,而俱出现,到汉武则又多出其高人。汉代多重神仙,至成帝犹然如此,刘向《列仙传》之所以作也。真乃帝王之学也。

议论至此,自然有疑问发生,即是神仙既是神秘高妙,可令秦皇汉武费尽脑力财力,百计以求,怎的会一下子降到方技家之地,必须加以申解明白。帝王终是聪明人,也真懂得科学。质言之,包括皇帝,神仙不是安坐可得,是有不少功课先弄清楚,就进入科学领域。

方技略开出十家书目,由于俱已亡佚,无法考见内涵,惟细察书目,略见一二重点。神仙书目中之黄帝步引,是道引术,黄帝岐伯按摩,是按摩术,黄帝芝菌,是服饵所要。神农技道即采药法,泰壹黄冶则是炼丹术,看来以李柱国所注之方技,当属今世所谓之养生保健之

① 司马迁著,《史记》卷六,台北影印大陆排印本,页247,秦始皇本纪。
② 司马迁著,《史记》卷二十八,页1366—1369,封禅书。

道。势须归之于方技一门学问。

质言之，神仙永远是指活人，故字学之家《释名》有载："老而不死曰仙"，因是古人求仙是求不死，不但不死，而且要不老，不但要不老，而且要难老。因是不能不找医家保证不死、不老、难老，以至永远活着，若果死后成仙，非中国人之道也。不合中国国情、人情，不是秦汉神仙之学问。由此看来《汉志·方技略》中之神仙，当全属科学之保健术，其书可据，非妄言也。

方技之神仙十家著录，出于李柱国所本学问思辨，掌持一定具体领域，即令亡佚，亦不可为后人任意曲解。考察大致，俱古有前轨，非其妄造。若就此以上溯渊源背景，公元前4世纪，《庄子·刻意篇》即能考见有道引之士、养形之士，是即彭祖寿考者，可判为仙人前徽，与李柱国宗旨合契。兹引举《庄子》之言：

> 吹呴呼吸，吐故纳新，熊经鸟申，为寿而已矣。此道引之士，养形之人，彭祖寿考者之所好也。①

庄子明言为寿而已。重点是活在人间长生不死，乃是关键。未尝一语及于仙人。然后之李柱国其著录神仙家之步引、按摩、食芝菌、采药物，与庄子所说吐纳术、道引术宗旨一致，当可旁证，仙人养形保生自古有其一定功课。

至于方技略著录神仙十家，书全亡佚，后世能否补充？及今已有补充希望，即马王堆帛书及张家山医简，皆出西汉之墓，自可引补一二。开列如次：

一、《却谷食气》（马王堆帛书）

---

① 欧阳景贤、欧阳超合译，《庄子释译》，武汉，湖北人民出版社，1988年印，页352，刻意篇。

二、《导引图》(马王堆帛书)①

三、《引书》(张家山竹简)

以上三书在方技略神仙一门补充到吐纳术、辟谷术、及道引术。差强人意,则可知神仙宗旨何在。

至于李柱国所为神仙一门学术之综论,乃代表西汉人共信宗旨,极其重要,乃为论神仙之学问根源,不可不加引举。

> 神仙者,所以保性命之真,而游求于其外者也。聊以荡意平心,同死生之域,而无怵惕于胸中。然而或者专以为务,则诞欺怪迂之文弥以益多,非圣王之所以教也。孔子曰:"索隐行怪,后世有述焉,吾不为之矣。"②

今世凡论神仙,若只涉秦汉以前史迹,须谨守李柱国原旨,不可任意增饰曲解。李氏引孔子语,良有以也。

乙、房中

房中也是学术一门,是讲究男女性知识、性技术、性生活之调适,却并非性游戏描写。我称之为圣人之大道,自有根据,须慢慢申述。

把性知识一门学问命之为房中,当始自西汉,《汉志·方技略》以前,未见有房中之称。上古著《诗经》,两性交好俱以种种暗示文字表达。周策纵教授曾有讨论,不具引述。春秋公元前 7 至 6 世纪,直言近女幸女,载于史册。有公元前 6 世纪秦国医和称晋侯(平公)有疾,其因在近女,意指性生活无有节制。公元前 4 世纪战国齐宣王自称寡人好色,为最坦直明确。公元前 2 世纪汉文帝问医家仓公,仓公详陈

---

① 马继兴著,《马王堆古医书考释》,页 822—866。

② 班固著,《汉书》,卷三十,艺文志,台北,影印大陆排印本,页 1780。

诊症经过,言及性事,多以内代之。内指房内之性生活,仓公只用一字,未及房字、室字,可见房中一词晚出仍在西汉。鄙人不敢自信所见,仍望后之贤者有所教正,不能就房中词源妄作定论。

李柱国于方技略开出房中一门之学,排在神仙之前,是医家权衡,不敢疵议。其所开八家房中之书当先引举以供参考。

> 《容成阴道》,二十六卷。
>
> 《务成子阴道》,三十六卷。
>
> 《尧舜阴道》,二十三卷。
>
> 《汤盘庚阴道》,二十卷。
>
> 《天老杂子阴道》,二十五卷。
>
> 《天一阴道》,二十四卷。
>
> 《黄帝三王养阳方》,二十卷。
>
> 《三家内房有子方》,十七卷。
>
> 右房中八家百八十六卷。[1]

观此著录,则信房中与神仙关系密切,应该亦属帝王学问。此八种典籍,包括容成子、务成子两位神仙,其余尧、舜、汤、盘庚、黄帝、三王(禹、汤、武王)俱是帝王,俱是显赫圣君,却对房中之学有深入研究形之典籍,岂可小觑。可惜此八家房中之书已完全亡佚。

关于男女性事之所谓研究著作,一切文学编造故事均不能当学问看,一切性游戏描写亦不能用作研究之论据资材,因为只是杜撰,乃作家文家表达才艺,即使有深厚阅历,饱富经验,但凡是治学研究,俱要明确分别,立于学问,只能是研究性知识,而并非鉴赏文家高妙之性游戏描写。本文谈房中,自要严格取材对象。1996 年曾在中研院出版拙

---

[1]　班固著,《汉书》,卷三十,影印大陆排印本,页 1778—1779。

著《明清时代庶民文化生活》，内有专章"风月调教"，那时已大胆宣白是研究中国之性教育。敢说国人之中，我为最先。但比之西洋学者，我仍自承是末学后进。

在我之前真正发布其对中国古来男女性生活研究者为荷兰汉学家高罗佩（Robert H. van Gulik, 1910—1967）著有 *Sexual Life in Ancient China*。大陆学者李零、郭晓蕙译成中文题《中国古代房内考》。高罗佩原序提研究结论谓："余所搜集各书，除《修真》、《既济》二种外，殆可谓有睦家之实，无败德之讥者。可知古代房术书籍，不啻不涉放荡，抑亦符合卫生，且无暴露之狂，诡异之行。故中国房室之私，初无用隐匿，而可谓中华文明之荣誉也。"①我仍然宣示，此处谈房中，俱是在研究中国古代性教育之书，决不旁涉任一性游戏之书，一切小说全不引用。

《汉志·方技略》原载房中之书八家完全亡佚，今世如何予以补充，时至近期，有 1973 年马王堆古医书之出现，于是而有补充希望。盖马王堆古医书正有数种房中典籍，有帛书有竹木简书，弥足珍贵，尤其抄写年早于西汉文帝以前，而其成书自当在公元前 3 世纪之战国末期，足能当作补充之选，开列如后：

    一、《十问》(马王堆竹简书)

    二、《合阴阳》(按汉仓公受阳庆之教，其中有《按阴阳禁书》当为同性质)

    三、《天下至道谈》(马王堆竹简书，其书名乃原固有书名，最具参考性。)

---

① 高罗佩之序，乃转引自王尔敏著《明清时代庶民文化生活》，长沙，岳麓书社，2002 年印，页 152。

四、《胎产书》（马王堆帛书）①

上举四种房中典籍，原由汉文帝十二年所埋葬，其抄录自更早，医家据所有帛书不避惠帝之名讳，可证各类之书抄写而成或在秦汉之际。而其撰著成书自当更早。保守估计定为公元前3世纪中较为可靠。如此则远在李柱国校定方技略早出二百余年。用之补充方技略当无问题。

前面已提到，汉志问世以后，其中各略，自据学术正当性，而后来学者直迄当代，则殊轻视方技略，又于方技略中更轻藐神仙、房中两门。今兹面对思考，以为应藉此关节，要严正予以分解澄清。不揣冒昧，续陈各点于次：

第一，将神仙与房中纳入方技略，乃是西汉人形成之意旨与习惯，决非李柱国自专自定。《史记·扁鹊仓公列传》中，叙及公乘阳庆在吕后八年起已在其七十余岁之年传授仓公医经、脉法、五色诊，最后才有接阴阳禁书。而此接阴阳之禁书即是房中书。阳庆因早得此类典籍，自应早在高祖惠帝时期。是以今世后人不可以后世眼光习惯非讥古人。正因侍医李柱国之安排而能见出秦汉时期风习意旨。

第二，当今之医药文献学大师马继兴判定马王堆房中书之《十问》应与《汉志·方技略》之房中书有渊源关系。上面已举方技略房中八家之书。现举竹简《十问》大致。《一问》黄帝问天师，《二问》黄帝问大成，《三问》黄帝问曹敖，《四问》黄帝问容成，《五问》尧问舜，《六问》王子乔父问彭祖，《七问》帝盘庚问耇老，《八问》禹问师癸，《九问》齐威王问文挚，《十问》秦昭王问王期。此十问内涵及有关帝君神仙，在

① 房中书四种，俱载于《马王堆古医书考释》，各有详细释文，页779—821，《胎产书》；页867—976，《十问》；页977—1016，《合阴阳》；页1017—1072，《天下至道谈》。

方技略之房中八家之书,有六种有关,即黄帝三王、尧、舜、盘庚、容成、务成子(见《七问》中之务成昭),马继兴之论断,可以接受。若方技略房中诸书以圣君帝王为主,《十问》则十占其九。且帝王与神仙并列。若容成、务成子,亦彼此俱同。

第三,方技六门医家之书,房中最见特别,盖史上圣君贤主,俱被假托为后生学子向高人天师老仙求教性知识、性技巧,莫以为古代医家故示高妙学问,实则帝王真是须加教育,若不托古立说,如何使君上听从?《十问》一书,其九俱托之先王问道,真实宗旨则是向主政者进说健康人生理、心理之保育所当注意之点。用今时语言申说,即是严肃之性教育传授讲解。此是鄙人首先宣说,视之为古代性教育宗旨。上举马王堆之房中书籍,即是中国上古之性教育宝典。世人俱知黄帝有两位女老师,一是素女,一是玄女。因是而有传世之《素女经》、《玄女经》,公元 3 世纪西晋葛洪明白记载此二书之传世。自然俱是性教育书,而非性游戏描写。马王堆帛书,明白记载夏禹有一群女老师,夏禹治水九年,弄得胖手胝足、胫毛脱光,以至胡须眉毛尽白。此际却想起性知识才最重要,就向一群少艾女老师请教,其中有南娥教授一套道理,又有西娥教授一套道理,更有少娥说教最能使禹信服心悦,而有其他女老师,未尽列载。可惜凡到精彩之处,帛书俱是年久脱损,破烂不成语句,令人遗憾①。然则医家假托说教,俱不能否认其宣讲性教育用心良苦。须知此类房中书至 1973 年方见天日,1991 年方有马继兴之释文详解,可惜汉学家高罗佩,不能早见中国之性教育宝典,故当在此向世人明白宣告中国之性教育书,古已有之。

第四,我将《胎产书》列于房中一类,非自专也。盖见《汉志·方技略》房中八家之书,早有《三家内房有子方》一书,自与《胎产书》为

———————————
① 马继兴著,《马王堆古医书考释》,页 744。记载禹与群娥交谈房中知识技术。

同一类,决非任意插入。细审房中诸书,虽在论述男女性活动,以至生子育婴,则全是健康女性儿童,决不能列入妇科儿童科经方一门,乃有其书,则房中决不会视为医病,故而主张是性教育书。《胎产书》全部熟论妇女怀胎每月所当注意之身体变化,胎儿增长,饮食起居,慎防外感寒热,气虚体弱,而各月予以服食不同药剂,备极详解。由此以观,则可信此即中国古代之优生学。鄙人冒昧估断,尚祈识家教正。

第五,鄙人前者称言,以谓房中是圣人之道,学者或必疑为夸张,吾怎敢凭空乱造,盖皆本之实据。今所陈述帝王之《十问》,原有七处可供引举参证。俱在每问之终结,明指其为某家之道。愿示如下:

> 一问结语曰:天师之食神气之道。
>
> 二问结语曰:大成之起死食鸟精之道。
>
> 三问结语曰:曹敖之接阴治神气之道。
>
> 五问结语曰:舜之接阴治气之道。
>
> 七问结语曰:耆老接阴食神气之道。
>
> 八问结语曰:师癸治神气之道。
>
> 九问结语曰:此道之至也。

十问之中有七问俱以深邃妙道表其高人之解答,足以概括房中《十问》其说由来非凡。再须点明,"圣人"一词,亦并出现于《十问》原书之中①。

其实最能支持鄙人论点之据,则在于简书《天下至道谈》之最后结论,自当郑重引举于次:

> 人生而所不学者二:一曰:息,二曰:食。非此二者,无非学与

---

① 马继兴著,《马王堆古医书考释》,页 876、885、892、920、936、947、967。

服。故贰生者食也，损生者色也。是以圣人合男女必有则也。①

叙论至此，仍须承接《汉志·方技略》于房中一门之全般总论。自是出于侍医李柱国之学术观点：

> 房中者，情性之极，至道之际，是以圣王制外乐以禁内情，而为之节文。《传》曰："先王之作乐，所以节百事也。"乐而有节，则和平寿考。及迷者弗顾，以生疾而陨性命。②

李柱国亲笔点明："房中者，情性之极，至道之际。"可信其严肃重视房中为"至道"。至道云者，高深境界之道理是也。我人诚当服膺其说，而其来历今当可核对李柱国立说之前数百年，已有相同之前徵。盖在马王堆竹简房中书，已有《天下至道谈》之书，内涵纯为古性教育论述。而《天下至道谈》之题名，非后世所加，乃原有之书名，足见古人视房中术为天下最高深之道理，可证古人已视房中为圣人大道，言非诬也。

最后尚须郑重向各界人士补充解析，本人前已认真宣说，方技略之房中八家，以至后加补充马王堆竹简书、帛书四种，大胆称述，此是中国之性教育典籍，或不免遭人质疑为夸大强调，招摇欺世。鄙人自须向学界交代明白，以祛群疑。

肯定说，世传之色情小说，可谓汗牛充栋，却全是性活动描写，性游戏情趣。虚构男女主角人物故事，曲折迂回，旖旎委婉，情节动人，具文学效力，可供人欣赏陶醉，学者自能就文学艺术立点，研究探讨。至若就性教育、性知识技术而言，严肃看待，当不须取色情说部作资材，自当另有所取。

鄙人浅见，认定只有方技略房中八家之书属性教育资材，后补之

① 马继兴著，《马王堆古医书考释》，页 1046。
② 班固著，《汉书》卷三十，艺文志，页 1779。

马王堆简书帛书四种,以及传世之《素女经》、《玄女经》得以称为性教育之书。诸书与色情说部性游戏之书之不同点,暂举如下各点:

其一,性教育之书,全不用人物故事。各书标准一致。

其二,讲身体部位细节,基于医家之生理剖析,包括全身各部,决无说部注重之点,与加大渲染描述。

其三,以客观笔触叙述性心理生理反应,亦有反应之先后次序描写,则俱属医家生理学解析记注,丝毫不涉性游戏之趣味介绍。

其四,只介绍性知识、性技术,丝毫不涉性游戏,所持是医学立场,而非文学立场。敬请识家取其书而读之。

六、结　论

《汉书》为断代史之先范,具有规模体制,尤重保存古字,虽有移抄前籍,而多存蓄前代史料,尤其不改前人用字,不自我作故,盖皆先世史家之共同风习。太史公司马迁亦抄古文《尚书》,世所共喻。

《汉书》问世,后之学者代有补注,以颜师古注有名。王先谦补注要为最详博。惟有学者独钟意于《汉书·艺文志》,乃作专门研究,前已略叙,不暇重述。诸家学者中,章学诚以《校雠通议》三卷专门议论班固《艺文志》,诸多检讨批评,而中心称誉其为千古学术之渊源。特指考镜源流,辨章学术,奉为研治学术者当循之圭臬。然《艺文志》并非班固所作,而袭刘歆《七略》增删补注而成,合共六略,俱存西汉本原,具见史家忠诚谨慎之概。可惜刘向《别录》、刘歆《七略》俱已亡佚,惟恃《艺文志》尚足备为后世参考,乃使章学诚珍视而论述之。每略并各辟专章,合并刘略班志检示学术体制门类之分别归趋,足供后学参酌比较。

后世专门研讨汉志者,大有轻重之别,而其方技略最受轻忽,章氏《校雠通义》,第一卷分述总纲、体例、宗旨;第二卷校补全志并批判史家郑樵、焦竑；第三卷分论汉志六略，而六艺、诸子两略大占篇幅，至方技略则只占一页，本文已加全文引叙。可信前人殊不看重方技略，可以说《七略》成书以来，方技略是最受冷落。

相积二千年，事到 20 世纪 90 年代，久经沉寂，而因马继兴刊布其大著《马王堆古医书考释》（1992 年问世），乃使方技略获得补充机会，余读其书，超过五遍，若干核要之处，反复审度不下七八遍，乃有一点冒险之心，尝试与方技略拉上关系，无非藉以补充方技略之亡佚阙漏。今遂鼓勇作一翻搜讨检索，浮泛之见，狂妄之断，自足惊世骇俗，蓄之意念，冒昧公之于世，务求识家怜而教之。

古人将神仙、房中列入方技，有其渊源背景，并实为医家当行，我辈后生不能妄讥其后。拙文实已用心疏解，信与不信，各凭学问识见，吾决不故妨他人异说，惟心坚信不移。

实则神仙、房中两门学问，尚有广阔空间可供游骋才识。20 世纪以来，神仙一门仅有闻一多之作，房中一门，仅有高罗佩之作。而从容审鉴，学界各家尚可采择而研治之。文章是天下公器，幸勿犹豫彷徨。

附记：本文系于 2012 年 6 月 17 日在中研院近代史研究所之讲演稿。

辛卯正月初七日（2011 年 2 月 9 日）草成于多伦多之柳谷草堂

秦汉时期神仙学术之形成

一、绪　言

当今自 20 世纪以来，中国学界各类专门名家，大多注重科学，即 19 世纪以上之格致，西方名词谓之 science。科学号称万能，形成一种新时代之大众信仰，虽独尊科学，却亦实居百学之首。

生当科学昌明之世，人人竞言科学，自然睥睨宗教，反对迷信，定会有人敢谈神仙，为时代之大不韪。

我生于 20 世纪，追随风尚，向来俱必从众，一例极其崇拜看重科学。同样主张破除迷信。

其实际无论常人以至学者，自是坚定反对迷信，但亦不与宗教为敌。反宗教者固自大有其人，而亦多有科学工作者信仰宗教，中外俱能常见，无待查证。若要换换对象，放下宗教改谈神仙，那就必然会大受他人揶揄。无论科学家信仰基督教、回教、佛教、锡克教等等，那是信仰自由，无人可以干犯。若要一讲神仙，就不免被人看成是迷信，自会被人轻鄙小看。因是自 20 世纪以来，很少有人谈神仙。

我本来伏服潮流,一向不谈神仙,当作迷信,以免遭人议论。不过数十年来,既须研究学问,又须在学校讲历史,却躲不过碰上了神仙这一门领域。数我国学界风流人物,百分之九十九是不免轻鄙、嘲讽、排斥、诅咒中国史上的神仙传说。只有万分之一二(20世纪一代之学者教授不下万人,决不未减)敢于冲决迷阵,大胆做文考论神仙。20世纪百年,只有二人,一是史家顾颉刚,一是文家闻一多。我并不宗信二人之说,实是佩服两人勇气,看到21世纪方只有我一人敢谈神仙,此是学问,不能规避,此是论题,必须面对,此是科学,并非迷信,我有自信方敢操觚,非儿戏也。写来传世,负使命也。

神仙并非宗教,自有信者,亦富迷信,为中国史上独有之一门。道教成立,全般吸收,乃构成道教一部门内涵,本身自具重要性,道教加以利用,故神其说,使迷信成分扩大而加重,此是实情。要谈神仙自须摆脱道教,专论神仙,顾颉刚、闻一多之文,俱完全不提道教,盖道教晚出,无必要谈到它。看来顾颉刚、闻一多决无迷信成分,并未进入道教领域。道教系中国本土宗教,仍待名家硕学深入研究,当成学问,必有贡献。吾论神仙,亦非反对道教,盖在论题意涵,无关涉之处也。

在此科学主义(scientism)盛行时代,人人俱要破除迷信,神仙自早已被深度感染迷信,岂有人再愿理会? 在20世纪一百年中,学者教授逾万计,专门名家逾千计,大师鸿儒逾百计,少人愿研究神仙当成学问。今到21世纪,我会投入研究,大有反潮流之危险。不过在芸芸众生之中,20世纪前半已有顾颉刚、闻一多两位,敢于冒此危险,各有其申说,实可奉为时代先驱,我自敬服。可惜所生也晚,只能到21世纪赶上他二人,落后半世纪,不得称为先知先觉,追随前贤而已。我自坦荡荡,勇敢迈步做此研究,尚望学界安坐比观,冷静评估。

一、20 世纪神仙说名家

在 20 世纪科学昌明之盛世，学界以至社会人群，普遍风从影响，俱一致破除迷信，打倒偶像。有谁敢于反对？一旦有人大谈神仙，那真违反潮流，倒行逆施。若非有真知灼见，那敢贸然尝试？学问家之可贵可敬，即在于有信心揭破尘封，启发迁执，本之于学问，以博考深察，详审中国史上之神仙传说，提供世人参考。于当今盛行科学之世，澄清世人之观感。当今名家，只能举示顾颉刚、闻一多二人以为代表。

甲、顾颉刚的神仙说

顾颉刚是 20 世纪 30 年代至 70 年代一位史学大师，我向时至今提到他的文章有三篇，顾氏乃古史名家，著作丰富，所跨门类甚广，不但精于《尚书》、《春秋》，专擅大家，亦长战国、秦汉之史，亦于近三百年思想健长，大学开课甚多门类，此外亦精擅历史地理以及方志，抑且注重民俗包括孟姜女、嫦娥、尾生、织女、牛郎传说亦有著作，且亦搜求地方歌谣如笑歌，亦并注意《红楼梦》、《浮生六记》，大抵文史俱长，台湾学界古史人才不能望其项背。吾作检索入手，而就今人王煦华所著之"顾颉刚先生学术纪年"所收藏顾氏生平著作，远多于吾所举者数倍，不能尽量纳入此文也①。

吾所注意者不在顾氏专擅之《尚书》、《春秋》，而却用心于其所著之《秦汉的方士与儒生》一本小书，应是在 1955 年成书，其序文写于此年 2 月 25 日。曾在香港阅读过，但我在台北购到一本《汉代学术史略》（宏业书局出版），实则删去其序文，刊削作者名氏。而掩盖大陆

---

① 《纪念顾颉刚学术论文集》上、下二册，成都，巴蜀书社，1990 年印，页 1067—1070。

作者以避政治远祸。乃书商低级手法也。幸能买到，终是方便阅读。

顾氏此书决无政治影射，却有史识偏见，盖从负面观点评论方士与儒生。全书二百二十四页，共分二十一章，简洁条畅，不直引史料，却具有深厚学术功力，短短数语，即是学问，甚值一读再读。从秦始皇论到曹丕篡汉，表达秦汉时期政治思想与学术流变，著此书时顾氏已六十二岁，应早熟读《史记》、《汉书》，无此基础，无法成书，自当看重。我所注意而引重者，即在书中大谈神仙，其第二章封禅论，有所传而不须参考，必须引用者为第三章之"神仙说与方士"及第五章"汉武帝的郊祀与求仙"，自将于本文中论述估断。

顾颉刚论神仙，一开端即有明白宣示，他说道："仙人，是古代所没有的。"此话简洁明确，却代表他精熟于古代史事，凭其阅历经验，提出这样论断①。

对于顾氏此说，我是服膺而信从。我在本年（2011）初曾做文谈到中国的神仙说，文中宣示上古夏、商、周，乃至春秋、战国，俱无神仙思想。神仙说起始于秦始皇统一六国之后，可参拙文覆按②。因是乃为鄙人服从顾氏论断之第一点。

顾氏之书，专列"封禅说"一章，表明神仙学说，是因封禅而起③。此点识断，亦颇服膺信从，是乃鄙人领受顾氏识见之第二点。

有关封禅问题，决非秦汉时期提出，早在春秋公元前七八世纪时，齐桓公霸业鼎盛，想行封禅之礼，为管仲说服阻止。故《管子》有封禅一篇，但早亡佚。司马迁著《史记》特辟"封禅书"述论秦皇汉武之行

① 顾颉刚著，《汉代学术史略》，台北，宏业书局，1972 年印，页 12。
② 王尔敏撰，《〈汉书·艺文志·方技略〉之医药学术体系》。2011 年 6 月 17 日在台北中研院近代史研究所讲演宣读，并印稿百余分，分发来宾阅读，迄未刊布问世。
③ 顾颉刚著，《汉代学术史略》，页 8—11。封禅说。

封禅礼,所引述齐桓、管仲对话,当原为《管子》书中所载,当非杜撰。顾氏注意重要之点,在于儒生议封禅礼、方士造神仙,俱在于附庸皇帝,投其所好。此即鄙人服从顾氏识断之第三点①。

顾颉刚于其书第三章标题为"神仙说与方士"②,明确申论燕齐方士杜造故事,谎说仙山、仙药、仙人长寿不死,用以欺惑世主,而得宠遇。其说吾亦倾信服膺。自为鄙人第四项信从之点。对以上四点,吾无异议,愿藉拙文传播示世。

至于顾颉刚于其书中,推证神仙说创生之原因背景。

顾颉刚自是史学大师,学识渊博,功力深厚,但其演论神仙说之创生起因,我则未尽同意其说词,实则反对其意见。自须引其原文以观。顾氏论神仙,要先从人鬼说起,我最反对。我认为神仙是活人做的,不是拿死去的人来担当,此点一定在今时也是违反常识,我会在本文交代,总而言之,此是反对顾氏说之第一点。下面要引顾氏原文,也是我要反对的顾氏学说,引示如下。

> 古代的人没有很多的自由,他们也想不到争取自由。因此,他们没有在意识中构成了一种自由的鬼,浪漫地游戏于人世之外。像战国以来所说的仙人。③

顾氏此说,你或许会欣然接受,我则反对。我看此是 19、20 世纪洋鬼子的思想观点。顾氏早在不知不觉中受了洗脑。古人是并无自由之

① 此处以谓《史记》封禅书,当有所本,信其所引《管子》书。其可证者,司马迁之前,文帝之时已有《淮南子》书,在其"齐俗训"中,述论古之封禅礼仪,原名不同。兹引原文:"尚古之王,封于泰山,禅于梁父。七十余圣。法度不同,非务相反也,时世异也。是故不法其已成之法,而法其所以为法。所以为法者,兴化推移者也。夫能兴化推移,至贵在焉尔。"载陈广忠著,《淮南子译注》,长春,吉林文史出版社,1990 年印,页 511—512。
② 顾颉刚著,《汉代学术史略》,页 12—17,神仙说与方士。
③ 顾颉刚著,《汉代学术史略》,页 12。

觉识,亦不曾感受自由有何重要。并没有失去自由的恐慌,亦未感受被剥削自由的痛苦。活着不尝要自由,死去做鬼亦不致有飞升遨游享受自由的福分。而且鬼的意见亦是活人想出来的。因是神仙思想与自由思想无关故而不是创生神仙思想的动因。此是要反对顾氏说理之第二点。

顾颉刚也很诚实地说到:"最早的仙人史料,现在也得不到甚么。"为此他举示《庄子》书所讲的"真人",可以"入水不濡,入火不爇"。又举庄子所说之列御寇,可以驾风而行,随时遨游四海。以此说明古之仙人行径。又举屈原所作"远游"所说的:"悲时俗之迫阨兮,愿轻举而远游。质菲薄而无因兮,焉托乘而上浮。免众患而不惧兮,世莫知其所如。"①顾氏用来代表古书中所示之神仙例证。你或会赞成其说,我则根本质疑。《庄子》及《楚辞》所载,未提及仙人。后人可以推为仙人即是如此。其实是中国古代极稀见的超人说,庄子所说姑射山上的真人是吸风饮露,且可飞升驾云出游。加上列御寇,俱是超人。先秦诸子只有此一家之说。后世跟风,各样迂怪载记,可以汗牛充栋,俱入于小说传奇。正宗学者称之为不经,自然无法进入学术主流。庄子是始作俑者。道教概括吸纳,仙真合一,实非古人原意。吾不以为是神仙一类,自不信从,此是反对顾氏理说之第三点。

总体来说,我信从顾氏之观点有四点,反对顾氏论断有三点。但不妨碍他人是否信从。

乙、闻一多的神仙说

闻一多专门著有"神仙考"一文,属于严肃研究之学术论文。广征博引,内容丰富,充分表露其学术造诣,足称是一家之言。但我读其

---

① 顾颉刚著,《汉代学术史略》,页13—14。

文，多半不能同意，完全不能信从其论断①。

闻一多之"神仙考"，近三十页，排字比顾颉刚之书更密，篇幅既多，论述自详。提出观点多出研究创说，引据资料更是繁多。除非本人特别看重，实亦无法一一引其原文。惟在闻氏大文开端数语，则表现其识断卓越，与常说大不相同，当须举示，提供参证：

> 最大多数铜器铭文的最大共同点，除了一套表示虔敬态度的成语外，就是祈眉寿一类的嘏辞。典型的儒家道德观念的核心，也是个"敬"字。而《洪范》五福第一便是"寿"。这表明以"寿"为目的，以"敬"为手段，是古代人生观最大特色。这观念的背景是甚么？原来"敬"、"惊"、"儆"最初只是一字，而"祈眉寿"归根无非是"救命"的呼声。在人类支配环境的技术尚未熟练时，一个人能不死于非命，便是大幸。所以嘏辞又曰"灵冬"。《诗》曰"令终"。五福之五曰"考终命"，皆以善终为福。曰"眉寿"，曰"令终"，可见那时的人只求终死，求正死，不作任何非分之想。②

闻氏大文开门见山，卓论不刊，表现思辨精神，一语中的。堪称超越恒流，见识成熟。令人钦佩，我自服膺从信，充分接受。

闻一多谈神仙，既已开宗明义，点出题眼，但在大文展论广征史料，深入探讨之申解时，各样说词，多使我难于从信与接受。由于内容太多，篇幅太大，只能简略商榷于下。

其一，闻氏神仙考，在接下去申论神仙思想起源，以大量篇幅举证说明齐国姜戎，原出羌氏，羌氏之民以战死焚尸得以灵魂升天，变成神仙。其论断肯定说出神仙之始出于西方，在于氏羌。主旨在肯定死后

---

① 闻一多著，《神话与诗》，1947 年原版，1975 年台湾蓝灯文化出版公司印，页153—180，神仙考。
② 闻一多著，《神话与诗》，页 153。

灵魂不灭,常为神仙①。似此闻氏用心研究我很佩服,却完全不能信从。

有十分显见之矛盾,可以见出闻氏展论与其开端前提立旨相反,可举其言以供比较:

> 人能升天,则与神一样,长生、万能,享尽一切快乐。所以仙又曰"神仙"。升天后即有那些好处,则活着不如死去。因以活着为手段,死去为目的;活着的肉体是暂时的,死去所余的灵魂,是永久的。暂时是假的,永久是真的,故仙人又谓之"真人"。这样看来,神仙乃是一种宗教的理想。凡是肉体能死,死而能毁的人,灵魂便能升天而成仙。②

闻一多说到此处,把"神仙"说成宗教之理想,未免太过涂饰史实本质,完全违反中国古人自来之本愿。吾自不会信从。中国人自古至今,俱都盼望长生永寿,善终正寝。闻氏谬论,引书虽富,亦不免荒腔走板。

闻一多精擅于中国诗学,特长在楚辞,颇具有浪漫思想,是以对古来神话,兴趣至高,研考亦深,此类文章,俱能超越恒流,睥睨文界,多能传世。故其演论神仙,归趋于摆脱尘世之烦嚣污浊,飞升成仙,超然物外,享受绝对自由。把神仙说得逍遥自在,一无牵拘;长时闲散悠游,唯在享乐。兹举示其说,以供比观:

> 在原始人生观中,酒食、音乐、女色,可谓人生最高的三种享乐。其中酒食一项,在神仙本无大需要,只少许琼浆玉液,或露珠霞片,便可解决。其余两项,则似乎是他们那无穷而闲散的岁月中唯一的课业。③

———————

① 闻一多著,《神话与诗》,页154—158。
② 闻一多著,《神话与诗》,页161。
③ 闻一多著,《神话与诗》,页162—163。

在闻一多笔下,做神仙是何等自由清闲,除音乐、美女别无所事,令人
歆羡。而在鄙人看法,却完全不同。以为做神仙比常人更忙,功课多
而繁重。闻一多亦大引举《抱朴子》,读了此书而尚不能看出神仙功课
繁重,忙得难以分身,未免太过疏忽。我自会在本文有所演述,总之,
闻氏此说决不能从信。

三、秦皇汉武好神仙

现在轮到我来谈神仙,自是落在顾颉刚、闻一多之后有七十余年,
岂可不自居为后生晚辈?遥想两位前徽在科学昌明时代,人人张口科
学闭口科学之潮流下,而敢谈论神仙,当可知其所具学问自信,见识轶
越恒流。靡不敬佩其勇任大胆。由于顾颉刚、闻一多二人时代相近,
所参阅史料亦多半相同,前举闻一多主张人死后成仙,而顾颉刚亦是
所见略同。可举示其说为证:

> 最早的仙人史料,现在也得不到甚么。只从"封禅书"里知道
> 燕国人宋毋忌、正伯侨、羡门子高等都是修仙道的。他们会不要
> 这身体,把魂灵从身体中解脱出去,得到了一切自由。①

我直引顾氏之说,自然要证明其观点与闻一多完全一致。而须指出
者,乃是凭顾氏之学识渊博,他实亦明白宣告古代之神仙史料也是很
罕见很稀少的。鄙人知识不出其范围,正是所据可靠材料是很有
限的。

甲、秦始皇的访求神仙

若谈秦始皇的访求神仙,正确史料只有两种,一是《史记》中的

---

① 顾颉刚著,《汉代学术史略》,页12。

"秦始皇本纪",一是同一书的"封禅书",而"秦始皇本纪"才是最主要可根据之资料。

关于秦始皇以前的神仙说来源,更古者自完全无有,即使战国时期诸子百家之书再加《战国策》实是全部文献,亦毫无神仙记述。所能倚恃之史料,只有"封禅书"里提到一点简略记述,可以列举如次:

> 是时苌弘以方事周灵王,诸侯莫朝周,周力少,苌弘乃明鬼神事,说射"狸首"。"狸首"者,诸侯之不来者。依物怪欲以致诸侯。诸侯不从,而晋人执杀苌弘。周人之言方怪者,自苌弘。①

太史公果是伟大史家,能将此类迁怪方术首入史乘,正显见其学力识力过人。我据此史料,信持为神仙说最早之滥觞。不过神仙思想尚未出现。

古有封禅礼,春秋齐桓公欲行之,为管仲阻之,议及古有七十二君行封禅,可记者唯十二君。原载《管子》书,然早佚,司马迁补述于其"封禅书",但言,向未能知采何礼仪。至秦始皇二十六年灭六国统一寰宇,乃于二十八年登泰山行封禅礼。"封禅书"所记,可供参证,举示如次:

> 帝位三年,东巡郡县,祠驺峄山,颂秦功业。于是征从齐鲁之儒生博士七十人,至于泰山下。诸儒生或议曰:古者封禅为蒲车,恶伤山之土石草木。扫地而祭席用菹秸。言其易遵也。始皇闻此议各乖异,难施用,由此黜儒生。而遂除车道,上自泰山阳至巅,立石颂秦始皇帝德,明其得封也。从阴道下,禅于梁父。其礼颇采太祝之祀雍上帝所用,而封藏皆秘之,世不得而记也。②

① 司马迁著,《史记》卷二十八,台北,明伦出版社影印大陆排印本,页1364,封禅书。
② 司马迁著,《史记》卷二十八,大陆排印本,页1366—1367,封禅书。

据此记载看来,史书所见之封禅礼,可考者自秦始皇起。

何以把封禅连带至于神仙事? 实在彼此有关俱发生于始皇二十八年,在"封禅书"接着记载:"于是始皇遂东游海上行礼祠名山大川及八神,求仙人羡门之属。"①乃是访求神仙跟着而来。

司马迁接下来的记载,是有关方士成为神仙家之生成起始背景而载八史乘最重要之一笔记录,颇值引举,以供参酌:

> 自齐威、宣之时,驺子之徒,论著终始五德之运,及秦帝而齐人奏之。故始皇采用之(事载秦始皇本纪)。而宋毋忌、正伯侨、充尚、羡门高最后皆燕人。为方仙道,形解销化,依于鬼神之事。驺衍以阴阳主运,显于诸侯,而燕齐海上之方士传其术不能通,然则怪迂阿谀苟合之徒自此兴,不可胜数也。②

太史公此段记载应有所本,但除"封禅书"外,不见于战国时期任何著作,若谈秦始皇统一六国以前之神仙道起源,则只有此一孤证,留存于世,自是可珍视也。必须附说,《史记》所载宋毋忌、正伯侨、充尚及羡门高,汉代以来注家均谓是古之仙人或为火神,实非常人,与秦始皇时期所出现之安期生寿长三千岁,恐俱为方士所假托,盖出于虚构也。故鄙人以为自秦始皇统一区夏之后,方有可信之方士名姓。

封禅纪盛,并亦见于"秦始皇本纪"内容相同,但本纪详载封禅刻石颂文,太史公不厌其详,后世俱得共见。

始皇二十八年封禅之后,立即有方士齐人徐市上书海上三神山蓬莱、方丈、瀛洲有仙人居住,有仙药可取,因是秦始皇发童子男女数千乘船随徐市入海求仙药,此史世人共知,不须直引原文③。

---

① 司马迁著,《史记》卷二十八,大陆排印本,页1367。
② 司马迁著,《史记》卷二十八,大陆排印本,页1368—1369。
③ 司马迁著,《史记》卷六,大陆排印本,页247,秦始皇本纪。

始皇三十二年使燕人卢生求羡门、高誓。又使韩终、侯公、石生求仙人不死之药。俱收载于本纪①。

秦始皇焚书,史书俱载,世人俱知。无关于本文重点。而坑儒发生于始皇三十五年,在焚书之后,乃因方士侯生、卢生背叛逃亡,引致始皇盛怒,遂下令御史审问究治,乃悉将儒生四百六十余,坑埋于咸阳。兹引《史记》原文,以见其起于求仙方士之不忠而连及诸生至死,世人当据史以知其实情:

> 侯生、卢生相与谋曰:"始皇为人,天性刚戾自用。起诸侯,并天下,意得欲从,以为自古莫及己。专任狱吏,狱吏得亲幸。博士虽七十人,特备员弗用。丞相诸大臣皆受成事,倚辨于上。上乐以刑杀为威,天下畏罪持禄,莫敢尽忠。上不闻过而日骄,下慑伏谩欺,以取容。秦法,不得兼方,不验,辄死。然候星气者至三百人,皆良士,畏忌讳谀,不敢端言其过。天下之事无小大皆决于上,上至以衡石量书,日夜有呈,不中呈不得休息。贪于权势至如此,未可为求仙药。"于是乃亡去。始皇闻亡,乃大怒曰"吾前收天下书,不中用者尽去之。悉召文学方术士甚众,欲以兴太平,方士欲练以求奇药。今闻韩众(即前引之韩终)去不报,徐市等费以巨万计,终不得药,徒奸利相告日闻。卢生等吾尊赐之甚厚,今乃诽谤我,以重吾不德也。诸生在咸阳者,吾使人廉问,或为妖言以乱黔首。"于是使御史悉革问诸生,诸生传相告引,乃自除。犯禁者四百六十余人,皆坑之咸阳,使天下知之,以惩后。②

始皇坑儒乃是求仙药方士惹起者,殃及儒生,为千古文劫酷案,永存史鉴。

---

① 司马迁著,《史记》卷六,大陆排印本,页251—252。秦始皇本纪。
② 司马迁著,《史记》卷六,大陆排印本,页258。秦始皇本纪。

嗣后，始皇仍不断巡于海上，冀望能遇仙人，旨在仙药。终于始皇三十七年，巡幸中道，病死沙丘。既未能见到神仙，亦未取得仙药。虽然访仙不及，而方士已以灵芝代仙药，见于始皇本纪。此亦可见方士于医药知识有其贡献。

乙、汉武帝之求访神仙

《史记·封禅书》载记汉武之行封禅及求神仙，更较秦始皇为详，盖俱出于司马迁亲身所见，封禅亦在随行之列。本当集中参阅"封禅书"，然于武帝访求神仙以及所为行事与礼遇方士，虽亦毫无遗漏，然在班固《汉书·郊祀志》，则内容更加详细，《史》、《汉》二书，可作对比互校。此处谈汉武行事，将取《汉书》为主，而旁参《史记》。

秦始皇开始统一天下，即要行封禅礼，而武帝十六岁即皇帝位，一切颇受太皇太后窦后所拘限，难有兴作，六年后窦后薨，方有机会大展雄图。武帝雄才大略，南征越南，北伐匈奴，西征大宛，武功甚著。同时亦效始皇常巡天下名山大川，很是热衷行封禅礼。自元封六年以至晚年征和四年，修封泰山有六次之多，本纪俱有记载①。

汉武行封禅礼，载于《史记·封禅书》较详，前有始皇先例，武帝亦无所更张，只是一切如前仪，是以不须再有展述。惟一须说明者，武帝行封禅礼与方士无关。而武帝之亲接方士，访求仙人仙药，实远早于其行封禅礼有许多年。在元封时期，方士栾大已被封为"通乐侯"，并为五利将军，正是位高权重，更是远在李少君、少翁之后，故谓二者无甚关联。

单以访求神仙而言，汉武于秦始皇决不少让，实远过之。秦始皇

---

① 班固著，《汉书》卷六，大陆排印本，台北，明伦出版社影印，页155—215，武帝本纪。

真不如也。汉武招徕方士多,赏赉厚,信任专,花费豪巨,俱远超过秦始皇。

汉武所遇方士甚多,而史书所载著名者重要者有五人,则为李少君、少翁、栾大、公孙卿,皆齐人,只有缪忌为亳人,史书亦称为薄忌,盖言亳(薄)之人名忌。而前者四人皆言为齐之方士。《史记》、《汉书》均有载述,当于此略论此四位方仙家。

汉武好神仙,不但热切超过秦始皇,而且起步甚早,特别是早于封禅之前。当窦太后驾崩后,英少年之汉武就遇上方士李少君。《史记》、《汉书》俱有详记。今据《史记·封禅书》引举为证:

> 是时李少君亦以祠灶、谷道、却老方见上(指武帝)。上尊之。少君者,故深泽侯舍人,主方。匿其年及其生长,常自谓七十,能使物,却老。其游以方遍诸侯,无妻子。人闻其能使物及不死,更馈遗之,常余金钱衣食。人皆以为不治生业而饶给,又不知其何所人,愈信,争事之。少君资好方,善为巧发奇中。常从武安侯(田蚡)饮,坐中有九十余老人,少君乃言与其大父游射处,老人为儿时从其大父,识其处,一坐尽惊。少君见上,上有故铜器,问少君。少君曰:"此器齐桓公十年陈于柏寝。"已而案其刻,果齐桓公器。一宫尽骇,以为少君神,数百岁人也。[1]

李少君亦有一些祠灶、使物、致黄金、益寿、见海上仙山蓬莱不死之药,向汉武陈说。汉武俱信。然不久少君死去。汉武以为形解仙化,不信其死,当知信任之专。

接着又有亳人缪忌,奏祠太一方。史书多称之为薄忌,薄同亳义,实同一人。汉武信其说而为祠祀太一。其事俱载《史记》、《汉书》,虽

---

[1] 司马迁著,《史记》卷二十八,大陆排印本,页1385。封禅书。

非燕齐之士,实亦方士之徒。

薄忌后数年,有齐人少翁,以方见汉武,其情事曲折,今世为电影收材渲染,世人熟知。然宜引据原文,以见其真,兹举《汉书·郊祀志》为据:

> 齐人少翁以方见上。上有所幸李夫人,李夫人卒,少翁以方盖夜致夫人及灶鬼之貌云。天子自帷中望见焉。乃拜少翁为文成将军,赏赐甚多,以客礼礼之。文成言:"上即欲与神通,宫室被服非象神,神物不至。"乃作画云气车,又各以胜日驾车辟恶鬼。又作甘泉宫,中为台室,画天地泰一诸鬼神,而置祭具以致天神。居岁余,其方益衰,神不至。乃为帛书以饭牛,阳不知,言此牛腹中有奇,杀视得书,书言甚怪。天子识其手,问之,果为书。于是诛文成将军,隐之。①

少翁姓氏不见于《史记》、《汉书》,然竟封之为文成将军,燕齐方士能做到将军,秦始皇决办不到,正见汉武之宠重方士。复能诛杀,足见不甘受骗。

汉武所重齐人方士占绝对多数,抑且恩赏礼重最厚。而厚中之高厚,要推数武帝元狩年间齐人栾大,现今编入电影,情节曲折,最能启发深思玩味。可以引举《汉书》所载:

> 其春,乐成侯上书言栾大。栾大,胶东(王)宫人,故尝与文成将军同师,已而为胶东王尚方。而乐成侯姊为康王后,无子。王死,它姬子立为王,而康后有淫行,与王不相中,相危以法。康后闻文成死,而欲自媚于上,乃遣栾大入,因乐成侯求见,言方。天子既诛文成,后悔其方不尽,及见栾大,大说。大为人长美,言多

① 班固著,《汉书》卷二十五上,大陆排印本,页 1219—1220。郊祀志。

方略，而敢为大言。处之不疑。大言曰："臣常来往海中，见安期、
羡门之属，顾以臣为贱，不信臣。又以为康王诸侯耳，不足与方。
臣数以言康王，康王又不用臣。臣之师曰：黄金可成，而河决可
塞，不死之药可得，仙人可致也。然臣恐效文成，则方士皆掩口，
恶敢言方哉。"上曰："文成食马肝死耳。子诚能修其方，我何爱
乎？"大曰："臣师非有求人，人者求之。陛下必欲致之，则贵其使
者，令为亲属，以客礼待之，勿卑，使各佩其信印，乃可使通言于神
人。神人尚肯邪不邪，尊其使然后可致也。"于是上使验小方，斗
棋，棋自相触击。①

其时汉武正受黄河溃决，冀获神助，遂封栾大为五利将军，佩六信印，
位在上将军，遂封大为乐通侯，赍金十万金，赐二千户，并以近亲卫夫
人长公主下嫁栾大。并赐列侯甲第、僮仆千人。栾大见天子不过数
日，而位致列侯，佩六印，名震天下，而使燕齐之士，竞言方仙之道，不
死之药者甚众②。

栾大如此幸进，岂能久长？其说不能中，无法支吾掩饰，才智用
尽，终亦败露。汉武终亦诛杀除之。其上举各样访求仙药故事，俱在
行封禅之前，自见无所关涉。

栾大被诛之后，汉武仍继续求仙药，又有齐人公孙卿，能与神仙
通，常至山东琅玡，候见仙人。见到有大人迹，武帝信之。公孙卿为方
而随侍天子，较为警惕小心，终能维持长久，终越之世无事③。

汉武虽然十分热衷神仙，所得结果与秦始皇相同，即是一直到死，
未能见到神仙。比秦始皇不同者，宠遇方士更高更重，杀最少。求到

① 班固著，《汉书》卷二十五上，大陆排印本，页1222—1223，郊祀志。
② 班固著，《汉书》卷二十五上，大陆排印本，页1223—1224，郊祀志。
③ 班固著，《汉书》卷二十五上，大陆排印本，页1227—1237，郊祀志。

何等仙药？史书不明，然有一仙药故事，分见于《史记》、《汉书》，是即大手笔在宫中建造"柏梁台"，用铜铸造，大七围，高二十丈，上有铜人，手托铜盘。每晨起收取天赐露水，名曰甘露，武帝服下，视为仙丹。今时药局可以贱价买到蒸馏水一瓶，足供武帝三天服用。性质相同。为服仙人甘露，轰轰烈烈，扰扰攘攘，所得如此。真是其智可及也，其愚不可及也。天下伟大雄主祸国殃民者，出手怪招，远迈秦皇汉武，千万生灵涂炭，真可悲也。

四、从方术到方技：神仙学术成形

我人论史，所遇特殊功能之字词，须明晓其义旨并申解于后世，往往甚费思辨难有疏通。本文自始论及秦皇、汉武求神仙而引重方士，史载俱详明列载，不待考辨也。然而方字实义，颇费辨解。何以必称方士，亦不易解答。方士有名姓者连传说人物，俱晚出于战国后期，而首载者则为《史记·封禅书》，及"秦始皇本纪"。前节已引举封禅书所载宋毋忌、正伯侨、充尚、羡门、高誓，盖皆传说中之人物，俱言出于战国后期邹衍后学，不能绍述邹衍之道，而转之为方仙道，形解销化，依于鬼神之事（引"封禅书文"）。由是而燕齐海上方士蔚起。盖方仙、方士词旨，自此出现。出于司马迁所记。盖方仙、方士所经营之方术，至晚亦当创生于秦始皇吞并六国之前。"方"字之用途，商周两代俱指方向、方位、方域等义。而至此则仅指于方术，即神仙之道术。然实并含有方法之义，甚是重要。

秦皇、汉武求神仙，乃为己也，弥望长生永寿、不老、不死。而方士大责重任，在求不死之法、长生永寿之药。方法不得误，仙药要有效，在在使方士遍寻仙草良药，以供秦皇汉武服用，遂至发明本草，深研药效，则可使于服之长生不老。是即由方术而达于实际之方技，故谓医药之事即方技也。由方术转入方技，乃使神仙之学形成专门，是乃本草之学也。兹于本节分述神仙学术之形成。

甲、刘向《列仙传》演述之神仙行事

《列仙传》，世传出于刘向所作，清代学者疑为出魏晋方士所为。先业师王叔岷著《列仙传校笺》①为序论证，举汉人（后汉）许慎《说文解字》及张衡《思玄赋》俱直引《列仙传》人事，则可知东汉已早有流传。至较晚之晋人左思《魏都赋》，直引《列仙传》人物故事，葛洪著《神仙传》，其序直言刘向作《列仙传》而直引传中人物达三十人。则信魏、晋时期《列仙传》流行更广，必非出于魏晋，东汉既许慎、张衡引称，亦必据其书流通之后而采辑。向上逆推即至西汉之末矣。

包括王叔岷序文提示，《列仙传》述上古以来各代神仙，直迄西汉时期，书中所见，于西汉引称吕后、景帝、武帝、昭帝、宣帝，以至成帝。其下未再提哀、平二帝，当知晚至成帝，其书方得撰成问世。如非刘向所作，亦当视为西汉末年之书，如此方足以在东汉时期流传于世。凡此俱依王叔岷师之序而据为定说也。鄙人著作提及王叔岷师者，此为第六种论著矣。

王师之序乃慎重举证，论断保守，未竟肯定《列仙传》出于刘向之手，惟阅读王书最后，则载有王叔岷夫子著书回忆之诗二首，其中一首，则可见夫子已肯定视《列仙传》为刘向所作。兹举以供参证：

---

① 王叔岷著，《列仙传校笺》，台北，中研院文哲研究所，1995 年印，王氏前序。又晋葛洪著，胡守为校译，《神仙传校释》，北京，中华书局 2010 年初版。葛洪原序云："昔秦大夫阮仓所记有数百人，刘向所记又七十一人。盖神仙幽隐，与世异流，世之所闻者，犹千不及一者也。"此语之下，广引《列仙传》刘向所记之神仙有三十位。按：胡守为校释之葛洪《神仙传》，近在 2010 年出版，余已首购备用。实因昔年在香港已与胡先生相识，彼当年长于我，喜其健在。胡守为先生乃广州中山大学史学系教授，80 年代初，来香港中文大学访问，乃得相识也。今引其书，特略述三十年前相结识。

　　　　刘向尊君传列仙，离奇词义待疏笺。

　　　　模糊旧稿重清理，一去流光五十年。①

此诗虽在慨叹往昔治学累积文稿，终在晚年成书。实亦表明相信《列仙传》成于刘向之手。

　　此外，清儒洪颐煊为王照圆所作《列仙传校正》作序，经其考证比较，亦主张《列仙传》为汉世刘向原作而传世转写稍见脱漏讹误，不足为病，无害其本真也②。

　　鄙人非专门研治，当不便轻疑前贤，自亦推信王叔岷师之精审考核，从信其西汉原作之说。

　　《列仙传》原书列述远古以至秦汉，世传之仙家七十人。经清人王照圆女士校补二人，一为羡门，一为刘安，王叔岷先生以补入刘安不合，一来引据《艺文数聚》之文，乃其书误将葛洪《神仙传》之文误称出自《列仙传》，且言刘向乃汉之宗室，武帝时淮南王谋反为帝问罪伏诛，且为向父刘德承命诘问治罪。刘向熟知其情，焉敢为刘安作传？故王师以为不当补入刘安。鄙人阅读《列仙传》全书，见其所展述七十仙家，文法体例，用词引称，行文体式，前后一贯，当出一人之手，除传写脱漏讹误，而俱可察其撰著风格前后一致，无可质疑也。惟其所叙之吕尚、老子、介之推、范蠡、东方朔、钩翼夫人等六者，皆史上真人，不当虚列仙班，宜加略而不用，乃区区个人选择，无碍其传世价值也。

　　《列仙传》凡二卷，所载仙人七十，除真实可见于历史者，余多世无

---

① 王叔岷著，《列仙传校笺》，页 207—209。

② 洪颐煊为王煦圆所著《列仙传校正》作序。主张《列仙传》出于汉刘向所作。又晋葛洪撰，王明校释，《抱朴子内篇校释》，北京，中华书局 1985 年第二版，第 16 页载"论仙"篇云："刘向博学，则究微极妙，经深涉远，思理则清澄真伪，研核有无。其所撰《列仙传》，仙人七十有余，诚无其事，妄造何为乎？邃古之事，何可亲见？皆赖记籍传闻于往耳。《列仙传》炳然，其必有矣。"

所闻。所能知有特异不凡之行事者,惟有黄帝、彭祖、务光等少数较为俗众熟知,其余则惟据《列仙传》一书能见及各家声影。斯传所载,要以行事特异足为仙家之本色。可综述于次。

其一,能入火自烧,随火烟上下。此类有赤松子、宁封子。

其二,能随风雨上下,乘风来去。此类之仙有赤松子、赤将子舆、马丹等。

其三,能豢养龙子、医治龙病,并乘龙升天。此类之仙有马师皇、骑龙鸣、黄帝、陶安公、呼子先、陵阳子明、邗子等。

其四,能自飞行。此类之仙有偓佺、主柱、谿父等。

其五,能骑鱼背升天。此类之仙有子英。

其六,能幻化销形而成异类。此类仙人有方回、修羊公、萧史、弄玉等。

其七,能驾鹤飞升入山。此类之仙有王子乔。

其八,能广散仙药,解救大疫。此类之仙有负局先生。

以上所举,俱非常人所能。自俱神仙格局,奉为仙家,当无异议。《列仙传》之传世,固有其道理。

其实,刘向撰著《列仙传》,原自久悉武帝往年行事种种,近则成帝亦好神仙,殊不至偏好于仙人特异功能,原自抱有严肃宗旨,迫切瞩望。根本需求在于延年益寿,长视久生,而秦皇汉武所百计而渴求者在此。《列仙传》之演述神仙,即在充分展述两大重点。其一在不老不死。其二在种种可致不老不死之方。以下当可取而一一析论于次。

其一,刘向《列仙传》基本重点最重生死,且惟言永寿高年,全不涉论死与死后。往往宣述仙人行事,动言百岁,数百岁,随各传备见。论次高寿仙人,世所熟知者,则有吕尚、彭祖、老子、安期生,而且近之人物则有范蠡、东方朔。全书七十余谈及死亡者仅钩翼夫人一人。至于书所述稀见之仙人所能不老不死,数百岁数十年者略计而有:啸父、幼伯子、安期生(寿一千余岁)、瑕邱仲、酒客、祝鸡翁、稷邱君、崔文子、鹿皮公、犊子、昌容、谿父、山图、毛女、商邱子胥、呼子先、寇先、任光、文宾、女丸、黄阮邱、朱璜等，加上前举五人，共有二十三位长寿闻世之仙。余估计不甚精准，当有漏记者。惟据此以观，略可见《列仙传》所举示众家不老长生之人，应为神仙所具之最重要之特质。

其二，读《列仙传》可知，神仙能得长生久视，延年益寿，并非徼幸得来，须有许多功夫要做。而《列仙传》全书所屡屡提示载述者，神仙功课甚多而繁重，在此节不可一一记述，而择其所示要以服饵采补之方，为最优先最重要之一项功夫。兹举《列仙传》中所载述服饵之仙：

1.赤将子舆，却谷(不食五谷)而啖百草花。

2.关令尹，食苣胜实。即胡麻。

3.涓子，服术之精。（白术）。

4.师门，食桃李葩。

5.吕尚，服泽芝（芝兰）、地衣、石脂。

6.务光，食蒲韭根。

7.仇生，食松脂。

8.彭祖，常食生芝。

9.邛疏，能煮石脂而服之。

10.偓佺，槐山采药父也。食松实。

11.陆通，食橐卢木实及芜菁子。

12.范蠡，服桂饮水。

13.寇先，种荔枝服其葩实。

14.桂父，食桂及葵，以龟脑和之。

15.任光，饵丹，并卖丹药于市。

16.赤须(湏)子，好服松实、天门冬、石脂。不食五谷。

17.犊子,饵松子、茯苓。

18.鹿皮公,食芝草,饮伊水泉。

19.昌容,食蓬蔂。

20.谿父,仙人教以炼瓜子、桂附子、芝实,饷食之。

21.山图,山中道人,教以服食地黄、当归、羌活、独活、苦参。

22.毛女,山中道士教以服松叶。

23.文宾,服兰花、地肤、松子。

24.商邱子胥,服菖蒲根、术,饮水。

25.黄阮邱,于山上种葱薤,并卖药市中。

26.陵阳子明,上黄山,采五石脂,沸水而服之。

27.玄俗,饵巴豆,卖药市中。

上举二十七位服饵之仙,俱出《列仙传》。所有仙家,要以服食草木精实为重,而有少数服食石脑、石脂,不出三人,乃唯一以矿物当良药者。惟其中已有五石脂一名。则后世五石散之根源也,颇值注意。全般而言,植物类者占绝对多数,是即所谓具本草知识之先河,尤当注意。

其三,其他类之仙家功夫,虽各出现甚少,亦不容忽略不提。愿引述于后。

《列仙传》载述养气之仙家有六位,即容成公、彭祖、老子、涓子、琴高、卬疏是也。俱谓守生养气者也。在前以至秦汉,早有吐纳术传世。《庄子》、《淮南子》两书俱有记载,为道家之一派,彭祖乃其代表人物。后世熟知。是即今人之深呼吸法,《列仙传》视为神仙功夫。

其另一种神仙功夫,乃《列仙传》载述之道引术(即导引),其善为者有容成公、彭祖、琴高三位。道引术早见之于《庄子》、《淮南子》等书。是即今之柔软体操也。近世(1973年)长沙马王堆汉墓发现帛书《导引图》有不同姿势四十四幅,亦早于《列仙传》。

再次，《列仙传》已载述仙人炼丹服食之术，为后世仙家重要功夫。所提示者有方回、犊子、赤斧三位。看来《列仙传》载述炼丹为最早文献。然自1973年长沙马王堆古医书出土，已熟见前汉（公元前二三世纪）酿药之法，条列甚多，俱是古之炼丹术也。

马王堆古医书之可贵，即在于记载医家炮制丹药过程，十分明确而历见。故凡汤剂、丸药以及药酒之酿制，全有记载。俱相当于古人之所谓炼丹术也。医药文献学家马继兴特别重视药酒之酿造，不是把药物浸泡酒内，而是真正以药物和谷物合采酿造，乃真正之药酒也①。自远在《列仙传》之前二三百年，有帛书传下来，十分可贵。此亦归丹术之一种也。

《列仙传》主体重心符合秦皇、汉武之所望，即宗旨在于盼望不老不死，长生永寿。如此方是神仙。要做神仙须下功夫，服饵为重要手段。《列仙传》要义在此。

乙、汉志方技略神仙门之学术定性

此节所讲系指《汉书·艺文志》之方技略神仙一门正式以学术定性而收入学术史要津之艺文志中，此时所谈，乃述古也，不敢凭空宣说以炫世人。

《汉书》十志，以艺文志排于最后，并无轻视之意，实当如清人章学诚所言，班固汉志乃千古学术渊薮，世之论历代学术者不可不知。

班固著《汉书》保存丰富西汉历史，其书特色，凡写有汉一代为主，而多追溯往古来历，特以其中之十志为长，余喜读其古今通博。其十志为后世所重者为食货志及艺文志，而尤以艺文志为历来史家文家所重。然其来历曲折，非出班固一人之手。

————————
① 马继兴著，《马王堆古医书考释》。

中国古代学术文化因秦始皇之焚烧各国史记及百家书,大受破坏。至入汉代,自惠帝除挟书令有功于书籍传播抄写,至武帝更置藏书署设抄书之官,则大有功于学术文化之存续传衍,惟后有成帝于学术之典籍搜存,门类流别之画定更是为后世千载辟蹊径立规模,影响最为深远。

在西汉皇家十二主之中,成帝最为饱学,精于《诗经》《尚书》,俱是少读古文,而爱好学问。尤痛惜古文字书籍之丧失,在河平三年(公元前 26 年)八月,诏命谒者陈农求天下遗书,收存中秘。诏光禄大夫刘向校经传、诸子、诗赋,步兵校尉任宏校兵书,太史令尹咸校数术,侍医李柱国校方技。会向卒,哀帝在位时令向子刘歆续校,歆乃因以著为《七略》,故注有辑略、六艺略、诸子略、诗赋略、兵书略、数术略、及方技略。及班固著《汉书》乃取刘歆《七略》编成其《艺文志》①。

班固于刘氏《七略》全面吸收,仍其旧以为六略,亦即六艺、诸子、诗赋、兵书、数术、方技六者,而将其辑略分别抄入各略之后。但凡加注亦必标出分别。

后世学者因其备载古来学术门类,特十分看重艺文志,研考名家不下十余人,最著者有郑樵、王应麟、章学诚、焦竑等人。直至 20 世纪,学者仍多注重《汉书·艺文志》。民国二十六年(1937)尚有正中书局新出版《汉书·艺文志问答》一书,足见二千年来历久不衰。

后世虽重《汉书·艺文志》,而各家重点多放在书中之六艺略及诸子略,20 世纪尤重诸子略。其他四略多不被看重,尤于方技略最被漠视,少人论列。自十八世纪章学诚著《校雠通义》三卷,熟论刘略班志(即《七略》及《艺文志》),但于论方技略时只占一页篇幅,可见薄待之甚。至今鄙人颇看重其方技略,今年 2 月(2011)著文,并于 6 月 17 日

---

① 班固著,《汉书》卷三十,台北影印大陆排印本,页 1701。

在台北中研院近代史研究所宣读拙文。题为《〈汉书·艺文志·方技略〉之医药学术体系》①。但愿学者取而参阅。

西汉订定学术门类而有方技一门，自非一时一人之意，乃汉人一致共识。医家专门李柱国乃皇帝侍医，成帝委令校方技，具见出于定识，非随意而为。且刘向、刘歆总司校书之责，自是原有共识有根有据，当可取信也。

至于古人疾病，求医救治之文，早见于殷商甲骨文。近时文字学大师胡厚宣撰《殷人疾病考》举其所载甲骨文字疾病名称十六种，乃求巫医治疗者。无文字时代，人岂无病，推知巫医存在甚早。然与方技无关，无所依据也。

至此要问西汉人何以得视医药之学为方技？是否有说乎？疏略史乘，似此细节古来未尝有说。察其载记由来，最上推亦仅能至于司马迁之《史记·扁鹊仓公列传》，此二位早期医家具以知方有名，扁鹊乃是春秋末医家，曾医治赵简子，其时尚未到三家分晋。亦尝诊察田午之病候，其时田氏尚未篡齐。固乃春秋末之人也，已以方名世。然则出于司马迁所记，则知以方字加于医家之名，只得谓最早见于《史记》，其书言仓公淳于意知方而能医治病人，其师公乘阳庆于吕后八年（公元前180年）已七十余，而传授自有医方以予仓公，仓公尽弃旧日之方而从学阳庆三年，以阳庆在世年岁推算，则其生平以方行医当在汉高祖至惠帝时期。由此估断，而信西汉之世以方字概括医学之称者，实始自汉初，是即公元前二三世纪之年也。不能冒昧上推至扁鹊

---

① 王尔敏撰，《〈汉书·艺文志·方技略〉之医药学术体系》。2011年2月9日写成，稿本未刊布。同年6月17日在中研院近代史研究所宣读，当场分发传印稿本。

时期①。

根据《史记》进一步推究,据其"封禅书"所载,能见及战国末方士之兴起,俱出于燕齐邹衍之后学而不能通其术,转而群趋于论生死之说,求神仙为不死之方,则方士所出之源也。方士论生死求神仙,要在谋求长生永寿不老不死。何由而得不老不死,则求神仙药而服之是也。此方术之所起也。由方术落实至于服食药剂,是即落于方技一层,其创生除考封禅书之外,尚有秦始皇本纪,历述求神仙不死之药等事,俱不离燕齐方士行事。司马迁之《史记》可为据也②。

再回观班固《汉书》所分载六大类学术,则出西汉成帝时校书诸家刘向、刘歆、任宏、尹咸、李柱国等专门学者所为。相传班固之祖父班斿亦参与校书之事。则西汉学术盛事,有功于千百年代代继承之遗规也。其他各门不计,到本文落入方技略一门,其可重可倚者,在其自然安排医家李柱国将神仙列为医学中之一门,具见于史书,非后人所能贸然附入,自是具有参考价值。

侍医李柱国,将方技学术列为四门,即医经、经方、房中、神仙是也。后世至清乾隆时期,章学诚著《校雠通义》,意主方技略应含学术六门,除李柱国所列四门外,必须增列"脉经"及"药书"二门,可成为六门。实亦其论不刊,值得接受③。

方技略定为医学学术,《汉书·艺文志》记叙甚明,当在此直引所载,用以比观:

> 方技者,皆生生之具,王官之一守也。太古有岐伯、俞拊,中

① 司马迁著,《史记》卷一○五,扁鹊仓公列传,台北影印大陆排印本,页2785—2820。
② 司马迁著,《史记》卷二十八,封禅书。台北影印大陆排印本,页1355—1404。又,《史记》卷六,秦始皇本纪,台北影印大陆排印本,页223—294。
③ 章学诚著、叶瑛校注,《文史通义校注》,附《校雠通义》,页1083—1084。

世有扁鹊、秦和，盖论病以及国，原诊以知政。汉兴有仓公。今其技术晻昧，故论其书，以序方技为四种。①

西汉侍医李柱国校方技一略，提示简明界说，颇值后世取资参证。辞虽简约，而义界明确。谓方技为王官之一守也。在指王官之学，如章学诚所证：王官之学即官师合一，学在官守之意。故谓：法具于官，官守其书，师传其学，而弟子习其业也②。

文中所举上古之岐伯、俞拊，乃言黄帝时之名医，岐伯更备载于《黄帝内经》。而中世之秦和即公元前6世纪秦国名医和者是也。《左传》记载其为晋侯治病之事。扁鹊本名秦越人，《史记》有传，前已引举。至于汉世之仓公乃吕后、文帝时之名医，《史记》有传，前已引举。则方技略之中解方技一门学术，乃是医家专门之学也。中国医学后世传至日本，日本朝野人士不称中医，而称"汉方"，亦正保持方技之旧贯。

西汉成帝之世，侍医李柱国受命校方技，遂乃于医学专门定出四类学术，是即医经一门，举书七家共二百十六卷（其中有《黄帝内经》《外经》、《扁鹊内经》《外经》）。其次，经方一门，有书十一家二百七十四卷（书全佚仅见目录）。再其次为房中一门，有书八家，计一百八十六卷。最后则为神仙一门，有书十家，共二百零五卷③。

关于神仙一门学术，乃本文所须探讨之重心，势须列举神仙十家书名，以便考察汉人所共喻神仙之道术技艺所在，用以取信于后世。兹愿举示神仙家之书如次：

《宓戏杂子道》二十篇

---

① 班固著，《汉书》卷三十，艺文志，台北影印大陆排印本，页1780。
② 章学诚著，叶瑛校注，《文史通义校注》，页951。
③ 班固著，《汉书》卷三十，艺文志，台北影印大陆排印本，页1776—1779。

《上圣杂子道》二十六卷

《道要杂子》十八卷

《黄帝杂子步引》十二卷

《黄帝岐伯按摩》十卷

《黄帝杂子芝菌》十八卷

《黄帝杂子十九家方》二十一卷

《泰壹杂子十五家方》二十二卷

《神农杂子技道》二十三卷

《泰壹杂子黄冶》三十一卷。①

会观十家神仙之书,完全不涉神仙特异超人功能,一概落实于养生健身、采药服食之实际功夫。其中黄帝步引,乃古之道引术,岐伯按摩即按摩术,黄帝芝菌乃采灵芝服食,为服饵术。其神农技道在指采药,是本草之学也。泰壹黄冶则指冶炼,是炼丹术也。凡此各书功用,当为强身养形之道,日积月累之修造。一概不涉神秘特异之功力,宜其称之为方技也。此汉世形成共识,载入史乘,非妄造也。于此当引举李柱国所提示神仙之界说:

> 神仙者,所以保性命之真,而游求于其外者也。聊以荡意平心,同死生之域,而无怵惕于胸中。然而或者专以为务,则诞欺怪迂之文弥以益多,非圣王之所以教也。孔子曰:索隐行怪,后世有述焉,吾不为之矣。②

于此界说当可察见汉世医家于神仙问题认识之深切透辟,可用以祛除后人之诸般妄议妄断。

---

① 班固著,《汉书》卷三十,艺文志,台北影印大陆排印本,页1779。
② 班固著,《汉书》卷三十,艺文志,台北影印大陆排印本,页1780。

五、结　论

20世纪以来,已是科学昌明时代,人人张口科学,闭口科学,盛行科学主义,提倡科学万能。百余年来,乃是中国普遍流行世风。自然反对迷信,打倒偶像,很少人敢谈神仙。神仙者,被视为迷信之最显著者也。

本文开始已提,竟在20世纪有人著文涉论神仙,是为名学者顾颉刚、闻一多二人,已辟专节陈述。学界自可参考比观。此外,同一世纪九十年代,尚有中研院历史语言研究所王叔岷教授为刘向《列仙传》作校笺,王氏乃吾大学业师,颇服膺其广加笺释,亦辟专节于本文引叙古代神仙行事。志在研讨考索,非宣传神仙之说也。

至于21世纪之初十年代(2011)余竟不惮冒昧,亦竟著此文论神仙事,岂非违逆世风? 背离潮流? 自需具有一定勇气也。

可幸同时代尚另有校释葛洪所著《神仙传》者,乃广州中山大学退休教授胡守为是也。竟早我一年刊布其所作《神仙传校释》,我托欧阳红女士代购其书,真可称为当代之活神仙,盖在三十年前彼到香港中文大学访问,得以结识胡守为教授,彼实年长于我,幸其健在,可称得上是一位活神仙。吾今敢谈神仙,可拉胡教授为伴也,已不寂寞矣。

吾悲20世纪国人大多丧失自信,崇洋而媚外,戏称喝了洋鬼子迷魂汤,常在不知不觉中表现洋人思考理路,虽硕学名家不能免。盖不信中国之神仙而喜谈希腊神话史诗,以为美胜。其实中国之神仙传承,乃是源自理性符合科学之一门学术,须加发掘暴表,以正世人观听。由是乃不得不冒大不韪,放胆涉谈神仙。盖此是学问,不能放过。

顾颉刚、闻一多俱是学界名家,深感二人之勇于论神仙,自当敬服。但二人自始立论,信持人死后方成神仙,此则大错,盖俱违背中国古人之神仙信念。余故必须特撰此文以矫正之。

中国古人理性清醒而知足,其所持人生观俱合于今世人思想,醇正、明达而高尚。兹愿举典籍以作参证。据《尚书》洪范九畴,其第九为五福:"一曰:寿,二曰:富,三曰:康宁,四曰:攸好德,五曰:考终命。"①全部五福,不过十字。浅而明确易晓,表现人生完美想望,正当而切实,毫无奢想妄求,真果可佩可敬。第一求长寿,第二求富有,第三求健康、平安,第四所谓攸好德者,鄙人以为凡人一生之中须做善事好事,大则兼善天下,力致民富国强。小则修桥补路,赒济贫穷。俱可谓是攸好德。第五最理性而知足。"考终命"者,即谓年老直至生命之终点而弃世。命之长短,倚天定也,寿终是也。凡此五福乃中国古人之神仙思想根源,必须活命方是神仙,怎可要死神仙也。自秦皇汉武求神仙,所望是长久活着,不老不死。故东汉之书《释名》有谓"老而不死曰仙"。正是此中要领。鄙人论神仙,俱指活人而言,但凡长生之寿,年岁增长之人即是神仙。中国古人决不会盼望死后成神仙,特别要举汉代人之把神仙立为医学中之一门,乃汉人之智慧所成也。

拙文原在只论汉代之神仙学术,不能向魏晋延伸,盖自佛教输入中国以后,自东汉末神仙内涵已大有增饰。神仙功夫大有扩张,而符箓、镇邪、压胜、驱魔,以至房中采补等,俱亦混入神仙之学,自不及汉世之纯正矣。当另作专门研究。鄙人难企及矣。

2011 年 12 月 15 日写于多伦多之柳谷草堂

---

① 屈万里著,《尚书释义》,台北,中华文化出版社,1956 年初版,1966 年四版,页66。

吕思勉早年开讲《经子解题》

一、引　言

我写此文是启于两个重要动机。

其一,是在两年前曾于《传记文学》发表《钱穆晚年开讲中国史学名著》(《传记文学》一〇〇卷4期),乃是钱氏近八旬之年在中国文化大学为历史研究所博士班讲授之课,是全年两学期之课,前后讲课两年,终就讲稿修订成书。出版之时,已年逾八十岁。拙文得《传记文学》发行之广远,海内外同道学者有正面反应,大多相信大学设博士班必当开讲专门之课,方使博士生获益,如仍与大学部历史系之课不能有区别,即是学校不配开设研究所。像钱氏之课,是最值提倡。

国人俱知,钱穆是一代史学大师,亦俱熟知钱氏原未接受正式高等教育,乃因努力自学而后才渐渐以等身著作,博得史界崇高地位。一般相信钱氏是自学而有成,但钱氏在八十岁以后写出回忆述说其在中学时代受教于江苏武进吕思勉之教导与训迪,而得走上研治史学之路(钱氏之文被收在大陆出版之《蒿庐问学记》,文题是"回忆吕诚之老师"。1996年6月三联书店出版）。钱氏生平提到的受业师只此一位。吕思勉字诚之，是何许人也？学问如何？甚值得就所知也向同道提示一二。在此先说，吕思勉也是史学大师，史界内行全部知道，但是不能全看史学一方面。世人多不知（包括一些院士也不知）他最值得重视的著作是一本小书《经子解题》。此乃我写此一文第一个动机。

其二，我的第二个重要动机与我教书有关。我是在退休之前的八年半期间（是1997年12月退休），在我的母校台湾师范大学教历史研究八年。在硕士班每年开讲一课，是"方志学"及"历史地理"轮流开，这且不提。而在博士班则开三门新设想之课，其一是《近代名人笺启》，却只讲一年。以下七年是开讲"中国古代典籍"及"掌故学"，均是一年两学期课，而轮流开讲。"中国古代典籍"讲过四年，"掌故学"讲过三年，其中"中国古代典籍"上学期讲群经，乃是挑选开讲，不讲《论语》、《孟子》、《尔雅》、《孝经》，也不讲《仪礼》，但增加《大戴礼记》及《逸周书》和《国语》。下学期讲诸子，亦挑选讲重要者十一种，而却加上原不列入诸子的兵家《孙武兵法》、《孙膑兵法》及《太公六韬》。我为此一门课当然参考不少，有朱自清的《经典常谈》、甘鹏云的《国学笔谈》和林庆彰翻印大陆之《经书浅谈》，俱是全面介绍之作，短小而精要。当然名门专书如《诗经》、《尚书》、《庄子》、《吕氏春秋》等等有二十余种，亦参阅名家之专著，不及具举。未料在我退休归隐之后，买到1995年12月上海华东师范大学出版吕思勉的《经子解题》，刚刚在我退休前整整一年间出版。原来是吕氏在民国十三年（1924）十月成书付印，而久已绝版，真是失之交臂。

根据吕思勉在民国十三年七月的自序可以确知此是吕氏在高等学校教国文系的讲义刊印问世，援引其自序，最能取信于学界，兹引证之：

本书皆予讲学时所论，及门或笔录之，予亦稍加补正。群经
及先秦诸子之真者，略具于是矣。（据《经子解题》序）

吕氏乃清季光绪十年（1884）生人，幼少读书，俱在家塾延师教导，继因
家用不丰，乃由父亲亲自教诲，而母亲及大姊并辅教之（吕氏有自述言
之详，不具引）。吕氏当然学会写八股文，因而在十五岁之年考中县
学，成为秀才。此后一生全是自学，除父母家学外，绝无师承。初教小
学，继教中学，而三十岁后任中华书局编辑五年，续任商务印书馆一个
较短时期，奔走衣食，曾在苏州东吴专修科教一年，南通专修科教书一
年，俱不能久。惟至民国九年（1920）受聘至沈阳高等师范学校（三年
后由地方改为东北大学）前往沈阳任教三年（民国九年至十一年）主
教国文。因张作霖将学校收走改称东北大学，吕氏因立场不同，即随
机南返，而在一年半后出版所著之《经子解题》，推想自是在沈阳高等
师范学校之讲义，而至此吕氏已四十岁。随后即赴上海任光华大学中
文系教授，后改任历史系教授兼系主任。经其自述，得见其半生坎坷，
远不及大弟子钱穆之际遇。吕氏一生俱以上海为立身之地，永任光华
大学教授，而著作丰富，真是等身，不及列举。鄙人尊为史学大师，早
注入于拙文《二十世纪之史学开拓与先驱史家》（收载拙书：《新史学
圈外史学》，页 34—35）。很抱歉我把他排在钱穆的后面。若是遇到
洋迂学者，怎会瞧得起一位毫无学历之人？但吕氏入门弟子则颇出名
家，故能在其身后，门人为纪念他而最近出版《蒿庐问学记》一书，正见
其并不会被埋没。鄙人把吕氏排后，未免重北轻南，而实心中自有衡
量，不及备述，尚望识者原宥。想想我之特重吕氏之《经子解题》，应该
是很有评断眼光，乃是个人自信所在。

吕思勉所著《经子解题》，是一小书，全书二百〇八页。上半讲群
经，占到八十七页；下半讲诸子，自八十八至二百〇八页。篇幅虽小而

精要博通,识见高远,所论各书,无不深熟洞悉。实能见到学养之厚殖。于今代西方新词亦引述之,如所谓自然科学、社会科学、人生观、宇宙观、循环论、怀疑论、唯物论、马克思等等,不一而足。在民初 20 年代以前,于书中已批评时人之疑古、反古、蔑古、轻疑、自信、自满、目空一切。对梁启超、胡适批评尤多,俱就论者举实批驳。亦有一些批评朱自清见识浅薄自言,诋讥前人无知,而谓朱氏实真无知。对于胡适论井田制及其《诸子不出于王官论》亦力斥其见解不足,俱可在其《经子解题》中读到,自可比观。

鄙人晚见吕氏此书,所恨不能早得,主讲"中国古代典籍"不能望其项背,若早得此书,一定用作讲义,令学生购书读之。讲书可省许多功夫,而我不得加强识见,到晚又复阅读,至今不下三次,真名家之作也。兹愿就其书,略加介绍于后,实难尽其高妙,尚祈识者亦能阅读其书,胜我多矣。

二、吕氏论经书读法

吕思勉旧学根底深,涉猎前贤多家注经解经之说,勿论各据理趣,彼此相异相反,无不用心推敲,举示详论,供学生参考,自见博学广识,能启发后学,是一位尽责之老师。

中国历代治经者众,累千百计,吕氏自言,只能参阅,而无从再有发明,传示大概已不容易,尤以简略小书,遍论所有经书,自亦实难深入。传世之十三经,吕氏又加上《大戴礼记》,再加前起略论全部只占八十七页,而解说各经尚不及八十页,因自不免简略,但其中仍见其精要周备之言,实不容易。

吕氏读经总叙,要占十五页。超然立论,申议较能发挥所见,故甚重要,颇值今世参考。

既谈经书,首须先交代今文古文经学之分歧,吕氏无法详论,亦用数页篇幅，似此大问题千年不决，近代皮锡瑞著专书二种《经学通论》、《经学历史》，吕氏亦举示参考，并引廖平、康有为之书，可以交代。然其大弟子钱穆后起而著《两汉今古文经学评议》大著，自为传世可据之作也。后人尽可参考。

吕氏谈经书最重读法，故开宗第一节概说即题称"论读经之法"。俱出吕氏个人识见与经验。

首先，吕思勉指出经与子二者之区别要点，甚值参考：

> 经、子本同之物，自汉以后，特尊儒学，乃自诸子书中提出儒家之书，而称之曰经。此种见解，在今日原不必存。然经之与子，亦自有其不同之处。孔子称"述而不作"，其书虽亦发挥己见，顾皆以旧书为蓝本。故在诸家中，儒家之六经，与前此之古书关系最大。（据《经子解题》，页1—2）

随后，吕氏即提先读经书后读诸子之道理，乃谓：

> 又学问之光大，不徒视前人之倡导，亦视后人之发挥。儒学专行二千年，治之者多，自然日益光大，又其传书既众，疏注亦详，后学钻研，自较治诸子之书为易。天下本无截然不同之理，训诂名物，尤为百家所同。先明一家之书，其余皆可取证。然则先经后子，固研求古籍之良法矣。（《经子解题》页2）

吕氏最终宗旨，亦指出研读经书之目的与功用。叙说颇占篇幅，掬其重点，其说有三，以为读经之功用方法（吕氏视为方法）。其说冗长，只在此取标题举示之。其一，"即以经为一种学问而治之者"。此自古今常见，历史相承。其二，"则视经为国故，加以整理者"。此一宗旨为今世重要风气，自19世纪之末而萌此心向，始于"圣学会"、"国学保存"诸家，新派学者亦多主张。其三，"又有因欲研究文学而从事于读经者"。此下吕氏畅谈群经对于文学之功能，并加申论每经之文学价值，不及具引。

我读吕氏书,颇重其总说概论,亦备见其博学多识,我开此课,早当学习,并加引用,作为讲义,必大有助传授后生,退休之后,方得此书,已追悔不及矣。吕氏解经书,总叙之外,重点分就十三经各别讲说,虽仍不免简略,实俱为饱富经验之谈。兹为举证,以供比观。

甲、《诗经》

凭常识所见者,若《诗》之六义,齐、鲁、韩三家派及毛诗,吕氏有详细解说,不需引述。即《诗》大序、小序,我幼年读私塾,俱加记诵,亦勿须涉谈。其真正纯出于吕氏之见者,则在于吕氏所提治《诗》之方法,算来可供参考:

(1)"以《诗》作史读者。此当横考列国之风俗,纵考当时之政治。《汉书·地理志》末卷及郑(玄)《诗谱》,最为可贵"(吕氏本文)。

(2)"以为博物之学而治之者。《论语》所谓多识于鸟、兽、草、木之名也。此当精研疏注,博考子部有关动植物诸书"(吕氏本文)。

(3)"用以证小学者。又分训诂及音韵两端,毛《传》与《尔雅》训诂多合,实为吾国最古之训诂书。最初言古韵者,本自《诗》入,今日言古韵,可据之书,固犹莫如《诗》也"(吕氏本文)。

(4)"以为文学而研究之者。当先读疏注,明其字句。次考《诗》义,观诗人发愤之由"(吕氏本文)。

上举四点,皆出吕思勉引领研治《诗》之方法,应具参考价值。

乙、《尚书》及《逸周书》

《尚书》是中国最古之书,孔子常常提及《诗》、《书》,并亦提及《易》,已是他熟读之书矣。历代视为经书,《诗》、《书》亦最重要。但历来《尚书》争论最多,十分复杂。吕氏亦用数页作说明,其实略备常识而已。清代学者俱以专书研考《尚书》，阎若璩、孙星衍为最有名。即至今代20世纪，亦出不少大师名家。顾颉刚即是其一。吾开之课，亦参考到几位大师之作，手中早有曾运干之《尚书正读》、陈梦家之《尚书通论》、蒋善国之《尚书综述》、刘起釪之《尚书学史》、金景芳之《尚书·虞夏书新解》等，俱是皇皇巨著，亦是名家之作。惟俱出于吕氏之后。今人亦无法再有超越，吕氏之作自是简易常识而已，初学者得其大概印象可也。

吕氏教《尚书》只传伏生之二十九篇本。在此可举一二篇为例，可以推见其余。

（1）《禹贡》："此篇记禹治水之事，先分述九州岛，次总叙名山大川，又次记五服贡赋之制，地志书之可信者，当以此为最古矣。"（吕氏本文）

（2）《文侯之命》："此篇《史记》以为城濮战役，周襄王命晋文公之辞。《书序》以为平王命晋文侯之辞。"（吕氏本文）

就此一端可见吕氏非但介绍《尚书》内容，亦与他书如《史记》互对而见出有歧异之点。吕氏于《文侯之命》仅亦数语交代，但后来新起之著名史家，雷海宗（通熟中西史学）批评司马迁《史记》之错误，亦引述司马迁把《文侯之命》误解为周襄王命晋文公之大错，亦举其为百余年前周平王命晋文侯之事而抨击之。

除介绍《尚书》之外，吕氏亦顺便附论《逸周书》，亦详言《逸周书》之流传曲折，不过仍是普通常识，学人俱知，但亦说明其中亦有最古之文献，不逊于《尚书》价值，但未作每篇介绍。须知《逸周书》不在经书之列，吕氏附论，亦是很有眼光。所幸鄙人开讲"中国古代典籍"亦同时论说《逸周书》，幸能附骥吕氏，亦自觉有识见。

丙、《仪礼》、《礼记》、《大戴礼记》、《周礼》

吕思勉此篇收罗礼经三种再加《大戴礼记》，自不免各加解说，一一交代。

关于自古各样古记、古说多种，至西汉昭宣之世俱由后仓传之门人戴德、戴圣、庆普三家，俱立于学官为官学礼书。《汉书·艺文志》所列举之古礼书，俱未再各别传世。本篇中之《仪礼》实出于《古礼经》五十六篇中之十七篇。最被看作经书。但吕氏说明常识来历，未加逐篇介绍。

至于小戴（戴圣）《礼记》四十九篇及大戴（戴德）八十五篇，则别出于古传之《记》一百二十一篇之中。而庆普所传之礼书与小戴相同。此二书，吕氏俱是将其内容逐篇介绍。简短数语解说，只能使后学领悟。

至于《周礼》乃政制典章之书，《汉书·艺文志》称为《周官经》六篇，与孔门儒学之礼绝无关涉，只因郑玄重视，而将《仪礼》、《礼记》及《周礼》（即《周官经》）合为三礼，乃大盛于后世，俱入于经学领域。凡此吕氏解说，仍属普通常识，世人熟知。

此处应当举示吕思勉对于礼书之个人独见，可免却每篇交代之琐屑。

（1）吕氏对于《仪礼》保存古礼之传承见解。提出解释："后世所谓《礼书》者，皆王朝邦国之礼，而民间所用无多。即有之，亦不尽用。官司所掌，民有老死不知不见者，三者可举以教人也。孔子所以独取此十七篇者（指《仪礼》而言），以此八者（指：丧、祭、射、乡、冠、婚、朝、聘）为天下之达礼也。"（吕氏本文）此吕思勉对于《仪礼》之见解。

吕思勉对《周礼》有多处精辟之见，不能尽举，兹可选其简要明确之论断，很肯定说："当二千余年前，而有如《周官》之书，其条贯固不可谓不详,规模亦不可谓不大。此书之可贵,正在于此。初不必托诸周公旧典,亦不必附合孔门《礼经》。"(吕氏本文)脱开古老各种陈说,就历来政典之博大恢廓而观,其本身价值自在,自是名论。

吕思勉对于大戴、小戴两种《礼记》亦提示简要识断,乃谓:"《礼记》为七十子后学之书,又多存礼家旧籍,读之,既可知孔门之经义,又可考古代之典章。实为可贵。"(吕氏本文)

综观吕氏论四种礼书,立场超然,不拘于门派,亦不泥于学究。洒然出尘,立论足以服众。

丁、《易经》

吕思勉介绍《易》书,通篇论述西汉以降之施、孟、梁丘及京氏四家之官学(即施雠、孟喜、梁丘贺、京房四家),外加古文《易》学之费氏一家,并详细交代西汉以来各家前后之师承,颇为繁乱,可勿引述。其至东汉、魏、晋,而有郑玄、王弼所钟费氏《易》学,江南、河北各承王、郑二家之学,至唐代而有李鼎祚之《周易集解》,而宋承王弼,而博考汉代治《易》之家三十余家,得保存汉代《易》学存于后世。至宋代而有邵雍、程颐及朱熹,邵重图数,程朱重《易》理。至清而出重大易学名家惠栋、焦循。恢复汉学,成为学术正宗。吕氏畅论古今,俱谈《易》学历史背景,至于《周易》内涵,亦略交代《易》经卦辞,爻辞之外之十翼,是即《彖》上下、《象》上下、《系辞》上下、《文言》、《说卦》、《序卦》、《杂卦》共十篇。连经文共有十二篇。此是普通常识,吕氏提示而已。

至于吕思勉于此章之方法指点,乃其一家独具,可以引举参考:"读《易》之法,可分精粗二者言之。若求略通《易》义,可但观王(弼)注程(颐)传,以《易》本文与周、秦诸子互相钩考。可用惠(栋)《易微言》之法。若求深造,则象数之说,亦不可不通。说已见前。惟仍须与

哲学之义不背,不可堕入魔障耳。"(吕氏本文)

吕氏教书,惟于《易》经毫未涉谈十二篇之内容,颇为令人遗憾。

戊、《春秋》及三传

吕思勉谈《春秋》,相信孔子曾修改其书,谈三传,则推尊《公羊传》,但亦言《左传》纪史甚详确。其立场自是重经学,尤偏好公羊学,此则因其常州先贤者庄存与、庄述祖俱为公羊学家,是在此乡先生影响下之必循途径。

关于《春秋》经传,吕氏亦详论古今传承历史,足备一般通识。至其个人特具识解之处,可举《春秋》首句,"元年春、王正月"是人人共知之春秋书法。吕氏具个人悟解而有新义旨:"《春秋》元年春王正月之元,即《易》大哉干元,万物资始,乃统天之元。为宇宙自然之理,莫知其然而然,只有随顺,更无反抗。人类一切举措,能悉与之符,是为今人所谓合理。人类一切举措而悉能合理,则更无余事可言,而天下太平矣。"(吕氏本文)

如此则可见吕氏所抱之天人合一思想,可巧,今时二十年来,学者已大都承认天人合一之重要。

上举五节,经书之重要者已大备,吕氏研治可谓精深,又只作简单介绍,亦足令人学到门径。依十三经之数,吕氏亦有《论语》、《孟子》、《孝经》、《尔雅》之介绍。实不具先秦共约刘向六艺,亦未符之为经,今故从略。

三、吕氏论诸子读法

《经》书与《子》书大不相同。若《尚书》、《诗经》、《易经》、《仪礼》、《周礼》,以至《春秋》,虽为孔门所重,实俱为上古典籍。而诸子之书虽原非一人自著,然实为后学一家派之书,而是战国时代百家争鸣,各据理论体系之作。而二百余年形成思想黄金时代,却至汉初至《淮南子》已成尾声。约在公元前三四世纪之发展,至公元前 2 世纪即归消寂,不似经学能有数千年传承。故吕思勉论《子》书,自须另辟蹊径而论述之。

吕氏之书《经子解题》共计二百〇九页,其总论《子》书,竟占全书十分之一篇幅(二十一页),但是亦不复杂烦琐。

吕氏在民国十三年之前,三年讲学,已大量引用西洋输入名词以表明意义,若哲学、论理学(逻辑)、宗教、社会科学、自然科学、宇宙论、人生观、机械论、循环论等词,用之甚为自然。乃于论诸子时,乃自原始宗教谈起。

简单说,吕氏论诸子之发生发展,先大谈原始宗教之浑一而分裂成各派哲学,吕氏开宗即谈宇宙论,下及于人生、社会、政治各样思想,百家争议,各执一理,遂成为《子》学。

具体追考,应取吕氏之论断,作为阅读之参考。兹举吕氏论诸子之起源:

> 诸子之学之起原,旧说有二:(一)出《汉·志》(《汉书·艺文志》),谓其系出于王官。(一)出《淮南要略》,谓此以救时之弊。予谓二说皆是也。(吕氏本文)

此处提纲,吕氏申解甚详,不具引举。盖能见出诸子之创生本原,接受其说可也。

或谓此论实吕氏掇拾旧说,心下循从之言。然吕氏亦并自抒所见。兹并举之:

> 子书之精者讫于西汉。东汉后人作者,即觉浅薄。然西汉子书之精者,仍多祖述先秦之说,则虽谓子书之作,讫于先秦可也。(吕氏本文)

吕氏对于子学之起灭,亦提出所见,以谓子学之兴乃是专家之学发生之必然:

> 予谓专家之学兴而子书起,专家之学亡而子书讫。春秋、战国,专家之学兴起之时也。前乎此,则浑而未分;后乎此,则又裂而将合。故前此无专家之学,后此亦无专家之学也。(吕氏本文)

吕氏论诸子书,重要识断,大抵在此,而于诸子之书,则各就流派于后一一分章介绍。

甲、《老子》

吕思勉论《老子》书,有很多与学界名家不同。他自特别批评梁启超之论断,梁氏主张《老子》书成于战国后期,吕氏评其判断错误。吕氏对《老子》的特别论点,与当世议论《老子》之学者多半有歧异。(参及《古史辨》中之论文)

吕氏所见,有两点超越当年共识。一则肯定《老子》之书,其原最古。并又主张《老子》书中表现古代女权高于男权之表象。兹引举吕氏之言:

> 今观《老子》书,文体甚古。(原注:全书多作三四言韵语。乃未有散文前之韵文。间有长句及散句,盖后来所加。)又全书文义,女权皆优于男权。(吕氏本文)

于此所言,则吕氏之两项识断,俱在此充分表达。

吕氏对于《老子》一书之中心思想与政治主张,仅以两言概括之:

> 《老子》全书之旨,可以两言括之:(一)活用主于无为。(一)曰求胜敌当以卑弱自处而已。(吕氏本文)

此项论点,则与学界各家看法一致。

乙、《庄子》

吕思勉谈论《庄子》,于每篇皆作数语提及,无论"内篇"、"外篇"及"杂篇"各有简说。但无特别处。于此书之历代注家亦并举其功用价值,自是一种常识交代。而在此章节之讲述,未见吕氏有其特识之处,本文自无从提示。

丙、《荀子》

吕思勉颇疑《荀子》之书的晚出,也不相信刘向的叙录。但是吕氏却对于《荀子》各篇内容看得很重要,被他所指定八种必读的子书之一。

吕氏就《荀子》书各篇依次一一作简说介绍,盖具一般常识而已。

吕氏综论《荀子》全书,荦荦大者,谓有八个特出重点,举其所示:一曰法后王。二曰主人治。三曰群必有分。四曰阶级不能无。五曰性恶。六曰法自然。七曰正名。其八则荀子攻伐儒、墨、名、法之弊,并攻伐权谋之家。凡此即是吕思勉对《荀子》一书之全面通识。

丁、《墨子》

诸子之学,儒、墨早出,并行于世,后世共喻共信,即在战国之初而孟子辞辟杨墨,载《孟子》书。战国后期韩非子著《显学篇》只以儒墨二家为显学。正见墨家学说当时之流行。

吕思勉介绍墨家学派,本为显学大宗,故除《墨子》书外,根据《汉书·艺文志》所记,尚有《尹佚》二篇,《田俅子》三篇,《戎子》一篇,《随巢子》六篇,《胡非子》三篇,但诸书在唐宋以后俱已亡佚。

后世熟知墨翟原学儒家道术，而非议儒学之从周道，乃改行夏道，自成家派。其成说早见于西汉《淮南子·要略》，所论至为详明（不具引）。吕思勉论及此点更有进一步证实。兹引举以供比观：

> 《墨子》多引《诗》、《书》，既为他家所无，而其所引，又皆与儒家之说不背。即可知其学之本出于儒。或谓墨之非儒，谓其学累世莫殚，穷年莫究。安得躬道之而躬自蹈之。殊不知墨之非儒，仅以与其宗旨相背者为限。此外则未尝不同。（吕氏本文）

于此自可信吕氏识断之确当。

《墨子》书后段，自《备城门》各篇，俱是战争攻防备御之工程设施。古书中极为少见。惟其文冷僻古简，实难于解悟，吕氏亦坦言不懂。但吕氏提示后学，即使不懂，仍须阅读，不能跳过而省力。可观看吕氏之说：

> 凡读古书，遇不能解者，亦仍须读一过，不得跳过。以单词只义，亦有用处。且绝学复明，往往自一二语悟入也。（吕氏本文）

吕氏此言，真乃读古书之管钥也。

戊、《管子》

《管子》一书八十六篇，虽有若干佚脱之篇，仍是一部大书。而内容则繁多混辨，即以道法为世人熟知，而尚杂以兵家、儒家之篇，近世经郭沫若研考，将书中之《心术》上、下二篇及《白心》、《内业》二篇定为宋轻、尹文之学说，已为学界公认。（说见赵守正著：《管子注译》下册，决非道、法思想。）

吕思勉在其书中介绍《管子》亦因《管子》内容驳杂而提出卓越识断，颇值参考：

古书存者,大抵出于丛残缀辑之余,原有分别,为后人所混,亦理所可有。然古代学术,多由口耳相传。一家之学,本未必有首尾完具之书。而此书(指《管子》)错杂特甚,与其隶之道法,毋宁称为杂家。则谓必本有条理,亦尚未必然也。今此书《戒篇》有流连荒亡之语,与孟子述晏子之言同。又其书述制度多与《周官》合,制度非可虚造,即或著书者意存改革,不尽与故事相符,亦必有所原本。此书所述制度,固不能断为《管子》之旧,亦不能决其非原本管子。然则此书盖齐地学者之言,后人汇辑成书者耳。(吕氏本文)

吕氏所论,真可谓是至理名言。

己、《韩非子》

《韩非子》为战国晚期最重要之法家书。比《管子》为专纯,比《商君书》为精博。

吕思勉介绍《韩非子》五十五篇,逐篇略有简语解说。其可举之处,要以韩子书第一篇《初见秦》查出原出《战国策》张仪说秦惠王之作。而为后之编者混入《韩非子》,得解千年来后人对韩非之诬。

吕氏在此次为文评说其重要识见,则在分辨名法以及法术之离合关系,申论颇为中肯,兹引举以供参考:

就通常之言论,察其名实是否相应,以求知识之精确,是为名家之学。操是术以用诸政治,以综核名实,则法家之学也。故形名二字,实为名法家所共审,而名法二字,亦可连称。

法术二字,自广义言之,涵盖可以该术。故治是学者,但称法家。若分别言之,则仍各有其义。法者,所以治民;术者,所以治治民之人。言法者宗商君,言行者祖申子(申不害)。(吕氏本

文)

吕氏之演论《韩非子》固自必须辨明名法及法术之义。

庚、《吕氏春秋》

吕思勉介绍《吕氏春秋》亦是将其内容逐篇作简短说明,惟就全书而言,吕氏亦并提出个人特具之识见。

《吕氏春秋》一书,在古代典籍中是最具有体系与完整布局之书。著作形式有开创性。太史公《史记》两度提示其书结构是八览、六论、十二纪,应该是原来成书形式。但后世其书之部次将十二纪排于最前,而八览、六论随后。至今已是公用之定本形式。虽然清儒卢文弨提出质疑,并作改回八览、六论、十二纪之形式,吕氏颇为赞成。吕氏更进一步主张,凡各篇览、论、纪并未再分别细章。指出是后人所为。故只承认八览、六论、十二纪合共二十六篇,应是原有形式,其说实能超越恒流,兹举其所论:

> 予谓此书篇数实止二十六。今诸"览"、"论"、"纪"又各分为若干篇,亦后人所为,非不韦书本然也。此书诸览、论、纪,义皆一线相承。固无取别加标题。(吕氏本文)

吕氏此说,破除历来各家执迁之见,而归原其本。

《吕氏春秋》之内容,要儒家思想占最多,亦更同有道、墨、名、法、兵、农诸家之说。吕氏论之,以为其保存战国各家之旧说,大有益于学术传承。兹举其解说:

> 今此书除儒家言外,亦存道、墨、名、法、兵、农诸家之言。诸家之书,或多不传,传者或非其真,欲考其义,或转赖此书之存焉。亦可谓艺林瑰宝矣。(吕氏本文)

吕氏此见,自是通博,足以启导后学之判断。

吕思勉之书,介绍诸子者有十余种。此处分别列其解题者已有七种,俱是公元前3世纪以前之子书,且为世人共喻之重要典籍。此外重要之子书则尚有《孟子》一书,而吕氏列入经书之中,不入子书。

此外子书吕氏亦并加解题,本文略而未举。若《晏子春秋》乃属儒家,《淮南子》乃属杂家,本文亦略而未叙。主要原因乃见吕氏未有特殊识断提出如所列之《庄子》自是重要,却因吕氏于之无特见,本文无可引举,故凡此类,亦当不加陈述。但其他冷僻子书,吕氏解题而有独到识断者,仍当接续列述。

辛、尸佼著书《尸子》甚是冷僻,而吕思勉颇加重视。

相传尸佼为鲁国人,又谓楚人,经吕氏考证以为是晋国人。今举吕氏之说:

> 今按《尸子》书,晋人也,名佼。秦相卫鞅(即商君)客也,商君被刑,佼恐并诛,乃逃亡入蜀。自为造此二十篇书。凡六万余言。(吕氏本文)

《尸子》一书,实为杂家,未被世重,亡佚甚多!至宋代已只存二篇或谓一卷。吕思勉于此书价值仍极看重,相信真是先秦典籍。兹举示其所论:

> 此书盖亦如《吕览》,兼总各家而偏于儒。其文极朴茂,非刘勰所解耳。今虽阙佚已甚,然单词碎义,足以取证经子者,实属指不胜屈。(吕氏本文)

吕氏随文亦举其书文句,不具抄录。鄙人读书,颇见今之学者亦多引称此书。

壬、《鹖冠子》

《鹖冠子》一书今世学界极少人提及,实无人引述。《汉书·艺文志》列于道家,只称为楚人,亦未知其姓氏,并载明其书一卷而已。所奇者他书多历来损佚流失甚重,惟《鹖冠子》流传至唐宋竟有十九篇之多,皆有篇目。吕氏亦逐篇解题,但却非看重此书,视为真正古籍,可举其说于次:

> 按《汉·志》止一篇,韩愈时增至十六,陆佃(宋人)注时,又增至十九,则后人时有增加。已决非《汉·志》之旧。然今所传十九篇,皆辞古义茂,决非汉以后人所能为。盖虽非《汉·志》之旧,而又确为古书也。(吕氏本文)

吕氏熟读古书,敢于大胆申说肯定之语,亦可见其自信之专也。殊为难得。

四、结 论

本文要谈吕思勉之著作,自是一个具体论题,但吕氏生在 19、20 世纪,当世变之秋,自晚清而至于民国,身世颇有艰难历程。他虽是钱穆中学老师,却并无任何学历,一生全由自学。十五岁考中秀才,即其所具资格。他二十岁时(1904)已废科举。七年之后即遇鼎革,成为中华民国公民。他不愿从政,又需谋生,教小学、中学,任中华书局编辑及商务印书馆编辑,有六七年脱开教学,可想知其职业递转,谋生不易。重要机遇是民国九年(1920)受聘至沈阳高等师范学校任教,主讲国文及历史,前后三年,1922 年离职南返。在此时期著有二书:一为《白话本国史》于 1923 年出版,以及《经子解题》于民国十三年(1924)写成。适已是吕氏四十岁之年。到上海任教私立光华大学方是真正做大学教授,虽学校时有欠薪,亦加忍受,大抵五十岁以后方有大量著作问世,成大名更在其后。著作甚是丰硕,俱为史书,只有《经子解题》未被世人重视,实应是吕氏最有贡献之作,可惜于七十三岁逝世(在1957年)。有名家杨宽写吕氏一生著作,可备世人查阅参考。然吕氏自是大师,可予自学之人一种启示,全无学历而终能成就史学大师,直为20世纪典范。

吕思勉《经子解题》,其本人说明是教学讲义。成书于其四十岁之年(1924年7月)。看来应是此前在沈阳高等师范学校的讲义(在1920至1922年在沈阳所讲)。似此课程,应该是中文系一二年级必修课,读其书可知是一种目录学方式讲义,仿习宋元以来之书目解题。

我之对于吕氏此书有极大兴趣,见而喜爱。主要乃因鄙人在退休前八年间在台湾师范大学历史研究所为博士班开讲过四年之"中国古代典籍",是上半年讲群经,下半年讲诸子。完全与吕氏之作相同,只是没有讲义,也未敢使之成书,我亦知此是中文系必读之课,故而不走目录学之路,为博士生打治史基础,亦必要读古代典籍。我之讲法是循文献学之路,举例说如朱自清的《经典常谈》、甘鹏云之《国学笔谈》、钱基博之《古籍举要》,以及近时晚出杨伯峻所辑诸名家之作合成《经书浅谈》一书。此四者是我讲学之重要参考书。关于诸子专门,我则参考罗焌之《诸子学述》。如此可以交代我讲此课之参考基础。我真远远不及吕思勉之学识深邃,深愧不如。

我认为大学若开办研究所,乃是培育高深学养,必须各开专门之课,决不能与大学部之课雷同。无论硕士班、博士班俱须向高深专门方面开拓新路。据此观点鄙人在师大开课,硕士班开讲"方志学"及"历史地理"两课来年轮开。在博士班开讲"中国古代典籍"及"掌故学"二者来年轮开,八年之中我讲"中国古代典籍"四年,讲"掌故学"三年,讲"近代名人笺启"一年。我是自我要求,做研究所老师义当如此,不敢偷懒,不开与大学雷同之课,乃是老师分内当做。如其并无专门师资,可以把研究所关掉,何必在那混饭吃。

可惜我在退休之后方得到吕氏之书,若能早得此书,一定用作讲义,可使学生受益,不免失之交臂。

2013 年 7 月 21 日写于多伦多之柳谷草堂

当代史界新起之著作五百万字说

　　但凡研治学术，必须留心流变，尤其我辈专业攻治之近代史以至民国史者，眼前潮流激荡起伏，泡幻无常，最须捕捉笔载，以供后世参证。学术风气流变，殊不突出显著，最易起灭不测。

　　今要谈叙之故事，原创兴于一位著名史家个人对于当代史学大家成就之客观估断。立意纯正，但却提出学人著作计量之法，出于美意，标榜前师著作量之可观。起始于唐史名家严耕望，在其纪念其太老师、钱穆大师之老师吕思勉时，推动吕氏与陈垣、陈寅恪，以及钱穆为当代史学大家，撰有《通贯的断代史家吕思勉》，刊于《大陆杂志》六十八卷一期（1984），收载于北京出版之《蒿庐问学记》，八十三至八十八页（1996年三联书店印）。严氏在文中引道：

　　　　就著作量言，先生的重要史学著作，篇幅都相当多。四部断代史共约三百万字，《读史札记》约八十万字。总共出版量当逾五百万字。著作之富，可谓少能匹敌。（《蒿庐问学记》，页84）

严氏之见，应加充分尊重。此外钱穆更有一篇感念其恩师之文《回忆吕诚之老师》(收载《菰芦问学记》页 135—138。原出钱氏八十回忆之记述)。钱氏亲受调教,叙记自更细致动人,不具转述。盖史家私载情谊道艺,无论如何说,乃各具充分心向发抒,无所拘抑,原自无关宏旨。未料其本人颇在乎五百万字著作之重要,80 年代,在此文之后,即向香港中文大学历史系后进之晚辈古史家林寿晋宣述严氏今时著作问世者已五百万字。此后写作不辍,将尚能写五百万字以供出版。此一申说,使林寿晋倾心拜服,乃即回中文大学,屡向同仁宣说严氏著作之富。严氏原当无心,而却在史界后辈中造成一个学问造诣之评判基准。鄙人亦庸众之一,遇此高标,如何比副,如何企及。除努力研治,以步后尘,尚有何途可取?

关于我与严耕望之间,他只是中研院一位历史语言研究所前辈。其所中我所款接者不下十余人,不及具举。惟与严氏全无来往,向无交谈之事。然我尊重前修,向有六篇文章备称严氏列名史学大师,在此开列拙文以供覆按:1.《20 世纪之史学开拓与先驱史家》,此文尊严氏为大师。2.表谱史裁为中国历代正史重要门类,此文大力推扬严氏所著之《唐仆尚丞郎表》。3.50 年代南港之学人与学风,历史语言研究所之前辈包括傅斯年以至吴缉华,无不登列陈述。严氏即在其中。4.《史官职司浅谈》,以海峡此岸学人与彼岸相同对工之学人作对比,其中亦举严氏与彼岸岑仲勉、唐长孺对工。我写郭廷以之史学,其中亦提及严氏。另两处是在为有关林天蔚两书之序文中提到。及至本文,已是第八次提到他。比较学界人士,尚有谁会提到严耕望的名字?总之,我重视学术伦理,最留心学术之流变(已有两书问世),所见识到此岸彼岸之学界名家,我举五十位史学大师尚多遗漏,其中就有严耕望,未尝冷落他。

惟学界高人之中,实能见出胸襟德量之高下,相信吕思勉一生决未尝思及著作之数量。吾与严氏重点不同,我手中有吕思勉之《白话本国史》、《吕思勉读史札记》、《燕石续札》、《中国历史研究法》(早送别人)以及《经子解题》，我仅是看重吕先生这本小书(民国十三年出版，今又重印)，严氏大文未尝提到此书，若论吕思勉之学养才识，其他书不能与当代一些名家看出高下来，只有《经子解题》才能见到大师造诣之高深。远远超越是时(二三十年代)之梁启超、冯友兰、胡适，以及同时期研究老子书之学者。

吕氏论老子书，以为分章八十一章乃后世人所做，并不具重要意义，此尚小焉者，同时吕氏指老子原书并未尝分别《道经》、《德经》两部。三十年代学者，只有吕氏一人具此见解。今世在 1993 年 10 月湖北荆门郭店地方发现战国楚国之竹简老子本，果然不同于前此马王堆帛书老子甲乙本。竹简老子并未分判《道经德经》两部，以证吕思勉之先见。

事实上但凡大师硕学鸿儒，岂会想到著作字数之多寡，直是心地高下不同。吾业师郭廷以先生一生何曾想到著作字数，而今时由我稍作统计，不期然，其生平著作超过五百万字，此琐事不必占据正文，请阅附列之计算表。如此胸襟气度，光明坦荡，自然平实，如此方得被尊崇为一代大师。我自始至终，绝对肯定一个大学者有辉煌成就，自当抱有自信自满之态，本是人所难免，决不在此对严耕望有任何挑剔。首先站在历史语言研究所之各名家学者，看来少有人能有著作达于五百万字者。所知陈盘及王叔岷老师是著作丰富，自必能有五百万字著作。事实上我敬佩他二人决不稍减，其他屈万里老师仍自是国学大师，其著作未必有五百万字。(王、屈二位是吾之业师)

扩大视域来看，同样在中研院作研究，尚有其他研究所。我站在近代史研究所的立场，一面健羡严耕望著作之丰赡，一面亦要明白举示近代史研究所早有丰硕成果，论质论量超越他所，决不输阵。在此不需再重举郭廷以夫子，他在 1955 年 2 月创始研究所，地位与研究院中周鸿经(数学所所长)、李先闻(植物所所长)、李济(史语所所长)、凌纯声(民族所所长)具同等地位。其时我的业师王叔岷、屈万里尚只是副研究员,严耕望、杨希枚尚在更后。其时我无不尊重历史语言研究所之一些前辈学者。我做大学生时就邀请过董作宾、芮逸夫两位大师到校讲演,即在1955年进入研究院,一直亲接者有徐高阮、李光涛、杨希枚、吴缉华,俱是一意请教,未尝失礼。但到80年代后期,我已久在香港任教,亦早具学问自信,早悉学界行情。严耕望五百万字著作一出,不能不钦羡之际躬自反省。回头估一估近代史所有无敢成敌体之人。

在此以计量而言,顺着五百万字标准看,我们近代史研究所之第二代有两位敢说不输过严耕望。其一是张玉法院士,他做院士当之无愧,他之已出版著作不下于八百万字,如有不信,可以拿其著作文章来计算,我不愿开列于后,因为太占篇幅。第二位有著作超过五百万字学者就是鄙人。我只拿在大陆出版之十九种专书作代表,不下于五百万字。在不久出版者尚有四种书未计,一些学术文章亦未计。大陆出版之书,俱说明每本字数,请取来拙著加以核计便可知晓。

单是论量,尚未必见出高下。如果论其质来,则少不了傅斯年、凌纯声、芮逸夫、董作宾、陈盘、劳榦、屈万里、王叔岷、全汉昇、周法高俱当享崇高学术地位。严耕望当然是饱富学识,但其所占领域只占唐代官制及唐代交通。鄙人当不输阵,质亦不输阵。鄙人论史学之书有三种,论思想史之书有四种,论军事史之书有三种,论外交史之书有二种,论社会文化史之书有二种,论基督教之书有一种,论古代史之书有一种,论孙中山人物之书有三种。而越界进入文学领域之书有一种。在质而言,我涉论到九种不同门类,若须比较,不能漏列。肯定之事实而言,学术之高下,要看重质,固是很自然,郭廷以夫子一生从未意及于量,张玉法院士亦向来也未想到著作多少文字。我想同道后学可以拿来计算一下。同是在研究院做事，近代史研究所是不可对人输阵。但必须讲质，方可传世不朽。

附记：

郭廷以先生生平著作统计数据：

1.《近代中国史》，第一册，45 万字。

2.《近代中国史》，第二册，45 万字。

3.《太平天国史事日志》，正文 63 万字，附录 14 万字，共 77 万字。

4.《中国近代史事日志》，二册，总计 88 万字。

5.《中华民国史事日志》，四册，总计 187 万字。

6.《近代中国史纲》（原称 70 万余字，经郭氏削减至 60 万余字），计全书 60 万余字。

7.《近代中国的变局》，郭夫子逝世后，近代史所为之结集而成，总计 41 万字。

8.《太平天国历法考订》，此书绝版已久，未作字数统计。

9.《台湾史事概说》，1954 年印，未作字数统计。

2011 年 7 月 4 日写于多伦多柳谷草堂

钱穆晚年开讲中国史学名著

钱穆先生于 1970 年及 1971 年在台北中国文化学院（今之文化大学）两度开讲《中国史学名著》，乃由其门人戴景贤先生一手录音并整理全稿，最后由钱先生加以订正润色而成全书。其稿多保存原讲论时主旨内涵以及加插旁语，重在会观古今，评比当代，条分同异，综论流变。有诸多警语，忠告后学。以讲述史学学问而言，正是钱穆毕生治史最成熟最专擅之一种史学史乘通论。虽其自言非学术著作，而实为史家应阅读之中国史学史精华所在。吾自十分推重，视为治史必读之书。

吾何以特别重视此书？吾非不知钱氏乃是一代史学大师。早在其他文中提到钱穆生平治史其重要学术著作而能传世者，则有：《国史大纲》、《近三百年学术思想史》、《先秦诸子系年》、《两汉经学今古文平议》以及《朱子新学案》等。当然钱氏亦有不少通俗性著作。但鄙人相信，其生平著作之最值得传世广用者乃是此一种《中国史学名著》。吾亦相信此是当代一种最有价值之史书。

钱穆讲此论题，已年近八旬，饱富书史，久历世变，见多识广，淹贯群学。学生能读大师之课,真得天幸。

须知,一年讲学,为时非久,然此一年中钱氏讲论古今史书有二十三种之多,包罗:《尚书》、《春秋》、《左传》、《国语》、《战国策》、《史记》、《汉书》、《三国志》、《后汉书》、《高僧传》、《水经注》、《世说新语》、《史通》、《通典》、《新五代史》、《新唐书》、《资治通鉴》、《通鉴纲目》、《通鉴纪事本末》、《通志》、《文献通考》、《明儒学案》、《宋元学案》以及《文史通义》。钱氏有谓,中国史学名著尽于此矣。一年讲完许多名著,真不容易也。

钱穆此项讲义于 1973 年出版问世。吾之重视其书,自与个人研究近代史无关,只因鄙人原在师大研究所开讲《史学方法》,凡关史学学术著作,亦在时刻注意。只因参考史学史之书,已读过金毓黻之《中国史学史》、魏应麒之《中国史学史》,实未再详阅钱氏之书。但曾在读大学时期阅读过《国史大纲》,惟当时科学派史学风气正盛,台大、师大学生已多不重视《国史大纲》。我尚读过钱氏所著《中国历代政治得失》,算是精通他著作。无论如何说,我自是并未重视钱氏此一最成熟之史学史书。我早推尊金毓黻为中国史学史大师,载于拙书《新史学圈外史学》,在同一书亦推尊钱穆为大师。我已在各项文章推尊钱穆先生,在他晚年最后亦有幸在他来香港中文大学时得坐在一起谈话,乃是其大弟子孙国栋教授之安排,孙氏乃真正儒生也。那时已是钱氏九句高龄,我自记忆不忘。到今时吾亦年逾八旬,方能以钱氏之名而做专文介绍,自不免追悔未早读其《中国史学名著》。惟今时来写此文,亦有今时感触,今时识解。

钱穆之讲论史学名著,无论任何一书,所论必出自生平阅读之心得,陈说领悟之重要处。何者为一家之言,何者具通识卓见,何者为后世开宗,何者关乎学术流变。尤于今世史学之走向没落,每表忧心悲观,再三、再四、再九、再十,不断提示警惕,忠告后学。但终不免言者谆谆，而听者藐藐。

吾读其书，聊具心得，深信钱氏读史阅历，自有许多深入识解，说来变化后生，吾之发现而揭举者，恐难尽其书中之精彩处，不揣末识浅学，愿胪举以就教于方家。

其一，论中国之有史书，钱穆自循前人旧说，而取《尚书》、《春秋》为中国有史书之前驱代表。惟史学之一门学问，钱氏则以《春秋》为代表。盖为孔子所重，因是钱穆肯定认为中国史学出于经学，是由经学中分化而出者。此即钱穆之创说，亦实合于学术流变，盖本之于刘向、刘歆及《汉书·艺文志》，其中不为史学独立门类，六艺中之春秋一门包罗《太史公书》以及《战国策》，实俱当属于经学。此可贵者，则在于史学出于经学，而经学实是中国上古学术大宗。钱氏论史学流变，实记载于其书中"综论东汉到隋的史学演进"一章，有精深之分析。他书不会有此一章。应当反复细读。

其二，钱穆向以把《高僧传》、《水经注》、《世说新语》三者列出一章介绍，他说明重要之点，在为佛教输入中国后，已有专书记载佛教史，《高僧传》及后起之续传，已代代承绪，形成一种专史，是一门宗教史学术。

至于介绍《水经注》，则钱氏通论古今文史名著结合在名家之注而益加强调其重要性，故先提示四大名注，即《三国志》裴松之注，《文选》李善注，《世说新语》刘孝标注，以及桑钦之《水经》而有郦道元注。钱氏亦明言此为地理专书，应作名著介绍。盖使后学见到人文地理变化，水道沧桑，关系世运盛衰，史家论地理沿革，已是专门学术。

至于介绍《世说新语》，其重点在考见魏晋以降之士风，以见末流衰世，其富贵名士，自多游惰颓废，好逸恶劳，自不免惘忽国难，醉生梦死。实史家之实录也。钱氏论次，亦作前后比观。凡上举三书，世少待之入史，乃出钱氏特识也。

其三,钱穆谈刘知几《史通》,称誉甚少,而批评最峻厉。所以收于史学名著者,在肯定《史通》在中国史学领域具有开创史学通论之独特价值。同时亦表扬刘知几所创说:史才、史学、史识之史家三长论。凡此俱为世人熟知,非钱氏所发明。惟其对于刘知几之治史论学,意趣风格,均从负面诋其偏颇固陋,自以为是。钱氏书中专论《史通》占十二页篇幅,乃是逐项提示批评,在此不能一一分载,惟不见其指摘之辞,其较笼统而全面者当直引钱氏之所言,以为信据:

> 上面讲过隋书经籍(志)中许多历史书,刘知几几乎都看到,也都批评到,似乎不能说他无史学。然而他所重只在文字上,在方法上,说不到有史识。则其所学也就另外是一件事,不能说他真学着历史。因为他只是在那里讲几部历史书,并不是在讲那几部历史书中之历史。诸位读了刘知几的《史通》,最多仅知道些我们该怎么来写历史。他只在史法史笔上注意,倘使对这一段历史自己并没有一番很深切的见识的话,那这些史笔史法也就根本谈不上。这是我讲刘知几《史通》的大缺点。(据钱穆之书 156 页)

以钱氏介绍《中国史学名著》而言,能严正批评史家之缺点者只有刘知几及其《史通》,钱氏此番评论几乎是整体否定《史通》。钱氏只用十二页篇幅介绍刘知几《史通》,其厉言批斥者多甚于上举之言。

吾向开讲史学方法,并且撰著专书《史学方法》,岂有不熟读《史通》之理,手中早有两种版本,有浦起龙之释、吕思勉之评、一种,有赵吕甫《史通新校注》一种。反复阅读,再三再四。吾自推重刘知几创说史学三长之说。自 8 世纪至今千古不变,亦同钱氏言及中国史学通论之书,以《史通》为创格,刘知几在史学上之贡献少人能及,功不可没。

吾所参阅相关之书,前已陈明曾说金毓黻、魏应麒两家之《中国史学史》一般介绍,于刘知几少有非议。重须特为陈说者,吾亦早阅读大陆史家张舜徽之《史学三书平议》(1983 年),其全书二百二十二页,而专论《史通》占一百四十一页,达全书三分之二。论《通志》总序只占三十页,论《文史通义》只占五十页。钱、张二人吾均曾拜见过,睹面闻其謦欬。吾在另一文曾言,以论学术贡献,张舜徽不能望钱穆项背,有举实证言。若论同一涉谈《史通》,张加详于钱氏十倍,然张氏据《史通》逐章次篇次逐段逐题评述,而钱氏乃各就重点题眼,评其大体大意。张氏篇幅十倍于钱氏,只有非议之处,而无否定之言。吾前著文亦引括张书。然于钱氏不止在专论《史通》之章抨击刘知几,其他篇章亦每每反复批评。但我则仍是尊重钱氏观点。盖钱氏评比刘氏,乃站在看《春秋》,以至《史记》之史学整体大局,而评刘氏偏颇,特以"疑古"、"惑经"两篇,刘知几大受钱氏攻伐,痛斥刘知几背离史学传承正道,以小智小慧,讥弹史界前学,而建白又多不中肯。且钱氏此书论断,亦自表现其生平治史志节,当须体察其用心。

其四,钱穆推重杜佑《通典》具高远识见。

钱穆开讲《史学名著》,用篇幅最多者为《史记》,占三讲时程,而其次即是讲《通典》,占上下两次时程,《左传》虽亦占两讲,但其中尚加上《国语》及《战国策》。总量估计,在钱氏此书中,当以《通典》占第二位。

钱穆介绍《通典》亦是大处着眼。首先推重杜佑作《通典》开创史书一门政典之学,虽然《史记》八书、《汉书》十志亦是政典之学,但只占纪传体中之一个类次,而《通典》则是纯粹之政典专书。钱穆以为自秦汉大一统之政局以至隋唐大一统政局,千年之立国政术应该有学术上开出专门之学。以备后世代代参考,因是钱氏十分推重《通典》。

杜佑乃是唐中叶德宗、宪宗时期曾担任朝中宰相,不止一任,饱富政治阅历经验,是从实际执政经验而纂著贯通古今政治之专书,成书二百卷,分门九类,提供后世论治者之参酌。实是学术上一大贡献。钱穆讲到《通典》开政典学术之路,因以讲到三通,即杜佑《通典》、郑樵《通志》、马端临《文献通考》,顺势亦并及于近世之九通。乃加上《续通典》、《续通志》、《续文献通考》及《清通典》、《清通志》、《清文献通考》。自见杜佑创始规模,乃有后世各代踵成。钱氏亦自述早年曾想写一本《中国政治制度史》,却一直未能从事,而在到台湾写一本《中国历代政治得失》,乃是简略概述,供学界能知道前代之制度与历来执政者之运用成败,作为今世参考。(按:鄙人初入研究院即已读过《中国历代政治得失》,迄今手中有陶希圣及韦庆远两人之《中国政治制度史》,陶书四册、韦书一册。另尚有吕思勉之《中国制度史》,韦庆远之《中国官制史》,左言东之《中国古代官制》等书。钱氏可以放心。)

钱穆推尊杜佑其人在于他是从政之宰相,饱富政治实务经验,却抱负使命感,写书传至后世,自是难能可贵。尤可敬者,杜佑著书非在晚年,其书在唐德宗贞元十七年(801年)献于朝廷。当知从政并无碍于著书。

钱穆最称赞杜佑《通典》之全书结构编次,将二百卷之书分开为九门政典。依次为食货、选举、职官、礼、乐、兵、刑、州郡、边防,适正符合汉、唐大一统政局之施政程序,食货居最优先,自古《尚书》洪范八政,一曰食、二曰货、三曰祀(祀祭礼拜)、四曰司空、五曰司徒(民政)、六曰司寇(刑法)、七曰宾(外交)、八曰师(兵政)。一系下来,有数千年传承。钱穆言谈之中,夸示中国制度优于世界各国,吾自服膺,信为至言。国人当可一一比较之。

钱穆通观古今政术,就历代入仕为政之观察,提其政治上通博之见解。其所言放在介绍马端临《文献通考》之一章,十分明达深入,可为不刊之论:

汉代人的政治知识和才能,乃是先从下层的地方政治磨练出来。当然不是说他们不读书。（按：汉人须能识九千字方可为吏。）唐人考进士（有似今时之博士），仅通一点文章诗赋，又喜欢研究佛学，政治上的知识，乃从门第中来。到了门第衰落，政治也就完了。所以唐代人像是不讲经学史学，但他们实际上有一套学问，可以来在政治上贡献，杜佑就是一个。到了宋代，门第没有了，都是一辈读书人自己立志要改好这时代。然而汉代的读书人和唐代的读书人乃至宋代的读书人，显然各不同。真是要凭学问来跑上政治的，比较是宋代人更如此。所以宋人在政治上多理想、议论。不如唐代人有一种实际的事功。（据《中国史学名著》，页278—279）

钱穆此一论点，正是通览古今政治实情，自史乘上结出综合论断，自是一位史家最成熟之研究精华，可谓是一家之言。

钱穆并非只论古史不理现代，其书处处举示当代一切，不胜枚举。今可不引原文，略述其所评当代我国之政治知识与政术运用。语词隐约，却能透入心脏。那时是上世纪70年代，他说今时之政治历练只有两途，其一是做政党人士跑出来担政治，其一是留学外国回来当领导，却绝无一人是曾在外国担任公职，而回国可以一跃贸然操持政柄。自必须从中有一番磨练，中国政治即是试验品也。看来钱氏此论不刊，有心人俱可时时一一覆按也。值得一读钱氏之书。

其五，钱氏讲述司马光《资治通鉴》、朱熹《通鉴纲目》、袁枢《通鉴纪事本末》。

钱穆论述中国史学，古代重《春秋》，秦汉时期重马、班、陈、范四史，而中古则特重宋代。钱氏讲唐代只重《通典》并严斥刘知几，却于宋代分讲欧阳修之《新五代史》、《新唐书》，司马光之《资治通鉴》，朱熹之《通鉴纲目》，袁枢之《通鉴纪事本末》，郑樵之《通志》，而宋元之交原宋人马端临之《文献通考》，前后有七种之多。而明代仅举黄宗羲之《明儒学案》，清代亦仅举全祖望之《宋元学案》。惟清代史家则推重不少学者，但不视为著作（即指钱大昕、王鸣盛、赵翼等人之考史各书），实则清代名著只举示章学诚之《文史通义》一种。统观其书全体，自是最重宋代。

司马光之《资治通鉴》全书二百九十四卷，上接《春秋左氏传》，下迄五代史，明言继承《春秋》为编年之史，自春秋末三家分晋，田氏篡齐，乃至五代之末年，前后一千三百六十二年，为古今一贯之编年史，虽是继承《春秋》而叙史事加详，章法近于左氏传，后世亦备称司马光实开创通鉴之学，后之继承者续有续通鉴，《通鉴易知录》、《御批通鉴辑览》，以至《明通鉴》等书，俱不以为继承春秋，因成为后世通鉴之学。

钱穆当然通读《资治通鉴》及《通鉴纲目》，以至后续之书。同代史家亦大有其人，近在台湾一地，所知吾业师郭廷以夫子、程发轫夫子、陈致平夫子实俱早读《通鉴》，此外台湾一地通史名家傅乐成及李定一亦因写作通史必已熟诵《资治通鉴》，惟在鄙人则须坦白承认未读过通鉴，仅在大学二年级国文课由程发轫老师选读其书中"淝水之战"，使吾获益不少。读此课得知苻坚豪语"投鞭断流"之典，而知苻坚由西北赶赴江南，并非一路乘马，而是坐名贵之云母车前往。云母车非中国车制，而为近代轿车前驱，不是帷车而是房车，三面装嵌云母片为窗口，可以透光，其质轻而不易破，驾马前辕后辕应为两马驾驶，大抵只有苻坚一人之御用，是以名贵。此则余之读史心得也。

钱穆自申叙司马光经营此书之经过，以及仔细发觉司马光《通鉴》有不收录之重要人物，提到屈原、鲁仲连、严光等人，不见于《通鉴》，大陆史家张舜徽亦有言及《通鉴》一书不收载屈原及严光，两人俱谓，编年史记大事，不以人为主，若非大事有关，即难列载其中。

钱穆论《通鉴》不免大谈史家笔法，盖凡涉皇统，则下笔自须确定宗主,如此亦自招来史家不同之主张。由此正统观念,连带促使朱熹要自写《通鉴纲目》,此书共五十九卷,而下笔意趣自与司马光不同。钱氏研究朱子新学案,朱子之书无不拜读,故特立一章介绍《通鉴纲目》。钱氏介绍朱子纲目,因正统观念提出许多今时之政局,语重心长,愾叹史学之衰后继无人。像通鉴之书,尚还有谁人肯续能续?吾乃治近代史者,近世编年著作已早有,不便在此质难钱氏,吾终须同情钱氏是有心人,至老不忘史学之未来前程。吾亦年逾八旬,实深领悟钱氏心情,他看不到未来,真是窘困无奈。

在此要接谈钱穆在同一讲章中又介绍二书,一是袁枢据《通鉴》内容而作成《通鉴纪事本末》,乃是中国史学上添一体例,称之为纪事本末体。同时又举清代人马骕所著《绎史》一百六十卷,自开辟之世叙至秦汉,亦是纪事本末体。钱穆引据《四库全书提要》之言曰:"马骕《绎史》,与袁枢所撰,均可谓卓然特创,自为一家之体。"(《中国史学名著》,页241)

虽然钱氏讲述袁枢之《纪事本末》自亦看重其开创史学体例,有功于后世学术,踵其后而有种种纪事本末之书相继问世,甚至补足春秋时期而有《左传纪事本末》。然钱氏殊不看重《通鉴纪事本末》,评其不足以为史学之作,并直言袁枢全无史学史识,明白告人勿读其书。其轻视袁枢,远较刘知几为甚。所谈史学名著,最多暴其短,除重其开创新例,别无一言推许。所见多与章学诚相同,而具体举证,斑斑可考,决非任情批斥也。

综观钱穆先生晚年讲学,熟论中国史学名著二十三种,精简核要,一年讲完,同代学者难能做到。全书仅有三百余页,阅读亦不费力,浅白晓畅,深入浅出,多出老到成熟饱富阅历之言,后学小子初治历史者自当充分阅读,以启智进功之引领,当于学问大有帮助。鄙人治学六十年,愿以经验所及推荐初学者诵习参酌,出于至诚而言之也。举示上述五端，不足其书什一之量，尚祈学者别有发明耳。

吾之本功，只在中国近代史，与钱氏非同流同系，惟因看重近代学术流衍，颇尽心于今代之史学，在此一点吾实早自有相关著作，近代史学有三个显著重点不同于前代。此三者，一为史学方法，前代所不涉论也。钱氏早有《中国历史研究法》，钱氏之师吕思勉（秀才）亦有《历史研究法》，而梁启超之《中国历史研究法》（民国十一年）亦非最早，尚有更早者缪凤林之《中国历史研究法》，而鄙人亦于 70 年代（1976年）刊布《史学方法》，我自有师承渊源，与诸家俱无关涉。

当代第二项史学学术重心为史学通论，我做学生时亦读此课，自有师承，治史多年后，亦著有此类书，是即《新史学圈外史学》一书（上海出版），主要在表明吾等治史自有家法，并未追随风气，任意打新史学招牌，详情见拙书。

当代史学学术第三个重点乃是最浩繁领域之中国史学史。启自清乾隆时期之钱大昕、王鸣盛及赵翼等。四十年前早有杜维运教授之专门研究。吾在近年亦有专书乃《二十世纪非主流史学与史家》，应属当代一代之史学史。吾之早购备钱穆之《中国史学名著》者，乃待之中国史学史而必加参阅，前已申言，名家之书，早已拜读金毓黻、李宗侗、魏应麒三人之书（《中国史学史》）。今做此文者，待钱氏之书为一代之之中国史学著作读诵之。吾亦同道中人，非凭空立说也。

最后我似应再作一些解说，以免后人仍存在疑难。我所引申，亦自负起学术责任。首一件是钱穆在其介绍《新五代史》时盛赞欧阳修之著作。特别声明，自马、班、陈、范之四史之后，由私家著纪传体之书者，只有此《新五代史》一种，此说后人必定宗奉。实际上钱氏漏列很重要一种私家著作，那就是清末民初翰林出身的柯劭忞，以私人一人之力，撰著《新元史》，论质量论难度，均在欧阳修之上。

次一件，钱穆书中自己承认，说到他同时代学者们之学问造诣，已不如他们上一代人渊博深厚。此非特别自谦，看来我这一代学者亦已不如钱穆一代学者之学术造诣。若有人一定要求举证，我可略举钱氏之上一代民国初年之大师级学者有沈曾植、缪荃孙、柯劭忞、王闿运等，可确信学问高深在钱穆之上，也在王国维、陈寅恪之上。

末一件，钱穆之书提到一些同时代学者，俱只提到而未置评，却在书中稍稍批评梁任公（梁启超）。在此若果不引原文一定被人议为妄造，请参阅钱氏所论：

> 今讲到史才，如举近代梁任公为例，他写的《中国六大政治家》，特别写到其中的王荆公，他又写《欧洲战役史论》、《清代学术概论》等。我觉得梁任公该可说有史才，他实能写历史。但所不足的是在史学。他究嫌书读得少，并也不能精读，因此他对这一时代的事情真知道的不多。他论王荆公变法，论清代学术，均无真知灼见。他并没有在这些上详细的学，他可能是有才而无学。至于说到"识"字，那就更高一层。梁任公讲《中国六大政治家》、讲《清代学术概论》，均嫌见识不够。（引自《中国史学名著》，页155）

我辈近五十年来研究梁启超之风气甚盛，学者甚多，鄙人亦尚多谈梁启超之倡《新史学》，以及梁氏之影响于近代之小说文运。早有批评与推重。批评甚烈者见拙著《新史学圈外史学》（上海出版），推尊其于文运之影响者见拙著《中国近代文运之升降》（北京中华书局出版），敬请方家指教。对于钱穆在其书中两度批评梁任公有史才而无史学无史识，作何看法，我实充分肯定，完全赞成，吾无间言。自是本之学识评断，无所偏倚。

2013 年 1 月 5 日写于多伦多之柳谷草堂

郭廷以之史学

引　言

　　郭廷以先生乃一代史学大师，生平著作宏富，曾任教中央、清华及台湾师范大学，桃李满门，菁英辈出。特以辟创近代史研究所，陶教裁成一家学派，造就数十位专门近代史后进学者，世称"南港学派"。早期清华门人有张贵永先生乃成一代西洋史学大师，尚有中央大学之唐德刚、窦宗一，政治大学之郑宪，俱在国外成名，尤以唐德刚为一代外交史大师，有鬼谷先生之誉，其造就第一代门人尚有王聿均、李毓澍两人，各有专书问世。

　　郭夫子第二代门人，以在南港创设近代史研究所，而收录后进学者有吕实强、李国祁、邓汝言、李作华、王萍、王玺、王树槐、李恩涵、林明德、陈三井、黄福庆、张朋园、张玉法、张存武、张秋雯、赵中孚、刘凤翰、陶英惠、陆宝千、陈存恭、苏云峰、魏秀梅、谢文孙、郭正昭、马天纲、许大川、李本唐、史静波、贾廷诗、吴章铨、亓冰峰、李正三等人。鄙人忝附骥尾。此是南港学派阵容，出于郭夫子亲手调教，皆是入室弟子。

大师陶铸人才,言教身教同时兼施,创设近代史所,无论所务百忙,仍必时作学术讲演,所中留有大事记可据。门人但凡受教,各本其志趣而有重点用心,再加分派各样编辑工作,遂被一一领入治学门径。虽是同一近代史领域,而各自发展,各有成就,各具特长,各展才智。乃使同一师门而人才济济。

南港学派成名家者不下二十余位,各本专业,俱能独当一面,著书立说,建立学术声名。无从于此一一列举。

郭廷以先生于 1975 年在美病逝之后,门生故旧及学界同道,怀仰典型,多有追忆载述。其重要结集之书有四种:一为《郭廷以先生九秩诞辰纪念论文集》,陈三井主编。二为《走过忧患的岁月》,陈三井主编。三为《郭廷以先生门生故旧忆往录》,近代史研究所口述史丛书。四为《郭廷以先生百岁冥诞纪念史学论文集》,李国祁主编等书。俱见门人友朋等后学感承师道之隆,依念教诲之恩。

我辈门生后学纪念先师,多人宣白,多样陈述,足以暴表大师创此学派,造就专门名家之继承者。夫子当必含笑九泉,慰其辛劳,各负才学,独当一面,亦无负夫子所教,自不待言。惟以我个人反省畴昔,体察生平受益,乃有今兹造诣,则所得者厚,而报恩者甚微。夫子殁后,做文涉论夫子学问者,有文四篇小作一篇,俱谈其教导后学,提携后进,遭遇逆境,忍气吞声,多在鸣咽鸣愤,痛恨金壬,不能将夫子学问专意载述,心实不安。环顾同辈学人,似亦未尝一意介绍师门学问,颇引为遗憾。我已年在耄耋,怎可一再牵延?终须于此一专文,略加载述所知师门生平学问。要向同门师友告罪,大胆操觚,恐不能备揽夫子之学,难免以蠡测海,挂一漏万。

一、编年史学

在此谈到编年史学,世人自是以工具书看待,我人治学,置之几案,每人亦必视为工具书。郭廷以先生在其所著《近代中国史事日志》书中,亦自承认所作是工具书。此乃不争之事实。

由于如此著作是工具书,而大多学者实亦少人从事编写此类年表性之书。认为只是死工夫,靠勤奋日积月累而撰著此种工具书。亦往往视为不能代表学问,亦不待之以学术著作。然而我在今日要表达自己的严肃看法,我认为若写一代全面史实之日志,乃是不容易做之事,一位史家要做此事,须恃查证考察之繁密功力,此其一。眼光须敏锐看出史实关节,变化趋势,前后呼应之透视力,此其二。必须胸襟开阔,照顾全局,不能有所遗漏。不能有好恶之思,而使记载偏颇,此其三。文笔要简洁,用字须讲究。盖词意不同,对史事之描述有不同表现,故须运笔精核切当,此其四。史家记载一代之史,包罗广阔,记录适足明喻真实,此须恃之学力、识力与长期涵泳之学养,看似简单,实不容易。须知世上许多工具书,决不可能咄嗟立就,精神毅力,必须可恃,世人不能轻看。

郭夫子草撰日志,取编年史体制,当是古有渊源,乃春秋家之遗风,中国古史之大宗者也。

唐代(八世纪)史家刘知几著《史通》一书,首篇提示国史之六家,是谓尚书家、春秋家、左传家、国语家、史记家、汉书家①。此乃早见史之家派分野,而以《尚书》为最早之书,为六经之一种,西方学者称之为 Book of History。而《春秋》一书,乃据鲁国之史,上自隐公元年(公元前 722 年)以至哀公十四年(公元前 481 年)为断。看来《春秋》为晚,亦被列于儒家六经之一,西方学者称之为 The Annals of the State of Lu。当代论史之家检考古籍传载,大致言,春秋时期各国皆有春秋,乃有百

---

① 唐刘知几撰、清浦起龙释、吕思勉评,《史通释评》,台北,华世出版社,1975 年印,页1,六家。

国春秋之说,《墨子》、《孟子》俱有指称,当知晋、楚、齐,亦各有《春秋》书。有考论可据。郭廷以先生治史之学术所本,盖即春秋家之一流也。(春秋家派之说,创自刘知几,本文所据以论史也。)

春秋家所掌之治史工夫,即是此处所论之编年史学。

刘知几提论六家之后,继开一章论二体。二体云者,即指编年体及纪传体之历史著作,于此自须体察刘氏所辨,春秋家编年体之特长,举其表述:

> 夫春秋者,系日月而为次,列时岁以相续;中国外夷,同年共世,莫不备载其事。形于目前。理尽一言,语无重出。此其所以为长也。①

看来郭廷以夫子之编年史学,无异于刘知几之所道,乃是春秋家看家本领。

相较于刘知几之前说,以观察郭氏日志之论旨,则明确可见尤进于缜密周备,器局宏阔。兹举郭氏所指出的编写宗旨:

> 历史为一不可分的整体,绝非孤立独处。不只是时间上有其连续性,空间上亦有其交互性,而以近代为尤著。所谓"六合为一国,四海为一家",中国历史已与世界历史融合为一。此激彼荡,息息相关。这种现象,自东西海道大通之后,愈形来得显著。到了中英鸦片战争,可说是急转直下。本书记事,开始于鸦片战争,而于战前的中西关系,仍择要编年,以明其由来。及禁烟事起,始按月日系事,虽以政治、外交、军事为多,其有关经济、文化者,亦尽可能纂入。②

---

① 刘知几撰、蒲起龙释、吕思勉评,《史通释评》,页27,二体。
② 郭廷以编著,《近代中国史事日志》,台北,1963年印,全二册。此据郭氏自撰"编者说明"。

于此一段说明,可以见出郭先生之撰著方针,既须继承春秋家前徽体制,亦并以著当代史而因应现代世局演变趋向,足以实践史家撰写当代史之天职。

《近代中国史事日志》,网罗近代史之晚清部分,纯为编年史型制,备载中国所当世界变局,与中国朝野上下之穷于因应,外力冲击严酷,中外交涉频繁,战争连年不断,国土日蹙百里。此期历史,真是忧患时代。《日志》靡不载列,实为当代信史。1963 年刊印问世俱当郭夫子在近代史研究所所长任内,百忙之中,亲手校印,出此巨著,殊不容易。鄙人一生研治近代史,凡遇大事,俱能查阅见其原委,简省日力,可谓方便。

事实上,郭廷以先生之撰著编年史书,最早出版问世者乃是《太平天国史事日志》,在 1946 年 4 月由商务印书馆出版。其中尚有一段周折,原来郭氏早在 1940 年以全稿交付商务印书馆排字付印,全书达于一千四百余页,却因抗战播迁,竟而不能出书。当年已早有罗家伦先生读到全书校稿,而于 1940 年 8 月 29 日撰写序文,并亦交付商务排印,当节引罗先生序文,以供识者覆案。

> 郭廷以先生治史是很审慎的。他认为要写太平天国史,必先把太平天国的史实,用比较的方法,考订其准确性;再按其时间的顺序列举下来,以时间来统帅综错复杂的事实,俾便发现其因果或前置(Antecedent)与后随(Consequence)的关系,然后可以著笔。结果就成为这部一千四百余页的巨制——《太平天国史事日志》。①

太平天国虽只有十四年兴亡史,但在史学领域而言,乃是独特而专门之史。清廷早在同治十一年刊印《剿平粤匪方略》达四百二十卷,自具广泛史料价值。至官私士绅之著作,亦在晚时期刊印甚多,惟凡

---

① 郭廷以编著,《太平天国史事日志》,上海,商务印书馆,1946 年 4 月初版,1976 年 2 月台湾第三版。罗家伦先生序。

此清代著作，后世俱待之为史料参考，不能侪于著作之列。凡相关太平天国之学术性著作，其具有权威声名者则有郭廷以之《太平天国史事日志》，简又文之《太平天国典制通考》及《太平天国全史》，罗尔纲的《太平天国史料辨伪集》及《太平天国史料考释集》，三人俱具大师盛名，而各有研治重点与表现手法，可以博大精深称誉三位学者。

郭廷以先生毕生从事编年史写作，勤奋将事。上举两书之外，夫子尚有一种更大部头之日志，在其晚年完成，在其身后刊印，是即《中华民国史事日志》。自是编年史巨著。郭氏晚年辞去近代史所长职务，流寓美国，仍是写作不辍，仍能以较为短期之逆旅，写完其不朽巨著之《近代中国史纲》，近七十万字。因此时期，将《中华民国史事日志》之文稿，作整体勘定，于其生前最后一年，草成"备忘录"三条，明确交代经营原委与增补重点。简要清晰，足供后世读者参阅分析，果见一代大师，负责到底。其所条举，甚值观览，兹当引列于次：

一、民国十五年（1926）编者开始撰辑《中国近代史事日志》，所用图书报刊及其它数据，以来自中央大学（时名东南大学）、金陵大学、江苏图书馆、清华大学、北京大学、北平图书馆、上海杭州各图书馆者为主。1938 及 1939 年，曾由中央大学两次油印，用供学生检阅。是后赓续其事，随时补充，并于 1957、1960 年访问美国时，参考各大学及国会图书馆庋藏，加以增订。1963 年，清季部分（1829—1911）在台北出版，正文 1450 页，附表 95 页，分订两册。

二、民国部分（1912—1949），亦即尚待印行者，份量较清季部分为多。拟分为三册，1912—1925、1926—1937、1937—1949 年各为一单位。

三、目前 1912—1925 及 1926—1936 年之部，虽大致完成，惟仍须修正，并增加提要与附表，大约需时十二个月即可付印。

1937—1949 年之部,撰写之时,正值大局多故,参考数据不易获读,有待补正之处较多,大约亦需时十二个月,方可竣工。①

夫子写此备忘录,预计待时二年,其书可补充完竣。然未料同年(1975)9 月 14 日因心脏病发,病逝于美国。门人后学既痛伤先师之逝,亦深省师门手泽须能经理问世,此在近代史所同仁无不重视《中华民国史事日志》之问世,乃由前后继任所长王聿均、吕实强等将此书稿,由近代史所安排付印,于夫子仙逝后之第四年(1979)刊印全书为四册,用以作为纪念郭夫子开创近代史所,一手培育后学各成专业名家之重大贡献与陶铸恩谊。

郭廷以夫子毕生研治编年史,专擅年代学,陶教我等后学,每人俱能编撰历史年表,亦成为近代史所同仁治史专长。鄙人在师门调教之下,很早即于编纂《海防档》、《中法越南交涉档》、《教务教案档》等书,每书俱附有历史年表。我等从事之员皆出门下,有吕实强、李国祁、王树槐、李恩涵、邓汝言、王玺、黄嘉谟以及鄙人,俱为早期从事编年史之后学。年代学实为南港学派共具特长。

事实上郭夫子后辈门人以年代学有成就而名世者,吾可推举三人,一为陆宝千先生,一为王家俭先生,一为魏秀梅女士,彼等专门著作可以覆按。正见夫子调教,造就编年史名家,年代学大家。上举三人是重要继承者。

二、断代史学

郭廷以先生乃一代史学大师,其治史所长,自不在编年史一门,而尚有通史学与断代史学之造诣。惟郭氏著《中国通史》,原备军中袍泽

---

① 郭廷以编著,《中华民国史事日志》,台北,中研院近代史研究所,1979 年初版。前言。

阅读，为"国防部"所印行①。内容简约，发行不广，世少人知，夫子意在浅俗，不以学术著作自待。本文提到，不具研论，供作常识而已。此外，郭氏尚另有《中国民族发展简史》，供军中袍泽阅读，亦由"国防部"刊印。应系通史之同类著作，不具述论②。在此略可说明，郭廷以先生本是博通古今，并非只专近代之一段史事。实际郭氏早在中央大学开讲《中西交通史》，若不具古今史事全程通识，是无法讲此类课的。郭氏大弟子王聿均曾在中央大学修读夫子之课，可作查证③。吾人于此，自当肯定郭廷以先生在通史学一门之学问修养。鄙人亦同时了解在台湾史学界之通史学名家应推重傅乐成先生、李定一先生两人为此门表率。至于任教讲课无著作问世者，为数不少，不具列举④。

　　本节重心自在于介绍演述郭廷以先生之断代史学。说来中国二千年之史学正宗，即是断代史学，二十五史，除《史记》为通史学外，其余俱是断代史学，自占中国史学主流，凡治史者，无不依循其道。刘知几《史通》之六家，标示为《汉书》家，即断代史冠冕。郭夫子既工擅编年史，亦长于断代史，在于中国近代、现代领域着手甚早，用心实深。预计全书写成，可达十一册，民国二十九年(1940)出版第一册，民国三

① 郭廷以著，《中国通史》，"国防部"总政治部，1960 年印。
② 郭廷以著，《中国民族发展简史》，"国防部"总政治部，1953 年印。
③ 王聿均先生访问纪录，《郭廷以先生门生故旧忆往录》，台北，中研院近代史研究所，2004 年印，页 1—50。
④ 本文述论先师郭夫子具有通史学造诣，并未溢美本师，亦未敢漠视同时代学者前徽，乃为重点不在全面探讨，并非抹杀他人。仅提台湾同时期史家，只能举傅乐成先生、李定一先生为此门名家。正文未提早期通史名家，盖在免于泛滥申叙，喧宾夺主。兹在注文引举顾颉刚先生之《当代中国史学》，其书 85 页，所推举一代通史家之说，以供比观："其中较近理想的，有吕思勉《白话本国史》、《中国通史》；邓之诚《中华二千年史》；陈恭禄《中国史》；缪凤林《中国通史纲要》；张荫麟《中国史纲》；钱穆《国史大纲》等。"载《当代中国史学》，民国三十四年(1945)著成。

十年(1941)出版第二册①。两书俱达六百余页,可分述早期中外关系,以及鸦片战争与江宁条约,具见数据丰博,议叙精深,当年有顾颉刚于其《当代中国史学》书中,举示蒋廷黻、郭廷以两人之近代史书,以见时贤方家之定评:

> 蒋廷黻先生的《中国近代史》,系从鸦片战争开始叙述,讫于"七七"的抗日战争开始为止。为书仅四章,极为简单。然言简事赅,不愧为名家之作。

> 郭廷以先生亦有《中国近世史》(按:应为《近代中国史》)。郭先生的看法与蒋先生一样,其书搜辑完备,考证精详。惜迄今亦仅出二册。②

不惟顾氏当年惋惜郭廷以之书,只出一二两册,而此后世变纷乘,郭氏竟一直未有续作,十一册之预计,终生未能实现,真乃永世遗憾。

事实上,郭廷以夫子抱持史家天职,始终以撰著一部断代之《近代中国史》为念,很具有学术使命感,在其晚年一段期间(1969—1975),乘其在美旅寓即筹计撰写一部较简易而能达于完备之近代史著作。原计草成为《近代中国简史》,但经香港中文大学审阅后,建议定名为《近代中国史纲》。原稿近七十万字,稿成后再删削至六十余万字,交由香港中文大学出版。生平宿愿终得以偿。惟夫子自述其先后经营过程,颇值引据,以供史界比观:

> 一九二九与一九三〇年,屡聆罗志希(家伦)、蒋廷黻两先生纵论近代中国史研究问题,欣悉拟合撰一书,嘱为襄助。编者时

---

① 郭廷以著,《近代中国史》,第一册,长沙,商务印书馆,民国二十九年(1940)印。又,郭廷以著,《近代中国史》,第二册,长沙,商务印书馆,民国三十年(1941)印。

② 顾颉刚著,《当代中国史学》,民国三十四年著成,页84。

正纂辑近代中国史长编,不自度量,许以追随。其后罗、蒋先生以任重公忙,无暇及此。编者虽草成长编三册,印行两册,亦以世事多故,岁月蹉跎,未能赓续。一九六〇及一九六三年,廷黻先生旧事重提,殷殷以了三十年前宿愿相勖勉,因之复为心动,惟终惧力不能胜,迟疑未决,而廷黻先生作古。一九六七年冬,旅寓华盛顿,何淬廉(廉)先生自纽约专程惠莅,谓友好多盼早日从事,不妨暂以晚清及民国时期为断,勿悬的过高,总以平实简明,可供一般阅览为尚。再三考虑,允为一试。不久获得夏威夷大学东西文化中心、哈佛大学东亚研究中心、哥伦比亚大学东亚研究所支持,遂于一九六九年秋开始,不意志希先生又继廷黻先生谢世。一九七二年,初稿大致编就,复承香港中文大学中国文化研究所之助,重予厘董,年余而毕。

此书以非学术著作,征引均不注出处,参考书刊资料,亦概行从略。为便于读者核比,仅将近人撰述,择要列举。何淬廉先生始终鼓励,多方关注,固铭感莫名,哥伦比亚大学韦慕庭教授、哈佛大学费正清教授、香港中文大学李卓敏校长及胡昌度教授之厚谊,同志不忘。

郭廷以

一九七四年八月三十日纽约①

于此小记,充分见出郭氏此书之草撰经过,尤在好友蒋廷黻、何廉两教授之督劝与鼓励,而在其晚年,终得完成定稿。惟在此书出版之前,郭夫子竟于 1975 年 9 月 14 日病逝纽约,不免仍抱遗憾。

郭氏《近代中国史纲》一书,终在 1979 年为香港中文大学出版,其

---

① 郭廷以著,《近代中国史纲》全二册,香港中文大学出版社,1979 年第一版,1986 年第三版,2008 年第三版之第十三次印刷。首页郭氏小记。

首附有郭廷以亲撰小记,已加引举。而其书尾又有郭师母李心颜女士所撰书后小记。于郭夫子之晚年辛苦著书,心力尽瘁于斯,以致最后病逝纽约。读之不胜怅叹。

郭廷以所著《近代中国史纲》问世之后,备受欢迎,于 1979 年刊布初版,次年出版社于销售完竣立即改出第二版,鄙人在港任教先事买到第一版。校方出版社因其销量可观,乃即于校字、排录、及装订均加改善,开始是总订一册,以为过厚,至 1986 年再改订两册本,并加增参考书目,始成今时连出十三版形式。当年我俱在香港中文大学,敢说为此改版,曾参与编制参考书目。不敢妄言有何帮助,不过尽一点微劳而已。

夫子之此一著作,不敢说垂世不朽,但确信不同凡响。吾本及门弟子,既不能溢美称誉,亦无能望其项背,怎敢妄议雌黄?

郭夫子之大著,本不宜由我提笔评议,强为荐介,亦难取世人公信。可幸书既问世同年之中即有同道学者撰写书评,是即香港文家司马长风先生,司马长风在香港有文名,而亦曾撰著《中国近代史》问世,得以待之为近代史同道,举其书评,自可见识家论断。1979 年 12 月 24 日《明报》,刊出司马长风第一篇书评,愿引举如次:

> 最近入手中大出版的郭著《近代中国史纲》,欢喜不打一处来:(一)做为近代史的研究者,最大的乐事,莫过于见到有份量的新史著问世了。当阅读新史著时,一方面体察著者的撰述历程,同时也省察自己的研究踪迹。在浩瀚史海中,有如风雨同舟,禁不住互道甘苦。(二)一部新史著,定有其独到的成就,从中可得到新的启发,策进自己的研究。(三)郭先生旧著《近代中国史》出版已久,距当代已远。材料和论断都稍嫌陈旧,现在得见这部

写到中共建立政权、韩战发生为止的新著，怎能不喜出望外。①

读司马长风书评，必须体察其所持立场，明白站在近代史内行同道的地位，吐出心声，质言之，司马长风亦是多年致力研究近代史之专家，香港文界负有声名，其所为评，乃是生平经验之谈。在书评开始已作交代，兹举其暴白：郭廷以先生是近代史大家前辈，所著《近代中国史事日志》，为研究中国近代者不可少的工具书。笔者从这部大著受惠良多，感念有年②。

如此可证，司马长风所展示评介，皆出肺腑之言。故有风雨同舟之慨。

同年同月 29 日，司马长风又刊出接续之书评，标题是《近代史纲的结构》。乃是简明评估郭著驾驭史事才学是具通识之慧心艺匠。可省本人宣揭师门史笔之铺叙，亦必能令读者获得深刻而明晰之印象，故而势须详引司马氏之卓识明见：

> 郭著《近代中国史纲》，全书十九章，第一章"世变前的中国与西方"，属序论性质，本史正文则起自一八三〇鸦片战争前夕，终于一九五〇年韩战爆发，前后一百二十年。郭氏依编年而纪事，划分为十八个专题。做了精简而概括的叙述。从鸦片战争到洋务运动这个阶段的外侮内乱，本书以两组四题加以说明。题目如左：
>
> 第二章西方冲击(上)一八三〇至一八五〇
> 第三章内部动乱(上)一八五〇至一八六〇
> 第四章西方冲击(下)一八五〇至一八六〇
> 第五章内部动乱(下)一八六〇至一八七七。

---

① 司马长风书评，载 1979 年 12 月 24 日《明报》。
② 司马长风书评，载 1979 年 12 月 24 日《明报》。

这种双轨错综交叠的叙述法极具创意。鲜明的呈露了史实发展。使读者对清末内外交迫的国势增加立体的实感。所叙的"内部动乱",包括太平天国始末、捻乱、回乱和苗乱。左右两派史著无不将太平天国列为末章,国民党重视它是种族革命的先锋,共产党青睐它的共产主义彩色。但本书竟将它列内部动乱的一部分,对太平天国的短暂王朝识力与魄力,都出类拔萃。

除晚清内乱外患列为上述四章之外,择为重点,深入扩大叙述的自强运动及国民革命。前者列为六、七两章:第六章忧患中的自强运动(上),一八六〇至一八八五;第七章忧患中的自强运动(下),一八七四至一八九三。所谓"忧患",指的仍是内忧外患。在一般近代史著上,皆将戊戌维新与自强运动并重,专列一章。郭氏此书以自强运动占两章篇幅,而将戊戌维新与义和团事变并为第九章"改制维新与排外",也不同凡响。国民革命分列为:第十四章再革命(上),一九一五至一九二四;第十五章再革命(下),一九二五至一九二八。综括五四运动、中共建党、国民党联俄容共、北伐、国共分裂这大串史实。概称之为"再革命",稍嫌草率。起码五四运动应专列一章。因为它是现代史的洪峰浪头,是关键的关键。①

司马长风用短短报面,谈论郭氏《近代中国史纲》全书精要特色,驾驭一部六十万字大书,提纲挈领,暴表重点,交代明白,用字简洁,而能使人一目了然郭氏大著之特色,在香港文界群贤之中亦足以当誉之为才华绝伦。

转眼进入1980年1月,司马长风复有第三篇书评刊布,题为《郭廷以的史识》。此评正是书评中所要求之识家裁断,世人最需要知道

① 司马长风,《〈近代史纲〉的结构》,1979年12月29日《明报》刊布。

与借重其所评,在此不殚详举其说:

郭廷以这部《近代中国史纲》,可说史德无亏,史识也甚为出众。在史识方面,最使笔者心折的,是显示了太平天国的真相。这在《近代中国史纲结构》一文中已稍有论及。国民党史家誉为种族革命的先驱,共产党视为共产主义的萌芽。郭氏竟直说是"集权统治"。须知这不是论断,而是史实。经郭氏之手还原了真面目。这是郭氏此君卓著而重大的贡献之一。

郭氏历任台北中央大学教授中央研究院近代史研究所所长,与国民政府有深长密切的关系。但在本书中对国民党及国府却能无隐无讳、直录史实。

尽人皆知,孙中山晚年对北洋军阀的政策,是坚持孙、段(祺瑞)、张(作霖)三角联盟,打击直系军人吴佩孚。而在当时张作霖在北洋军阀中表现最为凶残。而段祺瑞则是勾结日本的头号卖国贼。反之,孙中山痛恨入骨的吴佩孚则是相当有威望的爱国军人。国民党史家着笔至此总是曲为掩饰。而本书在第十三章"军阀恣睢"中列有"日段勾结"及"吴佩孚的霸权"两节。矫正了扭曲的史实。

此外,第十六章"两种内战",一九二九至一九三一,实为本书最突出、精采的部分。揭露了许多前所未闻的史实,将乱如麻的局势,组织得条理分明,又达到通变明因。所说两种内战,一是国民党的内战,二是国共的内战。在这两种内战之下,日本军阀乃乘机入侵。于是又陷于内忧外患交煎局面。追本溯源,祸根在国民党的内战。本书对蒋介石、冯玉祥、阎锡山和李宗仁,北伐军四大主力的内战始末,说明最切实。①

———————————

① 司马长风评,《郭廷以的史识》,1980 年 1 月 11 日《明报》刊布。

司马长风之客观评鉴,亦正表现阅读深细,见及郭先生之治史功力与造诣,其所赞誉自是出于真心景仰,评叙中肯切当。当然,司马长风并有第四篇书评,刊于 1980 年 1 月 23 日,意在指出郭著《近代中国史纲》之疏略处,惟司马指谓既有疵议,与郭氏贡献相较,不过九牛一毛。本文自亦不加载述。

郭夫子《近代中国史纲》,于断代史言当可不朽。忝列夫子门墙,吾实不敢赞一辞,幸能采择同道名家司马长风之书评,当可推荐学界参考,且足以弥补吾为此文之罔忽疏漏。

郭廷以先生门下弟子中,能继承断代史而有著作问世者只有两位,其一是大弟子外交史大师唐德刚先生,著有《晚清七十年》,具近代史之形制格局。其二为学长张玉法院士,著有《中国现代史》,适足接续唐德刚晚清之部。

至于前引顾颉刚之《当代中国史学》,书中举示蒋廷黻、郭廷以之著作可勿再重述。而 20 世纪开此一门学问,实是同时代名家辈出。若陈恭禄、周谷城、翦伯赞、范文澜等,以至旅台学者李定一、李守孔、黄大受、李方晨等,亦俱有近代史著作。此一断代史可谓是比前代任何一代更表现名家辈出,蔚然形成一代显学。

三、表系图谱学

表谱图录之学,始定于《史记》之十表,乃司马迁承袭前代牒记,而开创表谱体制。司马贞索引,谓其本之《帝系》、《世本》。然古代固有之表系谱牒俱未传世。则自司马迁起始,乃创表谱十篇,为后世开此一大史学门类,历代正史之著作,无不袭其规制。

《史记》十表其特为重要者有四,即:《三代世表》、《十二诸侯年表》、《六国年表》及《秦楚之际月表》,皆具一定功用,为后世开宗①。

但凡治史,表系图谱殊不可缺,正史纪传体者,刘知几推为史学二体之一。凡分纪、表、志、传,为纪传体定式。代代传承以至民国初年之《清史稿》,无不奉为圭臬。

惟至20世纪60年代以后表谱之学迅见没落。盖治史者偷苟取巧,急功近利,乃至无人愿投身于制表功夫,有者已寥若晨星,渐被隐没。

郭廷以先生治史最重表系图谱之学,一生虽无表谱专书,而其所为编年史之《近代中国史事日志》及《太平天国史事日志》,其书皆附有职官表,而《太平天国史事日志》且附有太平军各战役活动地图、捻军活动地图以及东捻西捻区域地图等,虽然其列清政府职官表是前有旧本,而其太平天国职官则全出一手编制,凡《太平天国史事日志》附列表系图谱,凡占178页,俱出郭氏亲手一一编制,前无因袭,皆出新创。

郭著《太平天国史事日志》所作表及图附于书后,兹分别列举各表、图之名目:

一、太平天历与阴阳历对照表②

二、太平天国人物表。③ 下分:

甲、王表

乙、国宗王宗表

丙、侯表

丁、丞相表(附尚书)

① 司马迁著,《史记》,台北,明伦出版社影印大陆排印本,卷十三、十四、十五、十六等四表。
② 郭廷以著,《太平天国史事日志》,附录,页1—9。
③ 郭廷以著,《太平天国史事日志》,附录,页10—82。

戊、将表

己、检点指挥表

庚、六等爵表

辛、翼王部属

三、主要战役将帅表①

1.北伐之役,1851—1852

2.北伐:永安至南京,1852—1853,参照图一

3.北伐:南京至天津,1853—1855,参照图一

4.西征:1853—1856,参照图二

5.经营江西,1855—1856,参照图二

6.天京初次解围,1856,参照图二及图十二

7.江浦与三河之役,1858,参照图六

8.翼王远征,1857—1863,参照图十四

9.天京二次解围,1860,参照图八及图十二

10.陈李西征,失守安庆与占领杭州,1860—1862,参照图七

11.攻夺上海,1862,参照图八及图九

12.救援天京,忠王西征,1862—1863

13.江南攻守,1863—1864,参照图九

14.浙江攻守,1862—1864,参照图九

15.西趋江西,1864,参照图十一

16.南入闽粤,1864—1866,参照图十一

17.西北远征,1862—1865,参照图十

18.捻众分合,1864—1868,参照图十三及图十四

按:以上18组之各地战役简表,皆附有地图参照,并有简明文字

---

① 郭廷以著,《太平天国史事日志》,附录,页83—147。

叙述经过。其中各役动态,俱以太平军之活动为主。正见其史乘重心,足以迅速了解史事脉络,十分精要。此下自第 19 项战役表之各路战争动态,则以清军将帅为主,读其书务要清楚区别。

19.湘军东征,上,底定湘楚,1854—1856,参照图二及图六

20.湘军东征,中,经营赣皖,1856—1861,参照图六及图七

21.湘军东征,下,进规金陵,1862,参照图六

22.李军平吴,1862—1864,参照图七及图九

23.左军平浙,1862—1864,参照图七及图九

24.骆军平川,1861—1865,参照图十

25.三围金陵,1862—1864,参照图十二

按:由清军将帅主动之各战役表,止于第 25 项。再连同附列地图(未编页数,不计)则此项之各大战役将帅表即止于此。

四、洪清两军,战争地图①

五、清督师大臣表②

六、剿捻统帅表③

七、洪清两方洋将简表④

郭氏《太平天国史事日志》,其附录所列表谱地图达一百七十八页,图表编成七类,凡当代开此太平天国史之学术,一切体制形式议论辨识,无不凭空开创,一切表谱图录亦全无因袭之材。则郭氏之功力学养,驾驭原始材料,一一纳于表系图录,可谓凭空独创,专擅一门。余大学时代,最喜研治太平天国史,尤于郭夫子之表谱得益最多。盖

① 郭廷以著,《太平天国史事日志》,附录。按,本书附录所编载《洪清两军战争地图》,仅在页 148 载有图序,而所有大小地图,并未列页次。
② 郭廷以著,《太平天国史事日志》,附录,页 149—152。
③ 郭廷以著,《太平天国史事日志》,附录,页 153—158。
④ 郭廷以著,《太平天国史事日志》,附录,页 159—178。

其图序精要,表系简明,最能快读浏览,获致通盘了解。

郭廷以先生入室弟子,能传承夫子之教表系图谱学者,则只有魏秀梅女士一人。其用三十年功力编制《清季职官表》,70 年代出版,并于 20 世纪末,增订改版于 2002 年刊印新版。内容尤见丰富,便于长期参考。足与当代表谱名家雁行并列。

我辈后生晚学,追随郭夫子到近代史研究所从事研究学问,前期同仁,一开始即要撰写年表,列于所编史料专辑之后,刊布问世。有此经历者有:吕实强、李国祁、王聿均、李毓澍、黄嘉谟、王树槐、王玺、李恩涵、林明德、黄福庆以及鄙人,俱可取书覆按。而鄙人著书,自无专门表系之品,则至少有七种著作附有表、地图、图解,以及画报插图①。

可惜者,当今 21 世纪,表系著作已渐衰绝,学界无人从事,世间少有识者,难免其绝绪于今时。

回顾 20 世纪百年间,表谱名家具权威专著贡献者屈指偻计,不出十人。实有郑鹤声、梁方仲、汤象龙、严中平、黄炎培、庞淞、谭其骧、钱实甫、严耕望、魏秀梅配称为专门名家。郭廷以夫子虽然功力深厚,并无专书,故不列计。我辈末学,自更不足论矣。

四、历史专论

历史专论乃是 20 世纪开始广用之新著作形式。已于百年间占据史学著作主流,已完全取代固有之史书形式。事实上今时之史界,已无人有能力承担正史纪传体之撰著。一切推托之借辞,皆非真实。

历史专论,有专书及论文两种形式,自有其史学重要价值,乃在其

---

① 本人之著作有七种附有表谱、图解、画页以及人像。此七本书即:《淮军志》、《清季兵工业的兴起》、《晚清政治思想史论》、《中国近代思想史论》、《五口通商变局》、《近代上海科技先驱之仁济医院与格致书院》及《中国近代文运之升降》。

综合通贯之全般概观,严密完备之结构体系,并必不缺分析思辨与最后结论。此在史学学术而言,可谓是重大创新。

历史专论形式,非一朝蓦然创生,乃长期积渐形成。自今时向前代推,应启导于光绪三十年(1904)邓实、黄节、刘师培、章炳麟、章鸿创及陆绍明等人在上海创办之《国粹学报》。其报即刊布史学领域之研论,多数由刘师培、章炳麟、陆绍明及黄节执笔。何以会迟到此时而有史论出现?势须向上追溯晚清之思想学术流变。

虽然世人能见及清末名家有论史之文,实非无缘无故,凭空开此论域,盖亦源于近代思潮激荡而派生。我人或可尽量上推至于中国自《史记》起之正史论赞,以及宋代名家若王安石之论孟尝君、苏轼之论留侯、欧阳修之论伶官,皆不具后世专论格局,不足为后世法也。若探讨今代之专论而进至于历史领域。则其出也晚,竟至于 20 世纪。学术流变当须自明季陈子龙之《皇明经世文编》见其渊源。而贺长龄、魏源之《皇朝经世文编》,乃为正式先驱前徽。及于鸦片战争及二次鸦片战争之后,遂有一时盛起之时务论创生。亦因而有经世(经国济世)之开新面目也。一时之时务论名家则有魏源、包世臣、郭嵩焘、薛福成、张斯桂、黎庶昌、王韬、郑观应、冯桂芬、陈虬、宋存礼(即宋恕)、汤震(即汤寿潜)、陈炽等。所论皆关国家庶政,无一人涉论历史。

及至光绪二十四年(1895)甲午战争中国战败,割地赔款。遂至冲击中国士大夫之危亡警觉,乃使时务论一变而为救亡图存之时政论,内涵有扩大转变,群趋于唤醒民众、挽救亡国灭种,持论激切醒目,浅显直率。可综括其重心,在于保种、保教、保国。其时一代论者无虑在百人以上,其有名者则可举严复、孙文、黄乃裳、梁启超、汪康年、徐勤、麦孟华、樊雄、易鼐、毕永年以至于邓实。惟于保教目标之下,而有《圣学会》之组织,保国目标之下,而有保国会、粤学、南学、苏学、保浙、保滇、保路、保矿等学会组织。而在保种、保国思潮之下,乃有邓实在上海创组国学保存会,组于光绪三十一年(1905),由保存国学,遂即导向于历史问题之研讨,而终由名家刘师培、章炳麟、陆绍明、黄节、章鸿创等,各自展开历史专论文章。最早则出于邓实、黄节二人领导而创办《国粹学报》之专业刊物,今代之历史专论自此起绪,为一门学术先河。后起者踵事增华,始蔚然形成学术大宗。总之,历史专论形制,当自《国粹学报》始启文运先声。

郭廷以先生在历史专论盛行之世,自亦撰著专论,供之史界。在五十年代,出版《台湾史事概说》一种,为通博之台湾全史,足以继承连雅堂之《台湾通史》①。另有专史:《俄帝侵略中国简史》,乃较简化通俗性之书。然必言之有据,史实可靠,足以建构全局通识,俾世人获致正确知识②。

郭廷以先生尚有一些专题论文,自是今代历史专论之作。在夫子逝世后,为近代史研究同仁收辑,编成论文集,题称《近代中国的变局》③。

综观《近代中国的变局》一书,收录专题论文十九篇,附录三篇。在正文十九篇之涉论领域,编者分为五个重心,即为近代重大问题,当在此布陈其要。

甲、中国近代变局及其因应

此组收文五篇,俱为夫子精华之作。其一,"中国近代世变的由来",本书讲变局,此文导其先路,述其动因,正以使人认识所处时代乃是强凌弱、众暴寡,竞逐惨烈之新局面,势必被动因应,以免帝国主义

---

① 郭廷以著,《台湾史事概说》,台北,正中书局,1954 年印。

② 郭廷以著,《俄帝侵略中国简史》,台北,台湾书店,1954 年印。

③ 郭廷以著,《近代中国的变局》,台北,联经出版公司,1987 年初版,1990 年二次印刷。

者之吞噬奴役①。

其二、其三两篇分为:"近代西洋文化之输入及其认识"及"近代科学与民主思想的输入——晚清译书与西学"。乃在论述西方思想、学术以至全般文化之对华输入,而中国朝野因应,接受外来知识技术,开办自强实业,是谓之办洋务,以求国家进至于富强,其打根基,自须译书、办学、出洋游历,并要逐步迫使中国作政府结构改革,是所谓之变法。郭夫子于此因应之道,命之为近代化②。

其三,中国走上近代化,及其曲折过程。郭氏十分重视中国之近代化,从四十年代已用心于中国近代化问题,留有两文,可供参考。即:"从中外接触上论中国近代化问题"及"中国近代化的延误——兼论早期中英关系的性质"。郭氏提示近代化,已将问题关键打开,故明言中外接触,并检讨中英早期关系,我辈后生服膺师说,亦领悟到根本所系于国家开放之决心。中国是否能够迅速富强亦与开放密切关联。惟在清廷主政者之颠顸无知,因应乖方,终不免遭受帝国主义者之武力来犯,清廷屡败,洋人得逞,遂以中国为可欺可愚,欧洲大小国家得以更番要挟威吓,攫取土地利权,中国已国不成国,为世界次殖民地。终使郭氏扼腕慨叹中国近代化之延误,真乃一部痛史③。

乙、中外关系探讨

此一组论域收有论文六篇,探讨中国与五个国家之外交关系。兹予分别引叙:

其一,"中英鸦片问题与林则徐的措置"。郭氏此文重点置于中国

① 郭廷以著,《近代中国的变局》,页 77—92。
② 郭廷以著,《近代中国的变局》,页 27—76。
③ 郭廷以著,《近代中国的变局》,页 3—25、93—105。

当年之鸦片流毒,以及国家漏银之两大因素,任何一国,任何一代,均须面对而作解决。故禁烟之举实不可免,处置英商不使输入鸦片,具一国法权之正当性。又林则徐处置洋人在华犯罪甚至打死洋人,乃是一国自主法权。郭氏史家,均予正面肯定。至于英外交官恃强蔑理、用计导致两国战争。史界诸多曲说,有违良知,无论中西,大见异说纷呈,则郭氏立旨论断,为文虽短,实可昭天下公信也①。

其二,中日关系有文二篇,即:"六十年前中日的战与和"及"中日交涉中的历史教训"。前文载述史实重点,后文展示史识议断。以战而言,指出日方之预谋与主动突袭以至占据朝鲜决战黄海海战。以和而言,则议中国被动因应,朝野沸腾,而终不免签订屈辱条约,割地赔款。给予读者提供正确常识②。

至于郭氏所撰中日交涉之历史教训,此文乃郭氏生平论史之最深入精彩之作。全篇通论近代自 1868 年至 1950 年近百年之中日关系简史,句句精要,字字玑珠,痛论中国面对之历史教训。甚愿识者取而熟读。无论海峡两岸,今时均仍须阅读,以为对中日关系者作借鉴。愿举郭氏起意之说之开端语,以供对之思考:

> 如果就相交之道来论,中国绝无负于日本,日本大有愧于中国。八十年前的两千年,中国施之于日本者甚厚,有造于日本者至大,八十年来日本报之于中国者极酷,为祸于中国者独深。③

凡思考近代中日关系者,当明历史教训之根本实义,不能有一厢情愿之想。

---

① 郭廷以著,《近代中国的变局》,页 155—168。
② 郭廷以著,《近代中国的变局》,页 169—184。
③ 郭廷以著,《近代中国的变局》,页 185—198。此文原载 1951 年 2 月《大陆杂志》。

其三,中俄及中美关系。在此何以将美、俄两大国放在一起谈?乃因郭氏并未涉正式面对中俄、中美彼此间直接外交关系,而是美、俄皆对中国属国朝鲜启动直接接触,在此点上,牵使中国面对朝鲜问题之陷入国际争较影响力交涉旋涡。论题之一是"俄国早期侵韩阴谋的被阻"。俄国因中国积弱,想染指中国属国朝鲜,志在吞并。中国无法袖手不问,乃造成中俄间之外交问题。论题之二是"中国与第一次美韩条约"。美国亦不重中国宗主国地位,而直接与朝鲜建交,并订立条约,此亦帝国主义者惯用手法,中国迫于被动,不能不起而干涉,与美国周旋。郭氏两文俱以论述中国在世界纷争之变局,中国国力不竞,外交软弱,备受强国欺愚,徒呼负负,万般无奈①。

其四,中越关系,郭氏论题是"中越一体的历史关系"。其文通叙中越二千年间历史,详论中国长久提携相助,尤其文化关系之深厚,长期相倚之友好。以至近代之越南亡于法国之惨痛,并二次大战扶其独立,以谓彼此仍应相偕相倚,及和睦如昔之交谊。谆谆申叙,历历举证。此文草于1956年距越战尚远,惟美国早已插手越南,而美俄争雄,终使南越北越成为敌对,终至步步深入,介入越战。郭氏祝愿中越永为兄弟之邦,亦不免成为一厢情愿②。

丙、太平天国史

郭廷以乃研治太平天国史名家,前节论及其《太平天国史事日志》。而郭氏撰写专题论文则只有两篇,一为"太平天国的集权统治",一为"太平天国战史"。前一文表现识力,后一文表现功力。先介绍后一文,前节议叙郭廷以先生之表谱学,曾指出郭氏所制各大战

---

① 郭廷以著,《近代中国的变局》,页199—215,前文;页217—242,后文。
② 郭廷以著,《近代中国的变局》,页243—275。

役统帅战将表,其每表小序,最见精要。此次之文,综合论述战史,区分前、中、后三期,一一申叙与清军之交战。包括天京三次危急,以至西征、北伐,东陷吴会。可谓清晰简明,能使读者印象深刻。再谈前一文郭氏明言太平天国之集权统治,是发他人所未能发。前已提及司马长风称誉备至,代表郭氏之研究识断,足称成一家之言。向时鄙人在香港中文大学教中国近代史,讲到太平天国之研究大家指出三位大师外有二位专家。三位大师则指简又文、郭廷以、罗尔纲。三人观点不同,对于太平天国之观点,简又文是主张民族革命说,罗尔纲是主张农民起义说,而郭廷以则主张集权统治说。至于另二位太平天国史专家则为彭泽益及谢兴尧。其实晚近学者又有王庆成一位①。

丁、台湾史乘

郭廷以先生原有专书《台湾史事概说》,50年代出版。具备台湾地方专史之功能,叙议精深,取材丰富,能予人以正确之完整认识,后辈史家专门钓鱼台及琉球史名家郑海麟先生十分推重郭氏之书。以为史界定评。

郭先生又有专题论文四篇,收入《近代中国的变局》,此一类论文,乃照其刊布年代先后列序,分为:"台湾的国际关系——一个历史的说明"(1948年发表)、"甲午战前的台湾经营:沈葆桢丁日昌与刘铭传"、"台湾早期的经营(230—1683年)"、"台湾的开发和现代化(1683—1891年)"。

其中最后两篇,应是郭氏草就交稿,供薛光前、朱建民编纂《近代的台湾》一书之用,因是出刊之时已在郭夫子病逝之后(其书1977年出版在郭氏亡故之后两年)。

---

① 郭廷以著,《近代中国的变局》,页109—151。

有关后列两文,乃是统叙古今史实,自三国时之吴大帝孙权开始遣人采访台湾,中经 13 世纪元朝在澎湖列岛建巡检司,当为正式收入中国版图,继经明臣郑芝龙、郑成功之率领众民人开发台湾,是为建军筑城设郡县之始。嗣后即至于现代化之经营,自然建商港设电线造铁路,遂成现代化之前驱①。

关于第二篇"甲午战前的台湾经营",其草撰初稿另附二篇初稿(内有从张骞到左宗棠一文,适正当鄙人在大学读书,郭夫子交我与同学刘兰秀二人代为誊录者,是以记忆至今。)此文乃刊载于《大陆杂志》。郭氏对于自强运动领袖:沈葆桢、丁日昌、刘铭传之辛勤开发台湾,尤其福建巡抚驻台,以至台湾建省刘铭传在巡抚任内之辟建县镇规模,并建筑铁路以及铁厂、枪炮厂,俱见其大有助于台湾之现代化②。

戊、西北东北边疆经营

郭廷以先生之《近代中国的变局》书中,收两篇论边疆之史。郭氏本有《俄帝侵略中国简史》一书。然此两文重点则在于中国自身之边疆经营。两文论题乃为:"从张骞到左宗棠——西北二千年的经营"及"东北的开拓——明清的东北经营"。前一文余在大学读书曾为夫子抄录,夫子并招我两三同学至其府上吃饭,至今难忘。

编者为郭夫子编辑专论集,将十九篇正文,以边疆之史殿后,原无特别考虑,或致使人轻忽此两文之价值。而以鄙人之阅读经验,则以为其写作手法必须效法。盖凡治史途径,今之风习大致群趋于小问题之深入研析,多数走小题大做之路。惟郭氏论边疆史,则运用宏观手

① 郭廷以著,《近代中国的变局》,页 329—375。
② 郭廷以著,《近代中国的变局》,页 299—327。

法,大气魄为通叙一代。所谓从张骞到左宗棠,二千年史一气呵成。所谓明清两代经营东北,亦五百年史程。表现作者识力、学力、功力之融合,写来自见恢宏通博。郭氏如此造诣亦见于沈葆桢、丁日昌、刘铭传之台湾开发。俱能看出大师运笔之雄伟①。

郭廷以先生之历史专论,在近代史研究所之门下生徒,无不倚为治学先路,奉为圭臬。所有南港学派追随学者三十余位,每人俱有历史专论著作,或为专书,或为论文,每人俱能独当一面,各具专长,各擅胜场。专书出品繁多,水平超卓,俱有著作目录可以覆按。鄙人附骥,愿为后劲。站在南港学派立场,愿与各路高人交手过招,但须以文字相见,鄙人不会犹豫退缩。

结 论

世局递嬗,人事沧桑,伟大硕学师儒,每至身后沉寂冷落,学林中难于偻计。门生后辈为报教诲之恩谊,不能不追怀师恩而宣述其学问道艺。吾于引言已先点出南港同仁受教者之四次出书纪念,当足慰夫子在天之灵。盖集体合辑各样文集纪念,殊非容易。除郭夫子之外,史界尚有谈到纪念吕思勉大师之文集《蒿庐问学记》,有二十三位史学界后辈执笔者,蔚为巨制,令人健谈。而吾辈四种巨制文集,每种均在五百页以上,南港学派之继承夫子,仰怀恩谊与教诲,可谓并不后人。亦足弘扬师道,表率士林。未落他人之后。

至本年止,吾着手撰写郭廷以(量宇)先生之文,大小已有六篇,只有本文方属学术性之文。盖在概略统叙夫子毕生学问大体,未能深入,虽已不下二万字,亦只不过提要勾玄,点到为止,浅识浮议,不足贵也。曾读王永兴先生《陈寅恪先生史学述略稿》,则信当今学界之涉论

① 郭廷以著,《近代中国的变局》,页377—422。

陈寅恪生平学问者，则此书真可称为上乘之作。全书四百六十五页，门人表彰师教，真巨著也。拙文怎敢比附？似王永兴之大作，诚亦史界罕见，殊无其匹。令人敬佩。

　　郭廷以先生生平著作，已叙于前，其于史学界最具功力最有特色之作，即为编年史之作，20世纪百年间，并无第二人作此类撰著。乃史家之信心毅力有以使之。乃能独步学林，为后世典范。其他各样各体著作要以其《近代中国史纲》可以传世不朽，吾撰此文，冒昧自专，任情操觚，务求同道学长宽恕余之鲁钝。

2012 年 8 月 16 日写于多伦多

郭量宇先生与《大陆杂志》之创刊

我一生研究中国近代史，很早也注意到近代学术与学风。特别是有关历史学，前后著书三种。已刊布问世，不须提示书名。

单以史学领域而言，拙见以为须就专业性之刊物，供作评量与检视，用以见出学术成就及一代学风。举实而言，20世纪代表不同学风之刊物，应举《国粹学报》、《禹贡半月刊》、《食货半月刊》、《战国策》杂志，以至在1950年在台北发行之《大陆杂志》。由于台湾政局稳定，《大陆杂志》竟能维持数十年之久。

我有幸，在1950年考入台湾师范学院之后，就有机会阅读《大陆杂志》。1955年进入近代史研究所，追随郭量宇夫子研究，而依然常读《大陆杂志》。更有幸能在1960年投稿《大陆杂志》第二十卷五期，刊出拙文《南北洋大臣之建置及其权力之扩张》。这是我生平治学第一篇文章，写作风格也由此定型。是以十分重要。当然我亦获得一笔稿费。

《大陆杂志》发行到第二十卷，已是十多年岁月，却是一帆风顺继续刊印，本人既入门径，也就不断投稿，有近十年期间，在该刊发表文章十四篇。我有买合订本，自第一卷以至四十卷，被我带到美国夏威夷大学，送给郭颖颐教授。此后未再投稿，以后其经营如何，我亦不再注意。

《大陆杂志》是极有学术水平的一个刊物。供稿者以史家为最多，撰文者不少老辈大家，无从俱遍引举。史家与文家亦占重要地位。故此刊物可代表正宗文史学术领地。其他学门则尚有地质学家马廷瑛、阮维周文章，有农学家于景让文章，有哲学家陈大齐文章，俱是难得一见。须知《大陆杂志》在50年代至70年代这二十年间是达到最高水平时期，该刊在此期间，将其中历史文章集中连出两次历史论集，甚受学界珍视。鄙人亦有文章数种收入近代史部分。大抵自上古以至近代，各朝代俱全。

像这样高水平的一种刊物，我等后生晚辈已全不知其创生背景来历。一般都相信此是历史语言研究所专有之物，我个人最初知道与中央研究院院长朱家骅有关。最早的编辑负责人是赵铁寒教授，他是专门研究宋史及上古殷商史，自始亦非历史研究所人员。他离开大陆杂志社，去政大教书，最得意之门生是张玉法先生。我并不相识赵铁寒先生，承他特爱，他在我投稿后就时常有信给我，有事要谈，最多包括借书，俱由朱受颐先生将书带给他。直到我1963年要去英伦访问。赵先生特别请我吃饭，自此时方拜识这位老前辈。我以师长之礼敬待他，他对我爱护备至。但他去政大后不再有来往。我至今尚保存他的来信有十件，很怀念我这位老师。

赵铁寒离职后，《大陆杂志》被历史语言研究所所长李济接收去，交由黄彰健任编辑，我即自此时起，不再投稿，避免学风不同气味不投，有被退稿之虞。但以历史语言研究所之财力充盈，人员众多，如此归宿亦是水到渠成之事。万万没想到，事过六十余年，直到2012年10

月,得读到近史研究所新出版陆宝千先生编定《郭量宇先生日记残稿》一书,方才据以了解《大陆杂志》创生背景及初时真切情况,其书晚出,中外多不知晓,未来必阅读,兹愿作此短文,供识者用为存记。

承陆宝千先生受我电话求教告知,郭量宇先生日记无保存,当作家中废纸,被广文书局收购,库藏多日,弃之可惜,近年赠送给陆先生,宝千乃勤恳学者,年逾八旬,用一年的时间,细心阅读校对,终于保存夫子残留手稿,揭示大师经营近代史研究所之艰难遭遇与辛苦历程。真是一件繁重工作。又承学长张朋园、魏秀梅补充校对,承黄所长克武引于近代史所承担出版,真是重大贡献。令人钦佩。

前时又拜读先业师日记残稿,有诸多思绪反省,不能以此暴表。记此短文,可一确定《大陆杂志》之创生来历,为世人澄清长期之蒙昧与诸般误解。

省阅《郭量宇先生日记残稿》,1950 年 5 月 6 日记云:"与彦堂(董作宾)谈刊物事,均主以论学为主。"此记所载简略,但刊物此时尚未定名,至稍后若干日,则可明白。

一个月后,6 月 6 日记云:"为《大陆杂志》写《中国近代化的延误》,大致就雍正禁教后至鸦片战争前之中英关系方面来论。"由此日记则知新创之刊已被定名《大陆杂志》,而郭先生更是最早前被邀约撰稿之人。盖实际此时创刊号尚未问世也。自可见郭先生在创刊诸人中之重要性。乃剑及履及最早之撰稿人。然次日 6 月 7 日有日记载述重要讯息,尤其是重要纪录,日记云:"《大陆杂志》定在下月刊行,开编辑会议,到董彦堂、李济之、凌纯声、周纶阁【鸿经】、田伯苍【培林】、李玄伯【宗侗】、吴贞庵【干】等。"加上郭先生本人,则信《大陆杂志》自此就是由此八位作者为创始人,决定即要刊印、(定在七月)发行。

看郭氏 6 月 12 日所记:"连日写《中国近代化的延误》,以体力不支,进度极迟缓,本日大致完稿,惟尚须修正。"后来在6月14日又记明文章修订完毕,共成一万一千字。6月28日又记云:"出席《大陆杂志》编辑会议,经费成问题。"7月14日所记,最具历史意义,日记云:"《大陆杂志》社,开成立会。"于此使世人知道:《大陆杂志》社正式开办之日期,有裨后之学者参考。

我们所需要知道是《大陆杂志》正式的创刊日期,在郭先生日记直到8月1日,有记云:"《大陆杂志》第一、二期同时出版,余之《中国近代化的延误》于第二期中刊出前半,印刷尚好,惟编排仍待改善。"至此,我人已充分了解《大陆杂志》开创时期一切情况。郭氏所记,固自简约,但可使人人共喻,不在多言。我亦是该刊撰稿人,原抱亲切感情,后日成名,岂可忘记先前受惠之多。能藉夫子日记令我们后辈人解除茫昧轻忽。我虽在垂老暮年,亦觉大有长进。惟尚惋惜《大陆杂志》后时之停刊。尚不知谁尸其咎?何以愈办愈坏,每况愈下?终至关门大吉。

像《大陆杂志》这种刊物,发行半个世纪,广泛网罗一代文史学者著作,百家争鸣,多彩多姿,充分蕴蓄一代学术成果,值得后世作深入研讨。特别是学术史、史学史,资料丰足,当俟博雅之士采择而研治之。惟先贤开创,筚路蓝缕,功不可没。因就郭量宇先生日记,于其记载,略布序幕,为拾遗补阙记,用弥后世之缺憾。

2013年2月9日草成

赵铁寒主编《大陆杂志》表现台湾史学之鼎盛时代

一、引　言

　　《大陆杂志》社成立于 1950 年 7 月 14 日,最初创始学者为周鸿经、田培林、董作宾、李济、郭廷以、凌纯声、李宗侗及吴干等。而真正大力支持筹措经费,则是朱家骅先生。自 1950 年 8 月刊行第一卷之一期二期,而一路以半月刊形式发行,几乎有半个世纪,是一种有多数学者参与发表论著之刊物,极具一代全般性之学术代表性。尤其以自第一卷至四十卷之二十年间,大师名家云集,足可称是学术重镇。此一阶段,大抵只有赵铁寒教授担任主编,惨淡经营,保持水平,所费心力最多,令人钦敬。

　　《大陆杂志》之得以长期刊行发展,一则仰恃时局安定,一则凭恃大师名家俱多集中台湾,能够维持水平论文,支持《大陆杂志》。似此成绩,与往时之《禹贡》半月刊、《食货》半月刊、《战国策》半月刊寿命俱要长久,足资代表台湾之一代学术贡献,真是值得重视。赵铁寒之惨淡经营,亦当举示于后世。

在 20 世纪以专文介绍《大陆杂志》者,只有方志懋先生所撰《田培林先生与大陆杂志》一文,收载于《大陆杂志史学丛书》,第五辑,第四册。到 21 世纪,在今 2013 年有拙文《郭量宇先生与大陆杂志之创刊》,刊布于今年六月《国史研究通讯》第四号,敬请指教。现在构想,要试谈《大陆杂志》在赵铁寒先生主编之一段史学之鼎盛成就,尤祈盼同道识家不吝教正。

维持一个学术性杂志,经费并不充裕,尚须略酬每文稿费,主编经画实大费周章。好在阅读者众,可以维持一定销量。

由于《大陆杂志》是学术性刊物,不采用时论、政论,亦不接受文学创作。是以读者作者全是教授、学者,以至青年后学加入投稿。园地公开,决不作任何挑剔限制,惟看文章之水平,决定收载与否。此一风格,多年始终维持,令人崇敬钦服。

《大陆杂志》虽然也刊登科学农学文章,但为量极少,而全局表现重心俱以史学居于主流,各期俱有多篇历史文章,亦是自始至终构成杂志之主体。有此基础,有此条件,赵铁寒主编人亦是宋史名家,亦长于殷商史。由其多年期刊编辑经验,遂得顺势而在头十年自第一卷至二十卷之累积,得以进而选辑大陆杂志史学丛书,于 1960 年 11 月出版《大陆杂志史学丛书》第一辑八册。由于备受读者选购更再版三次。继于 1967 年 3 月出版第二辑,收载《大陆杂志》第二十一卷至三十卷各期论文,成书六册,亦备受学者欢迎。虽然只是六册,但却是累积五年之史学文章,亦自可见其成果甚丰。继而又于 1970 年 9 月结集文章而出版《大陆杂志史学丛书》第三辑,合为五册,收载《大陆杂志》三十一卷至三十八卷全卷而成书五册。计凡前后二十年间,形成了台湾史学成就之鼎盛时代,大抵亦正是赵铁寒先生任主编之时期。鄙人末学浅识,不能对《大陆杂志》作全面深入研考探讨,乃就其前二十年所集中于史学论著之三辑丛书,分别略作引叙,抛砖引玉,以期后来专家能写出全般性之研究宏著。

二、《大陆杂志》史学丛书第一辑之学者阵容与继起新秀

《大陆杂志》于1950年8月出刊问世,至1960年11月,已发行二十卷,乃自第一卷至二十卷之各期史学论文,选辑成书,合共八册,刊布问世,积十年史学论著代表当代学术成就,意义重大,传承有据。回顾在此二十年中,合有三百三十八篇史学论文,其量实丰。而撰著学人网罗在台全部文史政法各类学者提供其历史著作,尤其可贵者,绝对不论学派,不分门系,一概遵循各自研究成果选作为书,最后代表各家心血之累积。八册之书,三百三十八篇论文,足可见十年史学之鼎盛时期。我在此要诚敬笃信的记录下来。

《大陆杂志史学丛书》(以下称本书),前有编辑例言,本书所选之论文俱出同一杂志,而各期杂志往往有"补白"之短文,亦是珍贵文章,但不易合成篇页,故未收载。此一声明,可见到亦小有割爱之处。

本书八册文章,俱依史家古今年代顺序编排,如下开列:

第一册史学通论

第二册先秦史研究(上)

第三册先秦史研究(下)

第四册秦汉史及中古史前期研究

第五册宋辽金史研究

第六册元明史研究

第七册清史及近代史研究

第八册传记及外国史研究

十年成果,三百三十八篇论文,自是多彩多姿,各露才识,各呈理趣,表现学术自由风气,有欣欣向荣之致,最值得表彰称述。

　　大致而观,学者多循微观之道,从事专精研治,故文章俱多讨论小问题,代表本丛书全般风格。当然在各册之中,亦必有少数通博宏观之作。则俱出于老辈名儒大家之文。如胡适撰《说史》、董作宾撰《中国古代文化的认识》、李济撰《中国民族之始》、芮逸夫撰《中华民族的构成》、黄建中撰《先秦学术与环境》、李书华撰《造纸的发明及其传播》、郭廷以撰《从张骞到左宗棠》、沙学浚撰《蒙古征俄的地理背景》等等通博之论,实所难得。大约每册之中总有三四篇,全般而论,当占十分之一,尤见精华所在,值得传世。至于循微观而为专精之作,亦俱学者之用心研考,而能有功于整体学术之奠基,不可忽视也。

　　最须陈述者,乃是由于《大陆杂志》园地公开,高层支持人朱家骅先生看重各方学者英才共襄盛举,因是供稿情形热烈,遂乃使学术展现一个光明鼎盛之局。故而在此应当就供稿学者们作一点浅显解析。

　　其一,就当时政界学界具有领导地位之供稿人有朱家骅、胡适、钱穆、凌鸿勋、徐道邻、陶希圣、吴干、萧一山等人,不但支持,且亦供稿刊登,虽不多而却重要。

　　其二,学界早负盛名为众望所归之权威学者,有董作宾、李济、凌纯声、李宗侗、戴君仁、黎东方、高鸿缙、芮逸夫、郭廷以、沙学浚、劳榦、陈盘、姚从吾、张贵永、萨孟武、胡秋原、简又文、饶宗颐等人。

　　其三,继起之专业学者,乃是当前学界勤做研究,广发论著之主力所在,其数颇多,投身于研究机构及各大学之史学文学教学。若周法高、石璋如、李光涛、严耕望、杨希枚、张秉权、黄彰健、赵铁寒、宋晞、程光裕、吴相湘、王德昭、李树桐、高亚伟、李守孔、傅乐成、戴玄之、苏莹辉、昌彼得、孙克宽、费海玑、金祥恒等人。

　　其四,当年后起新秀,已具深厚学养及多量研究成果,并有充分潜力而成名家之士,颇值特别表述,计有吴缉华、徐玉虎、林瑞翰、王民信、李学智以及政治学家之周道济、杨树藩等人。

其五，初露头角，只有一两篇文章刊布之青年人，略可列陈，计有任长正、章群、张光直、李卉、许倬云、王恒余、庄申、黄培、邹达、王寿南、陈少廷、陈捷先等，鄙人则附骥于后。

虽然在此举示同代史学学者有数十人提供文稿，而尚有不少人未能列入，盖实不能熟知各家来路背景，不敢任意归类。社会上隐藏高人，偶来供稿，自必不少遗贤不能收载，乃鄙人之失，尚望识者曲谅吾之乏才疏学。

三、《大陆杂志史学丛书》第二辑之成就

《大陆杂志史学丛书》（以下称本书）自第一辑出版后，备受各界人士喜爱，纷纷购买，以致随后续印供应，连出三版。对于主编者增强很大信心，深信国人爱重历史，乃决计续编第二辑。随于 1967 年 3 月出版第二辑，全套六册。供应中外读者。所取论文则选自《大陆杂志》第二十一卷至三十卷之各期史学论著，此外又将《大陆杂志特刊》中之史学论文亦一并收载，自见前此五年(1961—1966)之史学贡献。

乍看来，第二辑之书只有六册，比第一辑要少。但第一辑是十年累积，有前二十卷各期文章选入。至于第二辑则是仅五年累积，采选第二十一卷至三十卷之文章，看来实质比第一辑之成就更高，可信学术进展是趋向于更高更广境界，各家努力著述，俱呈勃发增强之象。可以取信史学学术仍是在鼎盛高峰时期。

当然实际出书六册，而全部收载文章仅有二百二十九篇，远不及第一辑八册而有文章三百三十八篇，须知此是五年之累积，固不能与十年之累积相比，自不得谓其不如前者。

本书六册之编排方式俱依循第一辑格局，酌其内容而有以下之编次：

第一册三代秦汉魏晋史研究

第二册唐宋附五代史研究

第三册辽金元史研究

第四册明清史研究

第五册近代史研究

第六册史学及外国史研究

本书开首,先附有"弁言"一篇,条举编选方式及有所改进之点。一则说明在《大陆杂志》各期论文收载之外,更将所出特刊第二辑中之史学论文亦收入本书。二则说明本书第一辑有人物传记之收载,但在第二辑并不再收载人物传,实另行出版人物谱传之书,交代明白,使读者不致有怀疑。

本书采第一辑刊印,其所选文章来路相同,故而各文风格彼此一致,盖供文之家实多为旧人,虽有不少名家后来投稿,各文自是独立讨论,而风格仍是大体一致。大抵多循专深小问题论述,甚不易见贯通一代或博览古今之作。本书所选收自以专精之作为最多,代表学术风格主流。

看来专精文章多在,却无从偏举某家。而通博一代或贯通古今之作不易得。本书收载者愿略为引举其目,以供识者比观。如凌纯声所撰《太平洋上的中国远古文化》,朱云影撰《中国史学对于日韩越的影响》,曾虚白撰《西欧经济复兴与欧洲共同市场》,李汉三撰《阴阳五行对于两汉政治的影响》,萨孟武撰《三国的分立》,李书华撰《活字版印刷的发明》,宋常廉撰《唐代的马政》,姚从吾撰《金元之际元好问对于保全中原传统文化的贡献》,袁国藩撰《金元之际江北之人民生活》,徐玉虎撰《郑和下西洋航海图考》,李光涛撰《日本朝贡大明史事》,吴缉华撰《明代临清德州的地位及其漕仓的研究》,胡适撰《从二千五百年前的弭兵会议说起》。凡此各家通博之作,其参考价值极高,学者当须珍视。此处举例,乃选择其最有意义之作,不敢妄作主张。甚盼识者有更多发掘。

即如第一辑之十年历程，主办人朱家骅、主编赵铁寒将《大陆杂志》维持园地公开，而令各界文史工作者爱好者，俱愿投稿支持，可说群贤毕集，百花齐放。鄙人谫陋，在上一节中未能全部列举供稿之人，至盼识家勿罪。今之第二辑，学者供稿十分踊跃，旧者群趋，而新来供稿者仍多高人名家颇值引叙，以见第二辑阵容之强。

其一，政坛名流之垂爱。本书收藏有胡适大文，亦有程天放、萧一山、罗家伦、邓家彦、马树礼、曾虚白、吴俊才等人之供稿。其与第一辑相较，无所轩轾。

其二，供稿人之主体阵容，在第一辑已提示者不再重复，而第二辑新供稿者实多权威名家。有朱云影、屈万里、刘子健（第一辑已见）、邓嗣禹、梁嘉彬、毛一波（第一辑已见）、卫惠林、李玄伯、沈刚伯、吴景宏（第一辑已见）、娄子匡、杜呈祥、姚渔湘（第一辑已见）、杨树人、那志良、杨绍震、史景成、毕长朴、严一萍（第一辑已见）、冯承基、李纯胜、蔡兴安、全汉昇、梁天锡、钱公博、王建秋、蒋复璁、翁同文、刘光义、夏靳、罗锦堂、严明、余又荪、黄大受、黎正甫、毛以亨、周弘然、罗荣汇、周咸堂等学者。

其三，新锐青壮学者，首先说明，此节非指初露头角之士，乃是已具广泛学养，而前此未曾供稿，今在第二辑中出现，如杜维运即是，在本辑写不少文章。其他若劳延煊、张春树、郝延平、许芥昱、陈学霖、李亦园、郑钦仁、萧启庆、陈文石、张忠栋、乔衍管、刘凤翰等人是也。乃是同在史界之生力军，为数亦可观。

无论就文章水平，以及学者阵容，论质论量，仍足代表台湾史学学术之鼎盛高峰。

四、《大陆杂志》史学丛书第三辑之学术成就与作者阵容

大陆杂志社在 1970 年 9 月出版《大陆杂志史学丛书》第三辑,收载自三十一卷一期至三十八卷十二期所刊布之论文,亦是累积五年间之著作而成,共有五册。凡收文章二百一十八篇,代表此五年间之史学研究成果。卷首照例有"弁言"条举编辑宗旨及编排方式,说明与一、二两辑风格一致。盖至此时,《大陆杂志》已经发行二十年,仍是以表现史学学术之盛况,先后一致,毫无减免。

本书仿照一、二辑先例,仍按古今年代编排次序,兹举示如下:

第一册,史学先秦史研究

第二册,秦汉中古史研究

第三册,宋辽金元史研究

第四册,明代清代史研究

第五册,近代史及外国史研究

本书文章风格与一、二两辑相似,要以微观精深之研治占最多数,而博雅通贯之作甚少。(凡具关键性之大问题亦在博雅之列)但凡通贯一代及具一代之关键性文章极值得看重。原先第一辑中只是约举,而二、三两辑,则尽予举示,仍有遗珠,尚祈识者曲谅。

本书所收所谓贯通一代及具时代关键性之作品谨开列如后:有陈立夫撰《中国文化对世界应有之贡献》,杨联陞撰《历史与语言》,田倩君撰《"中国"与"华夏"称谓之寻原》,黎正甫撰《古代郊祀之礼》,王家俭撰《十九世纪西方史地知识的介绍及其影响》,徐复观撰《汉代一人专制政治下的官制演变》,谭宗义撰《两汉漕运考》,李汉三撰《阴阳五行对于两汉数术的影响》,张寿平撰《西汉乐府官署始末考》,徐玉虎撰《航行南海古"市舶"考》,王启宗撰《元世祖诏谕日本始末》,吴缉华撰《论明代废相与相权之转移》,罗香林撰《明初中国与西洋琐星之交

通》,周永新撰《明代中国与天方之交通》,张启干撰《明清两代与越南》,居蜜撰《莱布尼兹等的启明运动所受中国之影响》等学者论著,在此同代自是杰出贡献,值得后人开辟远见。

学术界重要领导人胡适、朱家骅、周鸿经俱已逝世,而重要领袖李济(一、二、三辑俱有文章)尚健在,台大老辈沈刚伯(第二辑已见)亦健在。《大陆杂志》各期供稿亦如往昔之高水平论著。而在第三辑继续有重要学者支持供稿,后生新锐亦有不少出现。仍当于此分别介绍如后:

其一,海内外著名学者之新参与者,可举陈立夫、杨联陞、周策纵、罗香林、吴康、卫挺生、徐复观、陈祚龙、彭泽周。而简又文在一、二、三辑俱供稿,正见重视《大陆杂志》。国学家则有潘重规、戴君仁(第一辑已见)供稿,而园地开放,名贤毕至,于此可证。

其二,本书中供稿之重要学者前于第一、第二两辑有所列载,不须重列。然老辈若劳榦、陈盘、姚从吾(此三者每辑皆大量供稿)、主编人赵铁寒先生于各辑俱大量供稿,实为最出力之人。维持学术水平,形成一代风气,赵先生之大功德也,不能不在此略加陈述。本书所见新增供稿之家,除前面之海内外贤达,尚有黎正甫(第二辑已见)、王家俭、许泽民、田倩君、施之勉、张以仁、黄然伟、缪寄虎、谭宗义、张寿平、陈道生、王泳、方祖荣、邝利安、邓永康、曲守约(第一辑已见)、刘渊临、黄庆萱、何沛雄、汤承业、高明士、李符桐、刘用光、邱添生、罗联添、庄申(一、二、三辑俱见)、江兆申、阮廷瑜、汪伯琴、李瑞兰、汤翼海、李安、王德毅、潘寿康、吴平、王启宗、王吉林、王纲领、周永新、梁子涵、姜道章、张效干、居蜜、刘家驹、骆沙伦、李恩涵、孙启瑞、石锦、龚忠武、郭恒钰、黄嘉谟、张朋园、陈世材、吴翔麟、于宗先、汪荣祖等人,具见供稿热烈,学者百家争鸣。自可见台湾史学之成就非凡。

五、结　论

大陆杂志社发行前后三辑史学论丛,其旺盛之创作力仍继续发展,随之在 1975 年 10 月出版《大陆杂志史学论丛》第四辑,其书前附有"弁言",说明选自《大陆杂志》由三十九卷第一期至五十卷第六期所刊诸文编辑成书,合为六册。仍就年代先后安排,可开列如下:

第一册,史学、先秦史研究

第二册,史记考证研究

第三册,秦汉中古史研究

第四册,宋辽金元史研究

第五册,明清史研究

第六册,近代史外国史研究

本书选编宗旨更偏重微观之专深问题著文,而宏观通博之文大减。例如本书第二册全册之文专为《史记会注考证》一书之考辨而成书,且俱出于施之勉先生之作品,仅于最后一篇论《史记》之文为徐善同之作品,自可明见编选之用心所在。

至于宏观通博之文,全书六册,已很少见,其可举者有宋文熏撰《史前时代人类的文化》,万家保撰《殷商的青铜工业及其发展》,徐复观撰《吕氏春秋及其对汉代学术与政治的影响》,张兹闿撰《修改银行法的工作过程》等四篇而已。略见《大陆杂志》更重视专深之作品。

至于为本书所见供稿学者,仍是庞大阵容,旧有大家以至新加入名家及青壮新秀俱仍不少来者,不具引举。惟其若干新见之名人在本书可见到马廷英(早有地质学之文但前不能收载),阮维周(早有地质学之文前未收载),张兹闿、任卓宣、李霖灿、杨懋春、杜维明、李晋华等人。见及第四辑仍负很高声名。

在第四辑一套书中,在第六册中,刊出一篇颇为重要文章,以本社名义写出《大陆杂志二十二年》，乃是以主观地位之一种宣白。史家应待以《大陆杂志》本身之史的总结。鄙人晓悟，但未敢有所论评，当此一件史料，正见大陆杂志之所言与远见。所指之二十二年即是1950—1971年。看来正是史学代表鼎盛时期。

事到1981年1月《大陆杂志史学丛书》又刊印第五辑论集，合成四册。此是该丛书最后一辑，收载《大陆杂志》自五十六卷七期起及其后各卷之论文。其四册之编排，开列如次：

第一册，史学、先秦史研究

第二册，史记考证、秦汉中古史研究

第三册，宋元明史研究

第四册，传记、外国史研究

此书虽是最后一辑结集，仍足代表史学之重要成就，具有很高参考价值，不逊于前时各辑。

本书各文之写作风格仍是特重微观之精深研究，但亦仍有少数之宏观博通之文章，可以举示于后：有高明士撰《中国教育文化圈在东亚地区的形成》，陈良佐撰《我国历代农田之施肥法》，于景让撰《说茶》，杨亮功撰《周代封建制度对于政治文化所生之影响》，朱云影撰《中国文学对于日韩越的影响》，庄万寿撰《上古的食物》。

本辑之书已充分见出供稿名家已是老成凋谢，新起学者却大有佳作。

老辈名家之新见者有杨亮功、于景让（前时各期早有农学专文）、毛一波（前辑已见）、陈祚龙（前辑已见）、彭泽周（前辑已见），以及方志懋等人。

本辑虽只有四册，亦不再附有弁言，看似简略，而学术水平则如前之坚强可贵，大抵已使《大陆杂志》表率当代史学学术有三十年时段达于鼎盛之境地，于当代20世纪之学术上贡献至巨。一个杂志完成使命,令人钦敬。

我辈后生实多为《大陆杂志》供稿,承主编赵铁寒先生鉴赏识拔,得以追随名家权威而立足学术界,莫不感念爱护提携之恩,自当永铭肺腑。

本人冒昧草撰此文,志在抛砖引玉,不自嫌其潦草粗浅。心愿能通辨古今史家文家,喜爱史学史研究之学者,能认真撰写20世纪之台湾史学,《大陆杂志》正是取材之地。所知同代中重视史学史之学者,要以宋晞、杜维运、王德毅为真正之大家,而今只有王德毅硕果仅存,当亦年逾八旬,至盼王教授专写当代史学一书,以保存一代学术,实当深致馨祝!(本文所谓三十年之史学鼎盛时期是指1950—1980年)

2013年9月19日中秋节写于多伦多之柳谷草堂

雷海宗严正批判西方历史成说的谬误

    20世纪百余年来,我国史家何止以万千计,能深入认识解悟西方之历史文化,亦史不绝书,如清季的马建忠、辜鸿铭,民国时期之伍朝枢、林语堂、曾约农、柳存仁、叶公超、张贵永、刘若愚等仍是今代较能熟知之人士,实际当不止此数人,无从备举。然在此百年之间竟少有人出而批判欧西历史错误者。无虑万人之中仅有雷海宗出而批评西方相传之历史成说。

    雷海宗以清华学堂毕业,公费留学美国芝加哥大学史学系,专攻西洋史,取得博士学位。返国先在中央大学任教,后入清华大学,长期开讲中国通史及世界通史。累积经验而能著文批评西方流传之历史成说,兹为其特识明见,以介绍于史界同道。

    雷海宗认为欧西若干历史成说出于虚构捏造,并不符于史实,亦看出原是别有用心,有意欺饰,因是不得不加揭发,以归史事真相。兹为引述,以供比观。

    雷氏大作文题是《世界史上一些论断和概念的商榷》。内容则分别谈几个有问题的重要成说。

第一例:蚕桑业由中国传入欧洲的问题

此节标题出于雷氏之手,他在文中申叙 6 世纪拜占庭皇帝遣两位熟习中国蚕桑养饲技术之基督教士回中国用竹筒装回蚕子种,乃学到中国养蚕取丝之法。却立即定为国家机密,捏造故事,有如传奇曲折,定之为国家专利。雷氏文中明言纯为捏造故事,认为中国上古发明养蚕技术,从未作任何保密,亦无专利观念。而拜占庭窃取养蚕法,而自定专利,视为当然。在西方各国史书同声相传,视为史实,雷海宗有详细追索,以为必须揭穿谎言,以正世人视听。在此应举示雷氏之最终论断,以供史家比观:

> 拜占廷统治集团中少数人编造的这样一篇彻头彻尾的胡诌,欧洲的历史学者不加思索地传抄了一千四百年。时至今日,我们中国的历史学者对此应当予以无情的驳斥。①

一个历史家要有真知灼见,若讲论西洋历史成说,不能分辨真伪,或信其谎言,或知而不辩,必至有负天职,贻误后世。20 世纪学者,只见雷海宗一人不肯受骗受欺,勇敢揭穿前后底细,以纠正史实真相。正是呈现一位史学家之自信自尊。

第二例,所谓土耳其人阻塞西欧人东方贸易的商路问题

此一节标题出自于雷氏手订。抑且首先就把论断写在最前,可引举如下:

> 西欧人的急于寻求由海洋上直达远东的航路,是由于土耳其人征服近中东后对于原有东方贸易商路的故意阻塞。这是一般世界史书中的说法。实际这个说法完全是捏造,并且还不是凭空的捏造,而是反咬一口的颠倒事实的捏造。阻塞原有东方贸易路

---

① 雷海宗著,《伯伦史学集》,北京,中华书局,2002 年印,页 326—327。

线的正是西欧人,而土耳其人想要维持旧商路反被西欧人所阻挠。①

雷海宗分别旧商路及新展出自欧西启航绕道非洲南端而进入太平洋。宗旨乃在觊觎南洋群岛之香料。此在欧洲之葡萄牙自 13 世纪所努力要打通之路,其时土耳其尚未立足于历史,至 14 世纪尚是微小之国。但是远东之香料经营是早在大食帝国回教商人之手,而旧有之重要商路有二,其一最重要是从印度洋入红海再一路行至埃及,即可进入地中海。次一商路乃是自印度洋入波斯湾,再经叙利亚陆路可以接上地中海口岸。及至葡萄牙人于 1498 年打通经非洲绕道而取得香料贸易新航路,而却立意打击回教商人之香料贸易,与大食人恶战一场,打败大食,就刻意阻塞由印度洋入红海之商路。另一条通波斯湾之航道亦以武力阻塞,使回教商人得不到半粒香料。此即史实真象。历史上是大食人及其后之土耳其人想努力恢复旧商路,却全被欧人所阻挠。雷海宗所作历史翻案,自足以博得同道方家敬仰。

第三例,关于"地理大发现"

此处标目,也是出于雷氏手订。我人在大学上近代西洋史课,或参阅翻译洋人所著之"世界通史"书,俱不免要读到"地理大发现"这一专章,即使上西洋通史之课,也会遇上老师讲授这项专章,已是我们共有之历史常识,连高中生课本也少不了这一段伟大故事。

雷海宗是专业历史教授,先后在中央大学、清华大学、西南联大以至晚年在南开大学,经常讲授中国通史和世界通史。他明言(在其此一文中)对于"地理大发现"一词,是感觉到刺眼与刺耳。对于欧西人高傲自满,蔑视世上其它国族是十分愤怒痛恨。若要辨识雷海宗所提

---

① 雷海宗著,《伯伦史学集》,页 327—328。

出的批评,自以引举其言以作参证:

> "发现"一词乃纯欧洲立场的名词,其中并且含有浓厚的侵略及轻蔑的意味,把欧洲以外的地方看为发现、开发、剥削的对象。我们如果读十五世纪以下欧洲航海家的游记,这种意识跃然纸上,丝毫没有隐讳。①

雷氏把欧洲人的自信狂妄揭示得很是明白。

雷海宗清楚分析严正辩说,表明不能接受"地理发现"这一历史成说。在此当直引雷氏的论辩:

> 无论是何种社会,人民都是历史的主人,所以在世界史上,即或是先进的地区对于落后的地区,也不当用"发现"一类的词句。若用此类的词句,那就等于在世界史上的国家及人民间,定出宾主之分,有的居主位,是"发现者",有的居宾位,是"被发现者",在未被发现前,等于不存在。分析到最后,这仍是世界史中未加批判的"西洋史"意识残余。②

雷氏明切忠告史界学者勿再追随西欧人之荒谬造说。

雷海宗就多年讲授世界史的经验,在文中亦提示,欧洲人以西洋为世界中心主人立场而放出之狂謷成说,仍多未被批判指责,在其文中只是最显著的一类常识成说,不能不先发揭示,以警告中国学者。

除了本文之外,雷海宗一生初由美国学成回国,在中央大学任教之始,于民国十七年(1928)三月四日在《时事新报》发表其论文"评汉译韦尔斯(H. G. Wells)《世界史纲》",包括对原著之价值评论,以及五位名教授包括梁思成在内等译文批评,此书新出,中国即有批评亦

---

① 雷海宗著,《伯伦史学集》,页329—330。
② 雷海宗著,《伯伦史学集》,页330。

是难得一见。正见雷氏西洋史造诣之深,阅读之广,名家出道第一年,即能批评西方之著作,当可信其出手不凡。

2013 年 12 月 12 日于多伦多

《浮生六记》传世的周折

一、晚清同光之际稿本之出现与文家之诗文揄扬

在此先稍作交代,《浮生六记》作者沈复字三白,苏州人,生于清乾隆二十八年(1763)癸未十一月二十二日,卒年则世无载录,惟据今人俞平伯所制年表,其生平记事止于清嘉庆十三年(1808),时年四十六岁。按俞氏所制年表,俱自《浮生六记》前四记中采辑推算,乃今时最可靠之沈氏年表。最简略,但颇具参考价值。

沈复能文、能诗、能画,惟厌弃科举,故未尝一进考棚。乃是布衣处士之名流,沈氏既未奔走功名,乃因其父沈稼夫久为幕府宾僚,因父之指使亦以游幕为生业。然家道寒薄,不免终身奔走衣食,每忧窘困。沈氏自是一生坎坷,有何机缘能为世人所重?则以其在岁月蹉跎之中,不措意间,写下六篇《小记》,述其生平喜乐忧患,虽甚简略,而真情流露,心性感人至深。后世文家推重,终能流布广远,形成文学名著。今愿就所知见,不惮后知后觉,试为学界暴陈其概。

文学作品,受人注意,多出于文士品藻之力,自亦先行流布于文风

鼎盛之乡。则江浙于此为首善区界,沈复所著《浮生六记》,遂乘文家揄扬引重,乃得传世不朽,良有以也。

沈氏《浮生六记》,原具六记之目次,惟其传抄本,多人只见及前四卷,而后二卷有目但缺载其文。其发现当在清道光年间,盖有潘麐生(号近僧,秀才)在同治十三年(1874)初冬为之作序,可知前已出现有年①。而最初发现此书者则为苏州人杨引传(字莘圃,又字醒圃、苏补,秀才),偶在冷摊购得,名为《六记》,则缺其中之《中山记历》及《养生记道》两卷。杨氏亦为此书作序,乃因提供出版而于光绪三年(1877)七月为之作序。杨之序具关键性,竟须引据,以为参证:

> 《浮生六记》一书,余于郡城(苏州)冷摊得之,《六记》已缺其二,犹作者手稿也。就其所记推之,知为沈姓号三白,而名则已逸。遍访城中无知者。其书则武林(杭州)叶桐君刺史、潘麐生茂才、顾云樵山人、陶芑孙明经诸人,皆阅而心醉焉。弢园王君(王韬)寄示阳湖管氏所题《浮生六记》六绝句。始知所亡《中山记历》盖曾到琉球也。书之佳处已评于麐生所题,近僧即麐生自号,并以"浮生若梦,为欢几何"之小印钤于简端。光绪三年七月七日,独悟庵居士杨引传识。②

杨引传此序,对于《浮生六记》之出现与流传,以至当时文士之品藻均极具参证价值,我人所能获得之认识以及线索,当可把握以下几点:

第一,杨氏为最早发现之人,为时应在甚早期间,有另外潘麐生同治十三年之序言,可知其在此之前,将稍后考证。各家分别阅看此本。

---

① 《浮生六记》序一,沈复《浮生六记》、蒋坦《秋灯琐忆》合刊本,北京,作家出版社,1995年印。
② 沈复著,《浮生六记》,北京,人民文学出版社,1999年印,页68。

第二,杨氏既得此书,即传示叶桐君、潘麐生、顾云樵、陶芑孙诸友人分别阅读。

第三,杨氏明言,各友之中潘麐生最为用心,故而作序;潘氏因生于道光三年癸未(1823),恰于沈复生于乾隆癸未相隔一甲子(60年),再加潘氏在读其书前早有犀角雕章上刻"浮生若梦为欢几何"字句,可具声气相应之感,因而撰序以为文情因缘。

第四,王韬因杨引传(王韬娶引传之妹,乃至亲也)亦早阅此书。而其最有价值之举,乃在同时期访得阳湖文士管树荃(字贻葂)所作《浮生六记》题诗六首。并将其诗钞寄杨引传。于此案可查证,于杨氏所得之本之外,《浮生六记》实另有传抄之本为管氏所阅,并题诗以暴表之。

兹先举示上列四端可供同道学者于研析此书略窥流传线索。

今所需索解者,自须一探同光之际文家所作之鉴赏定评,以备我辈读者之所可遵循。在此当先举同治十三年(1874)潘麐生之序。

> 是编合冒巢民(冒襄)《影梅庵忆语》、方密之(方以智)《物理小识》、李笠翁(李渔)《一家言》、徐霞客《游记》诸书,参错贯通,如五侯鲭,如群芳谱,而绪不芜杂,指极幽馨。绮怀可以不删,感遇焉能自已,洵《离骚》之外篇,《云仙》之续记也。向来小说家标新领异,移步换形,后之作者几于无可著笔,得此又树一帜。惜乎卷帙不全,读者犹有余憾。然其凄艳秀灵,怡神荡魄,感人固已深矣。①

潘氏秀才出身与杨引传同,但年岁长于杨氏,杨氏应为道光四年生。一百三十年前文家之评鉴,足供后人参考凭吊,吾自信服其说,而今代

---

① 沈复著,《浮生六记》,南京,江苏古籍出版社,2000年印,序一。

文家亦无异辞。

同是同光时代约与杨引传之序同年代,尚有一位重要文士为《浮生六记》题书跋文,是即光绪三年(1877)九月中旬王韬所撰题跋,此文颇具一些关键性线索,值得引据参证。

> 予妇兄杨苏补明经(即杨引传)曾于冷摊上购得《浮生六记》残本,笔墨间缠绵哀感一往情深,于伉俪尤敦笃。卜宅沧浪亭畔,颇擅水石林树之胜。每当茶熟香温,花开月上,夫妇开尊对饮,觅句联吟,其乐神仙中人不啻也。曾几何时,一切皆幻。此记之所由作也。予少时尝跋其后云:"从来理有不能知,事有不必然,情有不容已。夫妇准以一生,而或至或不至者,何哉?盖得美妇非数生修不能,而妇之有才有色者,辄为造物所忌,非寡即夭。然才人与才妇旷古不一合。苟合矣,则寡夭焉。何憾!正惟其寡夭焉,而情益深。不然,即百年相守,亦奚裨乎?呜呼!人生有不遇之感,兰杜有零落之悲。历来才色之妇,湮没终身,抑郁无聊,甚且失足堕行者不少矣,勿得如所遇以夭者,抑亦难之。乃后之人凭吊,或嗟其命之不辰,或悼其寿之弗永,是不知造物者所以善全之意也。美妇得才人,虽死贤于不死。彼庸庸者即使百年相守,而不必百年已泯然尽矣。造物所以忌之,正造物所以成之哉!"顾跋后未逾一载,遽赋悼亡,若此语为之谶也。(指王韬前妻杨氏名梦蘅之病逝)是书,余惜未抄副本,旅粤以来,时忆及之。今闻苏补已出付尊闻阁主人以活字版排印,特邮寄此跋,附于卷末,志所始也。①

后世文家读及王韬跋,或究其文采,未必深入其跋语中之一些线

---

① 沈复著,《浮生六记》,页123—124。

索,未见有人提及。兹愿简略条识,或足有助学者获致更多领会。此所要全引跋文,非强塞篇幅,而因其有较可靠之文据,以供后世采择者。

第一,已见杨引传之序,所云在郡城苏州冷摊上购得《浮生六记》,却未言明何时购得,而杨氏之序写于光绪三年,潘麐生之序写于同治十三年,不知一般人作何推测。今在王韬跋文读到"余少时尝跋其后"并将少时之跋亦直接引出若干句,盖其少时与杨引传系至交,因能见及杨氏所得之《浮生六记》为之作跋。如此看来,杨氏年长王韬四岁,似亦在少年购得此书。可推知《浮生六记》之出现决不会迟至同光时期。

第二,王韬既引据少时跋文。其语终而写明跋文成后未一载而赋悼亡。我人可依此言,以考证所谓少年时之作当在何时。王韬为妻作《先室杨硕人小传》,谓于道光二十七年丁未正月娶杨氏来归,其时即予命名为梦衡(原名保艾字台芳),而杨女长于王韬一岁,时年二十一岁。夫妇情笃恩重,可惜不及四年梦衡初随夫婿到上海,即患病而逝。推算王氏所言:"娶仅四年没于沪。"①据以推算,悼亡之期当在道光三十年(1850)。并可推算写跋文应在道光二十九年。如此看来杨引传在冷摊购得《浮生六记》决不至晚过道光二十九年。杨氏长于王韬四岁,亦即同在青少年时代。

第三,杨引传之序与王韬后撰之跋,俱在光绪三年,学者不难推测与《浮生六记》得以刊印有关,鄙人加以肯定。只是王韬跋文言道:"今闻苏补已出付尊闻阁主人以活字版排印。"此中所提之尊闻阁主人究系何人?向来学界尚无交代。此人即是创办《申报》之英人美查

---

① 《弢园老民自传》、《先室杨硕人小传》,王韬著,《弢园文录外编》卷十一,光绪二十三年上海版。

（Ernest Major），他最重视推广小说，王韬之书若《艳史丛钞》、《遁窟谰言》亦是得到美查之助而得以刊印。

二、今代文家对于前四记之欣赏与注释

此处所谓今代，在区别与晚清不同文风之文艺尺度，为 20 世纪以来一些名家对《浮生六记》流通之前四记所表达之揄扬与品藻、考订与注释。已是自成风气，自抒领会。

先要提示一位最加看重，且影响最大的文界名家，就是幽默大师林语堂。林语堂对于《浮生六记》之前三记最欣赏，十分看重。后人欲知林语堂之看重此书，当要知道，是林氏把此书首先译成英文，并刊布于《天下月刊》及《西风月刊》。林氏将原始启念简白于中英对照本之《浮生六记》：

> 素好《浮生六记》，发愿译成英文，使世人略知中国一对夫妇之恬淡可爱生活。民廿四年春夏间陆续译成，刊登英文《天下月刊》及《西风月刊》。颇有英国读者徘徊不忍卒读。可见此小册入人之深也。余深爱其书，故前后易稿不下十次；《天下》发刊后，又经校改。兹获得友人张沛霖君校误数条，甚矣乎，译事之难也。语堂民廿八年二月于巴黎。①

于此可见，当代文艺名家林语堂的喜爱揄扬，自民国二十四年（1935）翻译刊布，遂使此书进入世界文学潮流风行之中。对《浮生六记》言，真是鼎力推崇，遂至更引致文家注意，由于此书篇幅不多，文字优美，亦并博得多数读者之爱好。

林语堂表达对《浮生六记》的品藻，尚不在于其 1939 年的后记，而

---

① 沈复著、林语堂译，《浮生六记》（汉英对照）后记，台湾开明书局，1974 年印。

是起初刊布，在民国二十四年(1935)之译者自序中有所暴表。其序甚长，可略举林氏之用心要点：

> 我现在把她(指书中女主人陈芸，字淑珍)的故事翻译出来，不过因为这故事应该叫世界知道。一方面以流传她的芳名，又一方面因为我在意俩位无猜的夫妇的简朴的生活中，看她们追求美丽，看她们穷困潦倒，遭不如意事的磨折，受奸佞小人的欺负，同时一意求享浮生半日闲的清福，却又怕遭神明的忌。在此故事中，我仿佛看到中国处世哲学的精华在两位恰巧成为夫妇的生平上表现出来。两位平常的雅人，在世上并没有特殊的建树，只是欣爱宇宙间的良辰美景，山林泉石，同几位知心友过他们恬淡自适的生活，蹭蹬不遂，而仍不改其乐。他们太驯良了，所以不会成功。①

林氏此言，代表今代文艺流风下，欣赏真实人生的识见。尤其表现对于书中主人翁夫妇之深切同情与肯定。据鄙人之领会，相信林氏表现其洞明世势眼光与淑世博爱心肠。其贡献自在认真翻译，推重沈书之文学价值而使之纳于世界文学领域。既经林氏大力推扬，《浮生六记》遂亦成为士人喜读之书。

入于当代沈氏夫妇应不寂寞，尚有名家多人反复为其书刊布流传，共和时代已有雁来红丛报本及独悟庵丛钞本为文家名人俞平伯参酌细读。随之而有民国十二年(1923)之重刊本，俞氏为《浮生六记》作序。

俞平伯幼少曾在苏州阅读沈书，经较长时期搁置，后来在上海见到顾颉刚翻印之雁来红丛报本，遂有机会再次精读，此次为之重刊，除

————————

① 《浮生六记》林语堂序，汉英对照本，台湾开明书店印。

撰序之外,并下功夫附制年表,正见俞氏之认真阅读,琢磨精细。

世人或疑俞平伯研治《浮生六记》已在 1923 年,早于林语堂翻译此书有十二年。何以竟将俞氏置于林氏之后。此中衡量,是看重林氏推举沈书进于西方文学领域,厥功甚伟不可掩也。且其所下翻译功力,更较俞氏辛劳甚多,二人俱是大名鼎鼎,惟对沈书之贡献,则林氏翻译实当特加看重。

俞氏对于沈书之揄扬,不输于林氏,愿略举俞氏序文,备供参阅,在此先点出,俞氏之序,本有一定之文艺理趣见解,写于序中,但在此不引,而只举其对沈书之品藻:

> 即如此书,说它是信笔写出的,固然不像;说它是精心结撰的,又何以见得? 这总是一半儿做着,一半儿写着的。虽有雕琢一样的完美,却不见一点斧凿痕。犹之佳山佳水,明明是天开的图画,然仿佛处处吻合人工的意匠。当此种境界,我们的分析推寻的技巧,原不免有穷时。此记所录所载,妙肖不足奇,奇在全不着力而得妙肖;韵秀不足异,异在韵秀以外竟似无物。俨如一块纯美的水晶,只见明莹,不见衬露明莹的颜色;只见精微,不见制作精微的痕迹。这所以不和寻常的日记相同,而有重行付印,令其传播得更久更远的价值。①

俞平伯之序文自是文家深澈评鉴,实是精要不刊,而其另编《浮生六记》年表,可作考究索引,贯通各记,有线索可循,方便查证纡曲关节。亦是对此书之贡献。

当代文学名家,除林、俞二位名家,今时文界先进,故多在林、俞二名家之后,特别是 20 世纪之最后期十余年间,对于《浮生六记》未尝闲

---

① 沈复著,《浮生六记》俞平伯序,人民文学出版社本,页 71—72。

置,吾手边四种版本,俱在此期间问世,仍自文艺才性角度看重沈书。其致力勤而工者,则有金性尧之加以注释,甚见功力。只有一处小误,不足为病。当予全面肯定。

三、结 论

吾草撰此文,启导于考见沈复之贩商广州所记。信其史料可珍。须知沈氏之赴广州,恰在乾隆五十九年(1794),此年适在英使马戛尔尼(George Macartney)在五十八年七月到华进贡,五十九年春全使团,三船回英。其来其去,有各样史乘记载。最后有广州满载启航回英。但此时之广州其有大吸引人之处乃是乾隆五十九年立即有荷兰贡使以三跪九叩礼在广州向大吏申请入贡。此皆能在档卷查到。惟国人仍视广州如故常,未能见及私家论述。因是而从沈复之浪游记快,略参考其在广州之数月游访生活。

果然有料,沈复所记,有重要参考价值。沈氏在乾隆五十八年腊月到广州,住于靖海门内(城内),并在此度岁。实在腊月之内,与同伙所载之货物即已全部发贩卖清(批发商来购)。自新春岁首即开始游逛广州。至夏初方循来路返乡。其间虽然多记述在沙面打水围,结识河南女妓喜儿。然亦记载出游名胜海珠寺、海幢寺、花地,以及幽兰门外江边之十三洋行。看来所记平常,却仅有几句值得引举。如下:

> 十三洋行在幽兰门之西,结构与洋画同。对渡(过珠江)名花地,花木甚繁,广州卖花处也。①

这段引文,提供一点小小的重要讯息。就是常人所见的十三洋这批房屋。其位置在幽兰门西(约二里路),过江对岸就是著名的花地。

———————

① 沈复著,《浮生六记》,页59。

此尚平常，其可引作重要史料者，乃是记下来洋画这一名词，我以治历史者之本分向学界担保，"洋画"一词，在中国出现此为最早。进一步推论，沈氏提起洋画，并在广州所见，应该是先在苏州能见。内地何能见到洋画，推知是有人售卖，不是洋人而是华人，当指西洋之油画而言，有何样西洋人来中国卖洋画？不须乱猜，应是在广州、澳门两地之中国画匠，仿西人画油画售卖。全是出于仿拟。但凡洋货广州一概打出十三行招牌，其实早有仿冒品混迹其间。此是推论，请教方家教正。

我看文家大多看重沈氏之前四记，其各家品藻，无不尊重，故于前四记不赞一辞。而近年方读沈书之后二记，以为值得探讨，不免站在治史责任立场，冒昧从事研考。此文所论，旨在向学界请教，未敢坚僻自是。但此中所有识断，吾当完全负学术责任，决不推诿逃责。最后则感谢上海易惠莉教授，代我搜购到四种不同版本。